广东省高校优秀青年创新人才培养计划资助项目《东莞粤方言语音地理类型及历史演变轨迹研究》（项目编号：wym11114）

广东省哲学社会科学“十二五”规划2012年度青年项目《深莞惠粤方言语音地理类型研究》（项目编号：GD12YZW02）

东莞粤语语音研究

李立林 著

暨南大學出版社
JINAN UNIVERSITY PRESS

中国·广州

图书在版编目（CIP）数据

东莞粤语语音研究/李立林著．—广州：暨南大学出版社，2015.12
ISBN 978-7-5668-1715-0

Ⅰ.①东…　Ⅱ.①李…　Ⅲ.①粤语—语音—方言研究—东莞市
Ⅳ.①H178

中国版本图书馆 CIP 数据核字（2015）第 308555 号

出版发行：暨南大学出版社

地　址：中国广州暨南大学
电　话：总编室（8620）85221601
　　　　营销部（8620）85225284　85228291　85228292（邮购）
传　真：（8620）85221583（办公室）　85223774（营销部）
邮　编：510630
网　址：http：//www.jnupress.com　http：//press.jnu.edu.cn

排　版：广州市天河星辰文化发展部照排中心
印　刷：佛山市浩文彩色印刷有限公司

开　本：787mm×960mm　1/16
印　张：12.5
字　数：229 千
版　次：2015 年 12 月第 1 版
印　次：2015 年 12 月第 1 次

定　价：35.00 元

序

作为一个母语为湘方言的学生跟我攻读方言学博士研究生，入学的第一年我就主张李立林抛开硕士论文的老路，“避易就难”，以粤语研究作为她的博士学位论文内容。理由有二：①既然来到粤语腹地学习方言学，不利用这块得天独厚的方言资源岂不可惜；②在拥有母语语感的基础上再进入粤语研究领域，获得另一方言的认知，作为方言学人可以有效地扩大自己的学术视野。开始我还怀疑她没有尝试的胆量，谁知她毅然地选定东莞方言作为自己的研究目标，此出乎我的意料。熟悉广东方言的学者都知道，东莞方言近百年来发展变化较快，内部分歧明显、结构复杂，连现有的平面调查记录材料本身都不一致，要驾驭这样的方言确实不是一件容易的事。无奈李立林决意一试，作为导师，我理当尊重。

自 2007 年开始，李立林先后深入东莞 22 个镇（区），作了近两年不间断的田野调查。在没有任何项目支持的条件下，作为外地来的一位女博士研究生，要走遍东莞 22 个镇（区），记录全点的语音材料，所遇到的困难是不难想见的。正因为个人的努力与不懈的坚持，作者收集了丰富的一手材料，为论文的描写与论证提供了可靠的保证。

《东莞粤语语音研究》以翔实的材料为基础，客观地展示了东莞粤语语音的基本面貌，揭示了这片粤语内部的一致性与各小片间的具体差异，让人们对这一内部结构复杂的粤方言片有了一个全面的了解，其描写与概括是成功的。

在平面描写的基础上，作者又结合相关的历史文献，作纵横两个方向的对比，对某些重要问题展开专题研究，以期理清东莞粤语语音的发展轨迹，回答现代东莞粤语声韵分合的理据所在。就总体而言，这些大胆的探讨是言之有据、言之有理的。某些分析虽不尽周密，却展现了作者独立解决问题的思路。

不否认，面对纷繁复杂的东莞方言，无论是该书的描写还是论证，不足之处在所难免。作为一个非广东本土的青年学者，能够勤于艰苦的田野调查，勇于面对陌生方言的挑战，并凭借实实在在的材料得出自己的观点，这一探索精神理当值得充分肯定。立林的这篇博士论文几经修改，今天终于得以付梓，我为她高兴。值此为序。

伍　巍

2015 年 11 月于番禺

目　录

第一章　概述

第一节　东莞地理、历史及人口概况[①]

一、地理概况

东莞位于广东省中南部、珠江三角洲东北部的东江下游，地处东经113°31′~114°15′，北纬22°39′~23°09′。东与惠州市接壤，北与广州市、惠州市隔江为邻，西与广州市番禺区隔海相望，南与深圳市相连，毗邻港澳。市区中心与各地的距离是：距惠州84千米，距广州59千米，距深圳99千米，距香港140千米，处于广州和深圳特区这一经济走廊的中段。

东莞市陆地面积2 465平方千米。地势东南高，西北低。地貌以丘陵、平原为主，有山地、丘陵、岗地、平原等类型。丘陵、岗地面积最大，次为平原，山地面积最小。东南部多崇山峻岭，尤以东部为最。山体庞大，分割强烈，集中连片，起伏较大，海拔多在200~600米，坡度为30°左右，其中银瓶嘴山主峰高898.2米，是东莞市最高山峰。中南部低山丘陵成片，为丘陵、岗地区。东北部接近东江河滨，陆地和河谷平原分布其中，海拔30~80米，岗体浑圆，坡度小，且孤立分散，是地势起伏和缓、易于积水的埔田区。西北部是东江冲积而成的三角洲平原，地势低平，是水网纵横的围田区。西南部是濒临珠江口的江河冲积平原，地势平坦而低陷，是受潮汐影响较大的沙咸田地区。

东莞扼东江和广州水道出海之咽喉，有海岸线115.94千米（含内航道），海域面积150平方千米，浅海滩涂面积45平方千米，主航道岸线53千米，虎门港湾是建设深水港的良好地址。

东莞主要河流有东江、石马河、寒溪水。东江干流沿北部边境自东向西行至桥头新开河口，有石马河流入，至石龙分出南支流后，北干流续流至石

---

① 本节多参考陈伯陶编纂的《东莞县志》（据1927年铅印本影印，成文出版社，1967）、东莞市地方志编纂委员会编的《东莞市志》（广东人民出版社，1995）以及各县地方志，特此说明并致谢！

滩，与来自增城的支流汇流，经市境石碣、高埗、中堂以及麻涌的大盛注入狮子洋。南支流斜向西南，在峡口接纳来自市境中部的寒溪水，流经石碣、莞城、厚街、沙田于泗盛注入狮子洋。东莞河涌纵横，自古就设有许多横水渡口。清朝末年，全县共有118个横水渡口；1973年有132个横水渡口，182艘渡船；1987年有222艘渡船。东莞水运历史悠久，《南越志》云：“水东流入海，帆道三日至东莞。”在唐朝以前，东江上游已经有船航行到东莞大朗水口古码头。水口古码头在唐朝已成为东江上游木材在当地的主要集散码头。清朝时，东莞的水上运输十分繁忙，莞城、太平、石龙是东莞水上交通运输的枢纽，近年来，由于汽车运输发展较快，水上运输量逐渐下降。

东莞古代的交通要道，从县城（莞城）往东经鼓镇（今峡口）至惠阳，可直抵福建，北接增城、博罗入广邮驿，同时与境内驿道以及部分圩镇之间道路相连。明洪武二十七年（1394）东莞县有驿道，可通往今广州、深圳、惠州等地。1929年，东莞建成第一条公路——惠樟公路；1938年，东莞已建成公路共14条，但抗战期间基本被毁。1950年全县抢修公路，1981—1987年，公路建设进入一个新的阶段，到目前，东莞已经形成了一个四通八达的公路交通网。广深铁路穿过其境内，设有石龙、东莞、东莞东、樟木头等多个火车站，交通方便。从广州通往香港的铁路、公路、水路都贯穿东莞境内，是我国南方与香港及太平洋周边国家往来的重要通道和出口基地。

二、历史沿革

东莞为岭南古邑，新石器时代东莞境内东江沿岸已有原始人群聚居。公元前20世纪的夏代，东莞属“南交趾”；春秋时，东莞属“百越地”，秦时分属南海郡之番禺、龙川两县。东汉顺帝时，分番禺，立增城，东莞属增城。东晋咸和六年（331），东莞立县，初名宝安，隶东官郡。唐至德二年（757）更名为东莞，县治从芜城（今深圳宝安南头）移至到涌（今东莞莞城），以东莞作县名由此始，相传因境内盛产莞草（水草）而得名。南宋绍兴二十二年（1152）分东莞的香山，立香山县（今中山市）；明万历元年（1573）将东莞守御千户所、编户五十六里设新安县（1914年改称宝安县），从此东莞与宝安分立。清沿明制，东莞县仍隶广州府。民国期间，东莞县先后隶广东省粤海道、粤中行政区、第一行政督察区、第四行政督察区。1949年10月17日，东莞全境解放。初期属东江行政区管辖。1950年3月，东莞县隶珠江区专员公署。1952年，撤销珠江专区，东莞县隶粤中行政区。1956年2月，撤销粤中行政区，东莞县隶惠阳专区。1958年11月，东莞县曾短期隶广州市。1959年1月，撤销惠阳专区，东莞县划归佛山专区。1963年6月，复置惠阳专区，东莞县又隶惠阳专区。1985年9月，国务院批准撤销东莞县，设立东莞市（县级），仍属惠阳地区管辖。1988年1月7日，国务院批复将东莞市升格为地级市，直属广东省管辖。至本书调研时（2009年），东莞市已辖28个镇，4个街道办事处，386个村委会，205个居委会。

三、人口概况

据记载，东莞在新石器时代已有人类活动。东晋咸和六年（331）东莞立县时，人口约2.5万，唐开元、天宝年间超2.6万。宋乾德元年（963），东莞"户逾三万，称上第"。元大德八年（1304）有24 598户，其中"南人户24 394，北人户204，另僧道户374"（其时已析香山置香山县——今中山市）。明洪武十四年（1381），全国开始制定包括初生婴儿在内的户籍册，东莞县为183里，共12 430户；洪武二十四年（1391）为24 968户，永乐、天顺、成化、弘治、正德、嘉靖、隆庆年间，人口户数皆在21 000~26 000。至明末清初，连年战乱、灾害，致使东莞人口锐减过半。清康熙二十八年（1689）以前，东莞共8 674户，丁口41 198；乾隆五十一年（1786）男妇446 802丁口；嘉庆元年（1796），男妇465 570丁口；宣统元年（1909），民籍男丁1 043 693（客籍疍民不计在内），是嘉庆元年的两倍多。从以上对于人口的记录，我们可以看到东莞在清朝期间有两次较大的移民涌入，第一次是康熙二十八年至乾隆五十一年这近100年期间，人口增加40万左右。第二次是嘉庆元年至宣统元年，这110多年人口增长一倍多，显然不太符合人口自然增长规律，应有大量移民迁入。

除了清时移民之外，《东莞市志》记载，在1987年姓氏调查中，全市共有285个姓氏，这些姓氏不少是历史上从外地迁入的。唐末、五代、北宋、南宋时期，北方战乱频繁，中原逐鹿，而广东地处南陲，较为安定，那时大批人口南迁。一路是先从江西越过大庾岭，聚南雄珠玑巷后迁莞，共41族。另一路是从福建的莆田、泉州、福州、同安等地前来。还有少数从山东、浙东等地迁入。

据2009年《东莞统计年鉴》统计，东莞2008年户籍人口174.87万，外来暂住人口552.50万，常住人口694.98万，可见东莞外来人口之多。

第二节　东莞方言概况

一、方言的分布情况

东莞市境内流行粤方言和客家方言。粤语区面积、人口均占全市的绝大部分，客家方言主要通行在东南部与惠州、深圳相邻的丘陵地带，约占全市面积的18%。在32个镇（区）中，纯粤方言镇区（简称“纯粤区镇”）有石龙、长安、沙田、洪梅、道滘、麻涌、万江、中堂、望牛墩、石碣、高埗、大朗、寮步、茶山、企石、石排、常平、横沥、东坑、桥头20个；兼有两种方言的镇区（简称“粤客杂居区镇”）中，莞城、东城、南城、厚街、虎门、大岭山、塘厦、黄江、谢岗9个镇（区）大部分甚至绝大部分讲粤方言；清溪、凤岗2个镇大部分讲客家方言；樟木头是纯客家方言镇（简称“纯客镇”）。如图1－2－1所示（参考陈晓锦《东莞方言说略》，并根据新的行政区划进行了相关调整）：

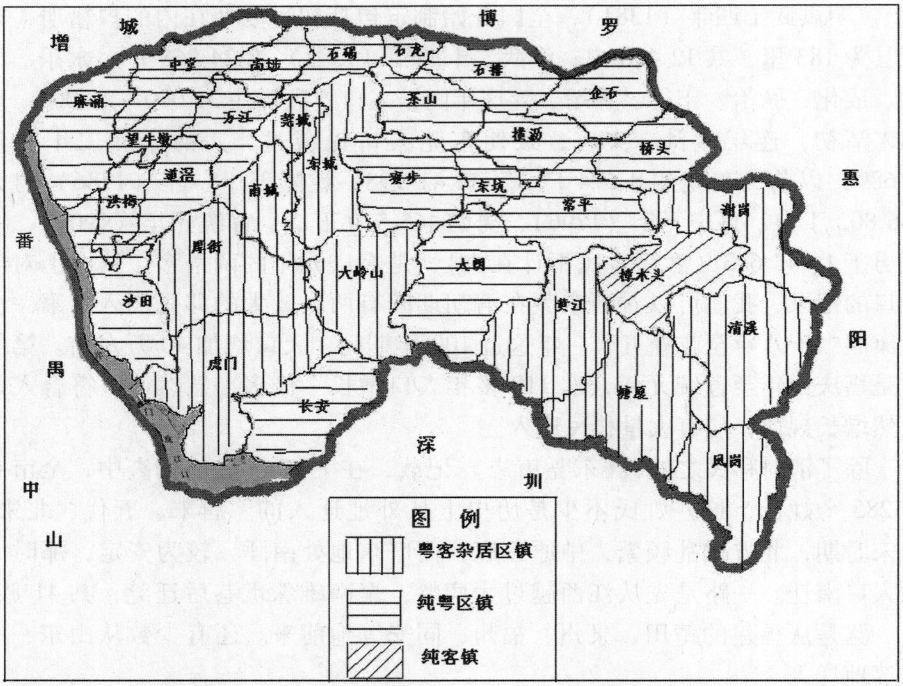

图1－2－1　东莞市汉语方言分布图

二、东莞市社会语用情况介绍

东莞市不仅使用本地粤语（或称东莞本地话）、客家话，还使用广州话和普通话。各镇区主要以讲本地方言为主，如莞城人讲莞城话，常平人讲常平话，麻涌人讲麻涌话。但如果不同镇区的人聚集在一起则言语使用有所变化，两镇区语言差异较大时，多以广州话作为交流用语，尤其是年轻人，对外多讲广州话，而对省外等不会讲粤语的人则多使用普通话交流。同时，因为东莞的外来人口较多，所以也广泛流行具有当地特色的普通话。

第三节　东莞粤语研究述评

东莞粤语的研究据目前材料所见，早在19世纪末，外国学者詹姆斯·戴尔·鲍尔（J. Dyer Ball）和C. J. 桑德斯（C. J. Saunders）就分别撰写了《东莞方言》（The Tung-kwun Dialect）和《粤语东莞方言》（The Tungkwun Dialect of Cantonese），并相继发表在《中国评论》（*The China Review*）上。前者主要介绍石龙方言的语音情况，列举了600多个单字读音；后者主要是针对前者的不足修正了一些错漏，且补上了词汇和部分语法的情况。这两份材料对于我们研究东莞方言的历时演变具有很重要的参考价值。

国内对于东莞粤语的研究应该可以说开始于清陈伯陶所编《东莞县志》中的方言卷，他用中国传统小学的方法记录了东莞粤语的情况，主要涉及的领域是词汇，其中也有以"读如"的形式记录的东莞粤语当时的语音情况，对于东莞粤语的历史研究有一定参考价值。

20世纪20年代，赵元任先生曾进行过十几个粤语方言点的调查研究，其中包括东莞粤语，其所得语料为手稿，暂未出版，笔者遗憾未能见到。

20世纪40年代，随着学者们把目光逐渐投射到广州地区之外的其他方言上，以现代语言学方法来研究东莞粤语的局面终于被打开，《东莞方音》（王力、钱淞生，1949）详细记录了东莞莞城粤语的音系，并与中古音进行对比，对某些语音特征也有探讨性的分析，是早期东莞莞城粤语研究的重要参考文献。

此后，东莞粤语的研究几乎沉寂了30多年，直到20世纪80年代，陈晓锦先生开始致力于东莞粤语的研究，并相继出版了一批相关研究成果，对于东莞粤语的研究作出了很多贡献，包括《广东莞城话"变入"初析》（1987）、《莞宝片粤语语音特点》（1990）、《东莞市三十一个粤方言点语音特点概述》（1991）、《广东东莞莞城话的"起"》（1992）、《东莞话和广州话词汇比较研究》（博士学位论文，1995）、《〈东莞方言词典〉引论》（与詹伯慧先生合著，1995）等文章。其间，曾出版了两部重要著作，一为《东莞方言说略》（1993），此书介绍了东莞各镇（区）粤语总的大致的特点，并阐述了东莞莞城粤语的音系及特征，附有莞城话同音字表和词表，对东莞清溪客家话也有详细的阐述。另一为《东莞方言词典》（与詹伯慧合著，1997），这是研究东莞粤语词汇的一部必备工具书。此外，还有一批论著，如《广东的方言》（李新魁，1994）、《珠江三角洲方言调查报告》（三卷本，詹伯慧、张日升，1987—1990）、《广东粤方言概要》（詹伯慧，2002）、《粤方言阳声韵尾及入声韵尾的分化模式及成因初探》（邵慧君，2003）等论及广东省语言情况的著作都涉及东莞粤语，且一般均引自陈晓锦先生的研究成果。

然而，继 20 世纪 80—90 年代这一研究高潮之后，东莞粤语的研究又处于几近沉寂状态，21 世纪之初偶有研究，如《东莞粤语常平方音说略》（殷柱华，2007）对常平粤语进行了细致的探讨，揭示了该镇粤语的语音面貌与特征。《莞城音系辨析》（王许乐，2007）对莞城音系某些特点进行了重新审视。第十三届国际粤方言研讨会上，刘镇发、刘曦临《东莞洪梅方言概述》概述了洪梅粤语的特点；笔者所著《东莞粤语入声初探》描述了东莞粤语入声的现状，初步探索了东莞粤语入声演变的规律。此外，暨南大学甘于恩先生所负责的研究项目《广东粤方言地图集》也涉及东莞的莞城、麻涌、常平等镇（区）的粤语。各镇（区）地方志方言部分也简单记录了当地方言的状况，对揭示东莞粤语的语言面貌有一定参考价值。

除此之外，还有一些本地学者如杨宝霖先生以传统小学的方法对东莞粤语有所探讨；又如袁洪铭先生所著《东莞谜语与谚语》（1993）、李吉劭先生所著《东莞音字典》（2012）、陈贺周先生所著《莞语探源》（2015）。

总结以上研究成果，以往学者较为深入地调查研究过的方言点仅有莞城、石龙、茶山、常平等地，麻涌、洪梅等地只是简单描写或音系的归纳。

以往前辈、学者对东莞粤语的研究作出了很大贡献，为我们提供了可贵的参考材料，但总体来说还存在一些不足之处。第一，主要关注莞城粤语，虽然对其他镇（区）粤语特点都有所涉及，但描写和阐释还有待深入。第二，主要集中于共时材料的积累和描写，解释力度不够，比较研究与历时研究还不够充分。

我们希望通过对东莞粤语的详细调查与分析，尝试在以下两个方面取得一些突破。

第一，进一步扩大东莞地区粤方言的调查面，着重各镇（区）粤语次方言的调查。那些不起眼的“镇话”“村话”和“城区话”一样都具有可贵的研究价值。所以，我们这次在全面了解方言情况的基础上，对富有特色的“镇话”“村话”进行重点调查研究。

第二，着眼于东莞地区粤方言语音的共时与地理差异比较，着重探讨东莞地区粤方言语音的纵向演变的过程、规律和趋势。通过对第一手材料的调查、整理和分析，结合历史文献材料，探讨东莞粤语语音的历时演变。

第四节 研究目的、方法和材料

一、研究目的

本书以东莞各镇（区）粤方言语音为研究对象，详尽描述并阐释各方言点语音之间的共时差异和空间差异，希望通过梳理清楚东莞方言复杂的语音情况，揭示其语音演变规律及语音的动态演变过程；并借助于地理差异和历史材料，尝试探讨东莞粤语语音的历时发展脉络与发展机制，给方音演变理论研究提供一些参考。

语言是发展变化的，东莞方言则更是如此。虽然在20世纪八九十年代前辈学者对东莞方言已有详细的描写，但时至今日，东莞粤语很多语言特点处于动态发展过程中，有些特点甚至出现消亡的迹象。各镇（区）虽然老年人还讲着纯正的东莞本地粤语，但很多年轻人的语音越来越接近广州音，或干脆改说广州话，本地口音在日渐消亡，对东莞粤语的记录与研究迫在眉睫。

二、研究方法

本书主要运用田野调查法和历史比较法进行研究，辅以类型学和地理语言学方法。一方面在田野调查的基础上作共时的平面描写和比较，主要是东莞各镇（区）语音之间的比较，也包括与广东其他地区、广西粤语的比较，以及与汉语其他方言的相同语音现象进行比较，借以揭示东莞粤语语音的共性特点与个性特点；另一方面作历时的比较研究，借助已有的早期文献材料与东莞粤语地理空间上的平面差异，寻求其历时音变的规律与轨迹。

三、研究材料

（一）田野调查材料

本书主要根据笔者实地调查的东莞各镇（区）方言材料进行研究。

自2007年9月起，笔者开始关注并尝试调查东莞方言，至2008年7月摸底调查告一段落，2008年8月便开始选点调查，至2009年年底选点详细调查结束，之后陆续进行了相关的补充调查和核实工作。选点时，笔者根据摸底调查的结果，确定东莞各片区方言的详略调查安排，每一片区选点调查有详有略，尽量做到每个镇（区）的方言都有或多或少的调查、考察。而各镇（区）方言调查点的选择主要以镇中心所在地为主，同时选择具有代表性、特点鲜明、人口较多的自然村作为方言点。

我们实地详细调查的方言点有22个：莞城、厚街、大岭山、石龙、东坑、横沥、常平白石岗、大朗水口、桥头田新、万江、高埗、中堂潢涌、中堂江南、望牛墩、麻涌、虎门赤岗、长安、石碣、茶山粟边、石排、谢岗、塘厦。调查用表为暨南大学汉语方言研究中心所研制的粤方言调查字表（与中国社会科学院语言研究所《方言调查字表》基本一致，根据粤方言的情况作了些许增删），同时有自制的变调普查表一份。

此外，东城温塘（下称“温塘”）、洪梅、沙田、寮步、企石、黄江、清溪、南城、道滘9个方言点根据研究的需要进行了音系调查与入声字调查。所用的调查材料为自制的声韵调普查表、甘于恩先生《广东粤方言地图集》所用的字音调查表以及《方言调查字表》中的古入声字。东莞32个镇（区）中，凤岗大部分地区讲客家话，未调查；樟木头属纯客镇，亦未调查。

田野调查时，主要运用传统听辨方法进行记音，对于难辨之音则运用比字法、模仿发音让发音人确认和实验语音学等方法以确保语料记录的准确性。调查点分布图如下（黑色圆圈代表详细调查的方言点，白色圆圈代表简单调查的方言点，没有调查的镇区用斜线表示）：

图1-4-1　东莞粤语语音研究调查点分布图

由于时间、精力有限，东莞的客家话笔者未进行调查，主要参考已有成果。下表为各方言调查点发音合作人情况，非常感谢他们对本书田野调查作出的贡献（有些情况因发音人未填写，故缺）：

表 1－4－1　发音人资料一览表

方言点	发音人	性别	出生年份/年龄	所在地	文化程度	职业
莞城	叶　洪	男	1938	深水湾		退休
	黄裕棠	男	1943	出生西隅，现住岗贝	高中	退休工人
	尹钻欢	女	40 多岁	莞城	大学	公司干部
万江	黄培恩	男	1955	万江	大学	干部
中堂	钟沃群	男	1928	江南村慕古巷	八年私塾	务农
	黎秉铿	男	1942	潢涌		退休校长
望牛墩	黄文正	男	1942	上五坊	初中	退休干部
	梁九根	男	1950	寮厦村		
	陈杰芳	女	1947	上五坊		教师
厚街	陈沛金	男	1950	镇中心	大专	经商
麻涌	莫丽芬	女	1951	麻四村	大专	会计
高埗	叶平章	男	1940	冼沙村	中师	校长
	温月兰	女	1967	冼沙村	高中	邮政局职员
长安	陈财兴	男	1942	沙头东方村		务农
虎门	何炳辉	男	1944	赤岗村	初中	干部
	卢　勋	男	55 岁	白沙村	高中	经商
石碣	刘茂森	男	1942	四甲	中师	校长
石排	曾耀光	男	1944	石排	初中	退休
石龙	曹世麟	男	1935	竹园街		干部
	黄凤英	女	1955	育英街	小学	退休
茶山	陈焕求	男	1936	粟边村	高小	退休
东坑	卢锦宁	男	72 岁	东坑村	小学	务农
	卢善波	男	83 岁	东坑村	小学	务农
大岭山	何老师	男	1966	大岭山职业技术学校	本科	教师
大朗	张余培	男	1936	水口	小学	务农
桥头	莫树材	男	1942	石水口		干部
	罗润波	男	1955	田新	初中	务农
常平	殷包旺	男	1952	白石岗	小学	务农

（续上表）

方言点	发音人	性别	出生年份/年龄	所在地	文化程度	职业
横沥	李树容	男	1956	六加洲	初小	村干
	梁淑芳	女	34 岁	田饶步村	大专	小学老师
谢岗	谢美娇	女	1936	谢岗村	初小	退休
塘厦	罗丽霞	女	1935	莆心湖	四年级	退休
东城	袁盛开	男	1935	温塘祠下村	小学	退休
南城	翟学良	男	1936	南城		干部
	张健和	男	1981	南城	大学	公务员
企石	麦平钦	男	1987	镇居委会	大学	学生
道滘	叶兆源	男	1949	闸口村	大专	小学退休校长
沙田	何耀华	男	1981	齐沙村	本科	公务员
寮步	尹灿根	男	57 岁	凫山	初中	经商
洪梅	蔡自领	女	1951	黎洲角	初小	务农
	陈创田	男	1968	乌沙	初中	务农
黄江	欧开贵	女	1990	刁朗	大学	学生
清溪	梁自臣	男	1981	荔横村	大学	公务员

注释：“初小”即初级小学，指一年级至三年级；“高小”指小学四年级至六年级。现统称“完全小学”，即通常所说的“小学”。但此处为行文方便，仍保留初小、高小的提法。

（二）主要引证材料

本书研究同时参考其他学者对于东莞粤语记录、研究的已有成果，主要有以下几种：

（1）《东莞方言》，詹姆斯·戴尔·鲍尔著，1889－1890 年。

（2）《粤语东莞方言》，C. J. 桑德斯著，1896－1897 年。

（3）《东莞方音》，王力、钱淞生著，1949 年。

（4）《东莞方言说略》，陈晓锦著，1993 年。

（5）《东莞方言词典》，詹伯慧、陈晓锦著，1997 年。

此外还有《东莞粤语常平方音说略》（殷杜华，2007）、《莞城音系辨析》（王许乐，2007）、《东莞洪梅方言概述》（刘镇发、刘曦临，2008）等论著以及麻涌（甘于恩先生提供）等方言点的材料。

东莞以外的粤语语料主要参考《珠江三角洲方言字音对照》《粤北十县市粤方言调查报告》《粤西十县市粤方言调查报告》《广东粤方言概要》《广西汉语方言研究》以及已发表的其他语料。这些将在行文中一一注明。

第二章　东莞粤语的语音特点

东莞紧邻广州，其语音特点也具有典型的粤语特色。伍巍先生《粤语》（2007）一文概括了粤语语音的十大特点，东莞各镇（区）粤语有八条基本一致：

（1）古全浊声母一律清化，逢塞音、塞擦音绝大多数方言点遵循平上送气与去入不送气的规则。

（2）古微母字今读双唇鼻音，与古明母同，如：眉＝微 mɐi^{21}（莞城）。

（3）只有一套塞擦音声母，中古精庄知章塞擦音声母合流，一般为发音位置较前的舌叶音 ʧ、ʧ^h、ʃ，有些方言点则近于 ts、ts^h、s。

（4）见组及晓母字无论洪细，声母都不腭化，多读 k、k^h、h，如：交 kɐu^{32}、骄 kiu^{32}、晓 hiu^{45}（东坑）。

（5）古溪母开口常用字多有读清喉擦音 h 的现象，古溪母合口字（多与古晓母合口字合流）今多读 f，如：可ho^{35}、苦 fu^{35}（厚街）。

（6）无舌尖元音韵母。

（7）大多数方言点皆存在 a 、ɐ 的对立，但在数量上比广州话少，一般为 1 ~4 对，如：排 p^{h}ai^{21} ≠皮 p^{h}ɐi^{21}（莞城）。

（8）绝大部分方言点流摄一、三等同韵，如：狗＝九 kau^{35}（大岭山）。

东莞粤语常用词汇中，“家”多称“屋企”，“东西”多称“嘢”，“公鸡”“母鸡”说成“鸡公”“鸡乸”，视觉动词为“睇”，判断动词多为“系”。语法上，具有粤语的普遍特点，如量词独用具有指示功能，如“件衫好靓（这件衣服很漂亮）”；表示动作行为或现象持续的助词用“紧”等。由此可见，东莞本地话属粤语无疑。

以莞城话为代表的音系如下，供参阅。

一、声母

莞城话声母共 16 个，包括零声母。如下所示：

p 巴病八	p^h 爬抱匹	m 棉尾木		f 飞花火汗
t 多洞毒	t^h 体甜铁	n 拿女糯	l 来老立	
ʧ 资字主	ʧ^h 车茶七			ʃ 丝船十

k 歌急共　　k^h 溪奇跨　　ŋ 牛眼亚　　　　　　h 河气好

Ø 阿会衣

说明：①以 u 开头的零声母字带有较重的唇齿摩擦色彩，以 i 开头的字亦带舌面摩擦色彩，但与零声母不构成对立，故本音系不设 v、w、j 声母。②帮、端组少数字有内爆音 ɓ、ɗ，与 p、t 不构成音位对立。

二、韵母

莞城话韵母共 65 个，如下所示（汉字下加横线为该字的白读音）：

	i 支师开	u 虎姑父	y 鱼朱猪
o 坐火罗各霍		uo 禾和窝郭	
ø 靴写踢			yø 夜野耶
ᴇ 八法握		uᴇ 刮挖	
a 爬茶牙	ia 也	ua 瓜夸蛙	
ɵ 女须岁	iɵ 锐		
ui 会外			
ai 大柴街		uai 怪坏	
ɐi 资地知			
ɔi 鸡迷计		uɔi 桂贵规	
ɔu 普好老			
au 饱走酒	iau 友幼由		
iu 表桥廖			
ɐm 含深林	iɐm 阴音饮		
in 检前尖			
u^{ɔ}n 干官安			
ɵn 圈酸全			yɵn 县园院
ɐn 跟紧登	iɐn 恩欣引	uɐn 温魂云	
aŋ 咸监三	iaŋ 犯间生	uiaŋ 关湾横	
ɔŋ 旁江庄		uɔŋ 光王黄	
	iøŋ 常羊井		
əŋ 惊平星	iəŋ 英蝇营	uəŋ 顷永	
oŋ 龙红宫	ioŋ 翁融容		
ɐp 立十吸	iɐp 入		
it/ik 贴截节/结喝		uit 割活	
ɵt 夺绝血			yɵt 月穴粤
ak/aʔ 腊律物吉/合夹	iak 日一	uak 骨掘	

øk 石剧嚼		yøk 药弱跃
ɔk 落莫乐		uɔk 镬获
ək 色惜职	iək 亿翼役	
ᴇk 逆白辣		uᴇk 域或滑
ok 木鹿	iok 沃玉欲	
ŋ̩ 五午误		
m̩ 唔		

说明：①in 中的 n 舌位稍后，我们在进行辨音记音时发音人听感上认可前鼻。②i 之后的塞尾有时为 t，有时为 k，为音位变体，无对立意义，且读为 it 与 ik 时音色接近，我们这里处理为一个韵母。③ak、aʔ 为音位变体，无区别意义的作用，我们暂时处理为一个韵母。④韵母 iøŋ、øk、yøk 中的 ø 发音时舌位稍低。

三、声调

莞城话声调共 7 个，如下所示：

阴平 132	高专安	阳平 21	穷龙神
阴上 35	古展体	阳上 24	五坐发
去声 332	盖共父甲		
阴入 5	急竹黑	阳入 3	月入局

说明：①阴平调基本上为低升调，在末尾有微降，严格可记为 13^{2}。②清入（与广州话对应的下阴入字）部分舒化之后归入阳上调，部分归入去声。

其他方言点音系详见附录。下文拟从声母的特点、韵母的特点、声调的特点以及内部一致性与差异性来阐述东莞粤语的语音特点。

第一节　东莞粤语声母的特点

一、帮、端组塞音声母

从我们调查所得发现，东莞各镇（区）粤方言帮、端组声母分送气清音与不送气清音，无中古浊音 b、d 声母。古並、定母清化，归入相应的清塞音。绝大多数方言点遵循平上送气、去入不送气的规律，桥头、谢岗等少数方言点不论平上去入大多送气，如莞城话“爬 p^{h}a^{21}”“抱 p^{h}ɔu^{24}”“病 piøŋ^{332}”“白 pᴇk^{3}”“徒 t^{h}ɔu^{21}”“淡 t^{h}aŋ^{24}”“定 təŋ^{332}”“毒 tok^{3}”；谢岗话“爬 p^{h}a^{21}”“抱 p^{h}au^{13}”“病 p^{h}ɛŋ^{33}”“白 p^{h}ak^{3}”“徒 t^{h}ou^{21}”“淡 t^{h}am^{33}”“定 t^{h}ɤŋ^{33}”“毒 t^{h}ok^{3}”。在莞城、常平、石排等少数方言点，我们发现了内爆音

ɓ、ɗ，ɓ、ɗ 主要来自帮、端母字，也有少数並、定母字，从具体音值上来说有往里吸气的特点，微浊，与 p、t 不构成对立，发音人甚至时而发 ɓ、ɗ，时而发成 p、t，两读不定，且以 p、t 为常。如莞城话“摆 ɓai^{35} – pai^{35}”“打 ɗa^{35} – ta^{35}”，常平白石岗话“帮 ɓɔŋ^{32} – pɔŋ^{32}”“霸 ɓɑ^{24} – pɑ^{24}”“多 ɗo^{32} – to^{32}”“答 ɗɑʔ^{24} – tɑʔ^{24}”，石排话“帮 ɓɔŋ^{32} – pɔŋ^{32}”。

帮、端组举例如下：

表 2－1－1　帮、端组声母例字表

	巴	飘	爬	白	多	讨	甜	毒
莞城	pa^{132}	p^{h}iu^{132}	p^{h}a^{21}	pᴇk^{3}	to^{132}	t^{h}ɔu^{35}	t^{h}in^{21}	tok^{3}
温塘	pa^{32}	p^{h}iu^{32}	p^{h}a^{21}	pak^{3}	to^{32}	t^{h}ɐu^{35}	t^{h}ɪŋ^{21}	tɤk^{3}
万江	pa^{13}	p^{h}iu^{13}	p^{h}a^{21}	pᴇk^{3}	tɔ^{13}	t^{h}ɐu^{35}	t^{h}in^{21}	tok^{3}
望牛墩	pa^{13}	p^{h}iu^{13}	p^{h}a^{21}	pᴇk^{3}	to^{13}	t^{h}ou^{35}	t^{hi}ɪn^{21}	tok^{3}
高埗	pa^{13}	p^{h}iu^{13}	p^{h}a^{21}	p^{i}ᴇk^{3}	to^{13}	t^{h}ɐu^{35}	t^{h}in^{21}	tok^{3}
中堂潢涌	pa^{213}	p^{h}iu^{213}	p^{h}a^{21}	pᴇk^{3}	to^{213}	t^{h}ou^{35}	t^{h}in^{21}	tok^{3}
中堂江南	pa^{55}	p^{h}iu^{55}	p^{h}a^{21}	pak^{3}	tɔ^{55}	t^{h}o^{u35}	t^{h}im^{21}	tok^{3}
麻涌	pa^{55}	p^{h}iu^{53}	p^{h}a^{21}	paʔ^{3}	tɔ^{53}	t^{h}ou^{35}	t^{h}in^{21}	tok^{3}
厚街	pa^{13}	p^{h}iu^{13}	p^{h}a^{21}	pᴇk^{3}	to^{13}	t^{h}ou^{35}	t^{h}in^{21}	tok^{3}
虎门赤岗	pa^{13}	p^{h}iu^{13}	p^{h}a^{21}	p^{i}ᴇk^{3}	to^{13}	t^{h}ou^{35}	t^{hi}ɪn^{21}	tok^{3}
长安	pa^{55}	p^{h}iu^{55}	p^{h}a^{21}	p^{i}ᴇk^{3}	to^{13}	t^{h}ou^{35}	t^{h}in^{21}	tok^{3}
大岭山	pa^{31}	p^{h}iu^{31}	p^{h}a^{21}	pak^{3}	to^{31}	t^{h}ɐu^{35}	t^{h}in^{21}	tɤk^{3}
石龙	pa^{32}	p^{h}iu^{32}	p^{h}a^{21}	pak^{3}	to^{32}	t^{h}ou^{35}	t^{h}in^{21}	tok^{3}
石碣	pa^{31}	p^{h}iu^{31}	p^{h}a^{21}	pak^{3}	to^{31}	t^{h}ɔu^{35}	t^{h}in^{21}	tok^{3}
茶山粟边	pa^{32}	p^{h}iu^{32}	p^{h}a^{21}	pak^{3}	to^{32}	t^{h}ou^{35}	t^{h}in^{21}	tɤk^{3}
石排	pa^{332}	p^{h}iu^{332}	p^{h}a^{21}	paʔ^{3}	to^{332}	t^{h}ou^{35}	t^{hi}ɪn^{21}	tɤk^{3}
企石	pa^{43}	p^{h}iu^{43}	p^{h}a^{21}	pᴇk^{3}	to^{43}	t^{h}ou^{55}	t^{h}en^{21}	tɤk^{3}
横沥	pa^{32}	p^{h}iu^{32}	p^{h}a^{21}	paʔ^{3}	to^{32}	t^{h}ɐu^{35}	t^{h}en^{21}	tɤk^{3}
东坑	pa^{32}	p^{h}iu^{32}	p^{h}a^{21}	pak^{3}	to^{32}	t^{h}ou^{45}	t^{h}en^{21}	tɤk^{3}
大朗	pa^{43}	p^{h}iu^{43}	p^{h}a^{21}	pak^{3}	to^{43}	t^{h}ou^{55}	t^{h}in^{21}	tɤk^{3}
常平白石岗	ɓɑ^{32} – pɑ^{32}	p^{h}iu^{32}	p^{h}ɑ^{21}	p^{h}iek^{3}	ɗo^{32} – to^{32}	t^{h}ɐu^{55}	t^{h}ɪn^{21}	tok^{3}
桥头田新	pa^{32}	p^{h}iu^{32}	p^{h}a^{21}	p^{h}iɛk^{3}	to^{32}	t^{h}ɐu^{55}	t^{h}in^{21}	t^{h}ok^{3}
谢岗	pa^{32}	p^{h}iu^{32}	p^{h}a^{21}	p^{h}ak^{3}	tɔ^{32}	t^{h}au^{55}	t^{h}in^{21}	t^{h}ok^{3}
塘厦	pa^{32}	p^{h}iu^{32}	p^{h}a^{21}	piæ^{a}k^{3}	tɔ^{32}	t^{h}au^{55}	t^{h}in^{21}	tok^{3}

二、精庄知章组塞擦音、擦音声母

东莞粤语塞擦音只有一套，多为舌叶音 ʧ、ʧʰ，包括精清从、知彻澄、庄初崇、章昌母全部及邪母与崇母大部分字和禅母少部分字。如：

莞城：津 = 珍 = 臻 = 真 ʧɐn^{132}　秋 = 抽 ʧʰau^{132}　茶 = 查（调查）ʧʰa^{21}
谢岗：津 = 珍 = 臻 = 真 ʧɐn^{32}　秋 = 抽 ʧʰou^{32}　茶 = 查（调查）ʧʰa^{21}

心生船书声母字、禅母大部分字以及邪母和崇母少部分字在大部分方言点读为擦音 ʃ。我们详细调查的方言点中，常平白石岗、桥头、谢岗、塘厦等地存在边擦音 ɬ。如表 2－1－2 所示：

表 2－1－2　边擦音例字表

	丝	穗	事	山	顺	书	十
莞城	ʃɐi^{132}	ʃɵ^{332}	ʃɐi^{332}	ʃiaŋ^{132}	ʃɐn^{332}	ʃy^{132}	ʃɐp^{3}
常平白石岗	ɬɐi^{32}	ɬui^{43}	ɬɐi^{43}	ʃɑŋ^{32}	ʃan^{43}	ʃi^{32}	ʃʌp^{3}
桥头田新	ɬᴇi^{32}	ɬui^{443}	ɬᴇi^{443}	ɬan^{32}	ʃɐn^{443}	ʃy^{32}	ʃɐp^{3}
谢岗	ɬɐi^{32}	ɬoi^{33}	ɬɐi^{33}	ʃan^{32}	ʃɐn^{33}	ʃy^{32}	ʃɐp^{3}
塘厦	ɬɐi^{32}	ɬui^{33}	ɬɐi^{33}	ɬiaŋ^{32}	ɬɐn^{33}	ɬi^{32}	ɬɐp^{3}

精庄知章组全浊声母清化之后按逢塞擦音送气与否分为两种类型：

（一）平上送气，去入不送气

东莞粤语绝大多数方言都属于这一类型，包括莞城、厚街、洪梅、沙田、大岭山、石龙、东坑、横沥、寮步、大朗、企石、常平、黄江、清溪、东城温塘、南城、万江、高埗、中堂、望牛墩、麻涌、道滘、虎门、长安、石碣、茶山、石排、塘厦。如下表所示：

表 2－1－3　精庄知章组全浊声母例字表（1）

	全	祠	床	柱	字	谢	逐	铡
莞城	ʧʰɵn^{21}	ʧʰɐi^{21}	ʧʰɔŋ^{21}	ʧʰy^{24}	ʧɐi^{332}	ʧø^{332}	ʧok^{3}	ʧak^{3}
温塘	ʧʰɪŋ^{21}	ʧʰɐi^{21}	ʧʰoŋ^{21}	ʧʰi^{24}	ʧɐi^{44}	ʧiɛ^{ɐ44}	ʧʰɤk^{3}	—
万江	ʧʰɵn^{21}	ʧʰɐi^{21}	ʧʰɔŋ^{21}	ʧi^{332}	ʧɐi^{332}	ʧᴇ^{332}	ʧʰok^{3}	ʧak^{3}
望牛墩	ʧʰɵn^{21}	ʧʰɐi^{21}	ʧʰɔŋ^{21}	ʧʰi^{24}	ʧɐi^{33}	ʧᴇ^{33}	ʧʰok^{3}	ʧak^{3}

（续上表）

	全	祠	床	柱	字	谢	逐	铡
高埗	ʧʰoŋ^{21}	ʧʰɐi^{21}	ʧʰɔŋ^{21}	ʧʰi^{24}	ʧɐi^{332}	ʧⁱᴇ^{332}	ʧok^{3}	ʧak^{3}
中堂潢涌	ʧʰʉn^{21}	ʧʰɐi^{21}	ʧʰɔŋ^{21}	ʧʰi^{24}	ʧɐi^{32}	ʧᴇ^{32}	ʧʰok^{3}	ʧak^{3}
中堂江南	ʧʰøŋ^{21}	ʧʰe^{21}	ʧʰɔŋ^{21}	ʧʰy^{13}	ʧe^{32}	ʧia^{32}	ʧok^{3}	ʧɐᵘp^{3}
麻涌	ʧʰyn^{21}	ʧʰᴇi^{21}	ʧʰɔŋ^{21}	ʧʰy^{24}	ʧᴇi^{32}	ʧia^{32}	ʧok^{3}	ʧaʔ^{3}
厚街	ʧʰin^{21}	ʧʰɐi^{21}	ʧʰɔŋ^{21}	ʧʰi^{13}	ʧɐi^{332}	ʧᴇ^{332}	ʧʰok^{3}	ʧak^{3}
虎门赤岗	ʧʰyn^{21}	ʧʰɐi^{21}	ʧʰɔŋ^{21}	ʧʰy^{24}	ʧɐi^{332}	ʧⁱᴇ^{332}	ʧok^{3}	ʧɐt^{3}
长安	ʧʰyn^{21}	ʧʰᴇi^{21}	ʧʰɔŋ^{21}	ʧʰy^{13}	ʧᴇi^{32}	ʧⁱᴇ^{32}	ʧʰok^{3}	ʧɐk^{3}
大岭山	ʧʰin^{21} / ʧʰyn^{21}	ʧʰɐi^{21}	ʧʰɔŋ^{21}	ʧʰi^{13}	ʧɐi^{42}	ʧᴇ^{42}	ʧʰɤk^{3}	ʧak^{3}
石龙	ʧʰyn^{21}	ʧʰɐi^{21}	ʧʰɔŋ^{21}	ʧʰy^{24}	ʧɐi^{43}	ʧᴇ^{43}	ʧʰok^{3}	ʧak^{3}
石碣	ʧʰøn^{21}	ʧʰɐi^{21}	ʧʰɔŋ^{21}	ʧʰy^{24}	ʧɐi^{43}	ʧⁱᴇ^{43}	ʧʰok^{3}	ʧak^{3}
茶山粟边	ʧʰin^{21}	ʧʰɐi^{21}	ʧʰɔŋ^{21}	ʧʰi^{13}	ʧɐi^{33}	ʧiᴇ^{33}	ʧ ɤk^{3}	ʧᵘɔk^{3}
石排	ʧʰⁱɪn^{21}	ʧʰɐi^{21}	ʧʰɔŋ^{21}	ʧʰi^{24}	ʧɐi^{44}	ʧᴇ^{44}	ʧ ɤk^{3}	ʧak^{3}
横沥	ʧʰen^{21}	ʧʰɐi^{21}	ʧʰɔŋ^{21}	ʧʰi^{24}	ʧɐi^{443}	ʧiᴇ^{443}	ʧʰɤk^{3}	—
东坑	ʧʰen^{21}	ʧʰɐi^{21}	ʧʰɔŋ^{21}	ʧʰi^{13}	ʧɐi^{33}	ʧiɛ^{33}	ʧʰɤk^{3}	ʧak^{3}
大朗	ʧʰin^{21}	ʧʰɐi^{21}	ʧʰɔŋ^{21}	ʧʰi^{13}	ʧɐi^{33}	ʧiɛ^{33}	ʧʰɤk^{5}	ʧaʔ^{13}
塘厦	ʧʰin^{21}	ʧʰɐi^{21}	ʧʰuɔŋ^{21}	ʧʰi^{13}	ʧɐi^{33}	ʧiə^{33}	—	—

以上方言点多遵循平上送气、去入不送气的规则，但部分方言点少数浊入字也有读为送气音的现象，如上表“逐”字。

（二）平上去入大部分字送气

桥头、谢岗及常平白石岗等地属于此类型。例如：

表2-1-4　精庄知章组全浊声母例字表（2）

	全	祠	床	柱	谢	字	逐
桥头	ʧʰyn^{21}	ʧʰi^{21}	ʧʰoŋ^{21}	ʧʰy^{13}	ʧʰiᴇ^{443}	ʧʰᴇi^{443}	ʧʰok^{3}
谢岗	ʧʰyn^{21}	ʧʰɐi^{21}	ʧʰɔŋ^{21}	ʧʰy^{13}	ʧʰᴇ^{33}	ʧʰɐi^{33}	ʧʰok^{3}
常平白石岗	ʧʰɪn^{21}	ʧʰɐi^{21}	ʧʰɔŋ^{21}	ʧʰi^{24}	ʧiᴇ^{43}	ʧʰɐi^{43}	ʧok^{3}

桥头和谢岗话中，古全浊声母清化后无论平仄基本送气；常平白石岗话则大部分字送气，少数字不送气。

三、泥、来母

我们的调查结果显示，东莞粤语各镇（区）泥、来母的情况可分为两大类型三小类型：

（一）从分型

从分型包括两种类型：

第一种是泥、来母呈 n－l 对立，包括莞城、温塘、大岭山、石龙、石碣、茶山、寮步、东坑、横沥、大朗、企石、常平、黄江、桥头、谢岗、塘厦等地方言。例如：

	莞城	大岭山	石龙	茶山	东坑	横沥	大朗	塘厦
老	lɔu^{24}	lɐu^{13}	lou^{24}	lou^{13}	lou^{13}	lɐu^{24}	lou^{13}	lau^{13}
脑	nɔu^{24}	nɐu^{13}	nou^{24}	nou^{13}	nou^{13}	nɐu^{24}	nou^{13}	nau^{13}
连	lin^{21}	lin^{21}	lin^{21}	lin^{21}	len^{21}	len^{21}	lin^{21}	lin^{21}
年	nin^{21}	nin^{21}	nin^{21}	nin^{21}	nen^{21}	nen^{21}	nin^{21}	nin^{21}

第二种是泥、来母呈 n－ŋ 对立，包括万江、南城、望牛墩、道滘、高埗、洪梅及中堂大部分地区。例如：

	万江	望牛墩	高埗	中堂潢涌	道滘
老	ŋɐu^{24}	ŋou^{24}	ŋɐu^{24}	ŋou^{24}	ŋou^{24}
脑	nɐu^{24}	nou^{24}	nɐu^{24}	nou^{24}	nou^{24}
连	ŋin^{21}	ŋ^{i}ɪn^{21}	ŋin^{21}	ŋin^{21}	ŋin^{21}
年	nin^{21}	n^{i}ɪn^{21}	nin^{21}	nin^{21}	nin^{21}

（二）从混型

从混型即泥、来母不分，皆为泥母 n 混入来母 l，包括麻涌、中堂江南、厚街、虎门、长安、沙田等地。例如：

	麻涌	中堂江南	厚街	虎门	长安
老	lou^{24}	lo^{u13}	lou^{13}	lou^{24}	lou^{13}
脑	lou^{24}	lo^{u13}	lou^{13}	lou^{24}	lou^{13}
连	lin^{21}	lin^{21}	lin^{21}	l^{i}ɪn^{21}	lin^{21}
年	lin^{21}	lin^{21}	lin^{21}	l^{i}ɪn^{21}	lin^{21}

四、日母

东莞各镇（区）粤方言古日母字一般读为零声母，而此类字韵母的开头部分摩擦较重，可记为“j”，本书处理为 i 元音。日母读作舌根鼻音声母 ŋ 的一般只有“耳”等个别字，另外，“洱（普洱）”“饵”等字读如泥母（部分方言点泥母混入来母，“洱”“饵”也跟着混入来母）。例如：

	莞城	万江	中堂潢涌	石龙	东坑	厚街	麻涌
二	i^{332}	i^{332}	i^{32}	i^{43}	i^{33}	i^{332}	i^{32}
人	iɐn^{21}	iɐn^{21}	iɐn^{21}	iɐn^{21}	iɐŋ^{21}	iɐn^{21}	iɐŋ^{21}
入	iɐp^{3}	iɔk^{3}	iɔk^{3}	iɐp^{3}	iʌk^{3}	iɔk^{3}	iɐk^{3}
肉	iok^{3}	iok^{3}	iok^{3}	iok^{3}	iɤk^{3}	iok^{3}	iok^{3}
耳	ŋɐi^{24}	ŋɐi^{24}	ŋɐi^{24}	ŋɐi^{24}	ŋɐi^{13}	ŋɐi^{13}	ŋᴇi^{24}
饵	nɐi^{332}	nɐi^{332}	nɐi^{32}	nɐi^{43}	nɐi^{33}	lɐi^{35}	lᴇi^{35}

五、疑、影母

（一）疑母

东莞各镇（区）粤方言古疑母今读细音的字一般为零声母，保留舌根鼻音声母 ŋ 的基本上都是今读洪音的字，例如莞城话：

（细音）鱼 y^{21} | 疑 i^{21} | 验 in^{332} | 吟 iɐm^{21} | 玉 iok^{3}

（洪音）饿 ŋo^{332} | 牙 ŋa^{21} | 崖 ŋai^{21} | 蚁 ŋɔi^{24} | 岩 ŋaŋ^{21} | 银 ŋɐn^{21}

与大多数方言点不同的是，中堂江南、麻涌等靠近广州地区的地方，疑母混入影母，不论洪细皆读为零声母。例如：

	银	硬	鹅	牙	疑	验	玉
江南	ɐn^{21}	aŋ^{32}	ɔ^{21}	a^{21}	i^{21}	im^{32}	iok^{3}
麻涌	ɐŋ^{21}	aŋ^{32}	ɔ^{35}	a^{21}	i^{21}	in^{32}	iok^{3}

（二）影母

1. 影母细音

东莞各镇（区）粤方言古影母今读细音的字一般皆读为零声母，例如：

	莞城	万江	中堂潢涌	麻涌	石龙	东坑	谢岗
幼	iau^{332}	iau^{332}	iau^{24}	iɐu^{44}	iau^{24}	iɔ^{13}	iou^{33}
音	iɐm^{132}	iɐm^{13}	iɐm^{213}	iɐŋ^{53}	iɐm^{32}	iʌŋ^{32}	iɐm^{32}
影	iəŋ^{35}	iɤŋ^{35}	iɤŋ^{35}	ieŋ^{35}	ieŋ^{35}	iɐŋ^{45}	iɤŋ^{55}
一	iak^{5}	iak^{5}	iak^{5}	iɐk^{5}	iɐt^{5}	iɐk^{5}	iɐk^{5}

2．影母洪音

东莞各镇（区）粤方言古影母洪音字呈现出不同的特点，大致分为三类：

（1）读为零声母。其中厚街、长安、茶山、横沥、东坑、桥头、谢岗、塘厦等地影、疑母洪音字保持 Ø－ŋ 对立；而中堂江南、麻涌则疑母混入影母，两母皆为零声母。例如：

	厚街	长安	茶山	横沥	东坑	桥头	谢岗	塘厦	中堂江南	麻涌
矮	ai^{35}	a^{35}	ai^{35}	ai^{35}	ai^{13}	ai^{55}	ai^{55}	ai^{55}	ai^{35}	ɐi^{35}
暗	aŋ^{332}	ɐn^{44}	œŋ^{13}	—	aŋ^{13}/oŋ^{13}	ɐm^{13}	am^{33}	aŋ^{13}	ɐm^{32}	aŋ^{44}
鸭	a^{332}	ɐʔ $\underline{13}$	a^{13}	a^{24}	aʔ $\underline{23}$	at^{3}	ak^{5}	aʔ $\underline{13}$	ɐ^{u}p^{3}	a^{24}

（2）读为舌根鼻音声母，混入疑母洪音字。莞城、万江、望牛墩、高埗、中堂潢涌、大岭山、石碣等地属于此类型。例如：

	莞城	万江	望牛墩	高埗	中堂潢涌	大岭山
矮	ŋai^{35}	ŋai^{35}	ŋai^{35}	ŋai^{35}	ŋai^{35}	ŋai^{35}
暗	ŋaŋ^{332}	ŋaŋ^{332}	ŋaŋ^{24}	ŋaŋ^{24}	ŋaŋ^{24}	ŋaŋ^{42}
鸭	ŋa^{332}	ŋa^{332}	ŋa^{24}	ŋa^{24}	ŋa^{24}	ŋaʔ $\underline{13}$

（3）部分为零声母，与疑母有别；部分为舌根鼻音声母，混入疑母。石龙、温塘、虎门、石排、白石岗、企石、黄江属于此类型。例如：

	石龙	温塘	虎门	石排	白石岗
矮	ai^{24}	aɨ^{35}	ai^{35}	ai^{35}	ai^{55}
暗	ŋɐm^{24}	ŋɔŋ^{24}	ɐm^{44}	ɔŋ^{24}	ɐm^{24}
鸭	ŋaʔ $\underline{24}$	ŋa^{24}	a^{24}	a^{24}	ɑʔ $\underline{24}$
鸦	a^{32}	a^{32}	ŋa^{13}	ŋa^{332}	ŋɑ^{32}

说明：石龙发音人曹世麟先生，影母部分读为舌根鼻音声母，部分为零声母，但已无区别音位的作用；发音人黄凤英女士则全部读为舌根鼻音声母，与疑母相混，本书采用前者发音。

大朗话中有个别影母洪音字读为 ŋ 声母，如：矮 ŋai^{55}；大多数读为零声母，如：暗 ʌŋ^{13}、鸭 a^{ʔ} $\underline{13}$。

综合来、疑、影母的情况，我们发现在万江、望牛墩、高埗、道滘、洪梅及中堂大部分地区存在来、疑、影母相混的现象，例如：

	路	=	傲	=	奥	兰	=	颜	滥	暗
万江	ŋɐu^{332}		ŋɐu^{332}		ŋɐu^{332}	ŋiaŋ^{21}		ŋiaŋ^{21}	ŋaŋ^{332}	ŋaŋ^{332}
望牛墩	ŋou^{33}		ŋou^{33}		ŋou^{33}	ŋiɛŋ^{21}		ŋiɛŋ^{21}	ŋaŋ^{33}	ŋaŋ^{24}
中堂潢涌	ŋou^{32}		ŋou^{32}		ŋou^{32}	ŋiæŋ^{21}		ŋiæŋ^{21}	ŋaŋ^{33}	ŋaŋ^{24}

比较有意思的发现是，莞城有部分疑、影母字读入来母，如：岳 lɔk^{3}、屋 lok^{5}、埃 lɐi^{132} 等。

六、溪、晓、匣母

（一）溪母

东莞各镇（区）粤方言见、群母基本与广州话相同，而溪、晓、匣母则有些差别。东莞粤语溪母除一部分读为 k^{h}声母外，大部分字开口读为 h 声母，合口多读为 f 声母，个别字读零声母。与广州话不同的是，古蟹摄开口一等、山摄开口一等的溪母字东莞粤语中多读为 f 声母，例如：

	莞城	厚街	望牛墩	石龙	大朗	塘厦
溪	k^{h}ɔi^{132}	k^{h}ɔi^{13}	k^{h}ɔi^{13}	k^{h}uɔi^{32}	k^{h}uɔi^{43}	k^{h}ai^{32}
可	ho^{35}	ho^{35}	ho^{35}	ho^{35}	ho^{55}	huɔ^{55}
屈	k^{h}uak^{5}	k^{h}uɐk^{5}	k^{h}uak^{5}	kuɐt^{5}	uɐk^{5}	kuɐt^{3}
课	fo^{332}	fo^{332}	fɔ^{33}	fo^{24}	fu^{13}	fuɔ^{13}
开	fi^{132}	fui^{13}	fɐi^{13}	fui^{32}	fui^{43}	fui^{32}
看	fu^{ɔ}n^{332}	fuin^{332}	fun^{33}	foŋ^{24}	fɤŋ^{13}	fun^{13}

（二）晓母

晓母开口大部分读为h声母；合口大部分读为 f 声母，小部分读为h声母，少数读为零声母。晓母开、合口均有个别字读为 k^{h}声母。与广州话不同的是，蟹摄开口一等、山摄开口一等的古晓母字与溪母字一样均读为 f 声母。例如：

	莞城	厚街	望牛墩	石龙	大朗	塘厦
戏	hɐi^{332}	hɐi^{332}	hɐi^{24}	hɐi^{24}	hɐi^{13}	hɐi^{13}
花	fa^{132}	fa^{13}	fa^{13}	fa^{32}	fa^{43}	fa^{32}
虚	hɵ^{132}	hui^{13}	hoi^{13}	hui^{32}	hui^{43}	hui^{32}
唤	fu^{ɔ}n^{332}	uin^{332}	un^{33}	uoŋ^{43}	u ɤŋ^{33}	un^{33}
吸	k^{h}ɐp^{5}	k^{h}ɔk^{5}	k^{h}ɔk^{5}	k^{h}ɐp^{5}	k^{h}ʌk^{5}	k^{h}ɐp^{5}
霍	k^{h}ɔ^{24}	fɔk^{3}	k^{h}ɔ^{24}	k^{h}ɔʔ$^{\underline{24}}$	fɔk^{3}	k^{h}uɔʔ$^{\underline{13}}$
海	fi^{35}	fui^{35}	fɐi^{35}	fui^{35}	fui^{55}	fui^{55}
汉	fu^{ɔ}n^{332}	fuin^{332}	fun^{33}	foŋ^{24}	f ɤŋ^{13}	fun^{13}

此外，晓母少数字如“吸”“郝”“霍”“朽”等在莞城和东坑等地粤语中一律读为k^{h}声母。如莞城话“吸 k^{h}ɐp^{5}”“郝 k^{h}ɔ^{332}”“霍 k^{h}ɔ^{24}”“朽 k^{h}au^{35} / iau^{35}（两读）”，东坑话“吸 k^{h}ɔk^{5}”“郝 k^{h}ɔ^{13}”“霍 k^{h}ɔʔ$^{\underline{23}}$”“朽 k^{h}ɔ^{45}”。

（三）匣母

匣母开口大部分读为h声母，少数细音字读为零声母，蟹摄开口一等、山摄开口一等的古匣母字同溪、晓母字一样均读为 f 声母。合口大部分读为零声母，少数为h声母；一部分广州读零声母的匣母字在东莞粤语中读为 f 声母，涉及遇合一、曾合一“弘”、梗合二“宏”等字。例如：

	莞城	厚街	望牛墩	石龙	大朗	塘厦
嫌	hin^{21}	hin^{21}	h^{i}ɪn^{21}	hin^{21}	hin^{21}	hin^{21}
红	hoŋ^{21}	hoŋ^{21}	hoŋ^{21}	hoŋ^{21}	hɤŋ^{21}	hoŋ^{21}
害	fi^{332}	fui^{332}	fɐi^{33}	fui^{43}	fui^{33}	fui^{33}
寒	fu^{ɔ}n^{21}	fuin^{21}	fun^{21}	foŋ^{21}	f ɤŋ^{21}	fun^{21}
湖	fu^{21}	fu^{21}	fu^{21}	fu^{21}	fu^{21}	fu^{21}
贤	in^{21}	in^{21}	^{i}ɪn^{21}	in^{21}	in^{21}	in^{21}
形	iəŋ^{21}	i ɤŋ^{21}	i ɤŋ^{21}	ieŋ^{21}	iɐn^{21}	iəŋ^{21}
黄	uɔŋ^{21}	uɔŋ^{21}	uɔŋ^{21}	uɔŋ^{21}	uɔŋ^{21}	uɔŋ^{21}

唯麻涌、中堂江南、沙田等地与广州话同，溪、晓、匣字读为 f 声母的相对少些。例如上述方言中读为 f 声母的蟹摄开口一等、山摄开口一等溪、晓、匣母字，麻涌等地读为h声母：

	开	看	海	汉	寒
麻涌	hui^{53}	hɔŋ^{44}	hui^{35}	hɔŋ^{44}	hɔŋ^{21}

中堂江南	hʊi^{55}	høŋ^{13}	hʊi^{35}	høŋ^{13}	høŋ^{21}

说明：中堂江南话中h声母在ui韵母前发音位置靠前，音值近于ɸ，应该是h到f的过渡表现。

七、云、以母

东莞各镇（区）粤方言云、以母基本上今读为零声母。云母“芋”字在绝大多数方言点读为f声母，“雄”字均读为h声母。例如：

	爷以	移以	演以	叶以	雨云	王云	芋云	雄云
莞城	yø^{21}	i^{21}	in^{24}	ik^{3}	y^{24}	uɔŋ^{21}	y^{24}/fu^{332}	hoŋ^{21}
望牛墩	iᴇ^{21}	i^{21}	^{i}ɪn^{24}	iɪk^{3}	y^{24}	uɔŋ^{21}	y^{33}/i^{33}	hoŋ^{21}
麻涌	ia^{21}	i^{21}	in^{24}	i^{32}	y^{24}	ɔŋ^{21}	fu^{44}	hoŋ^{21}
石龙	iᴇ^{21}	i^{21}	in^{24}	ik^{3}	y^{24}	uɔŋ^{21}	fu^{55}	hoŋ^{21}
东坑	iɛ^{21}	i^{21}	ien^{13}	iek^{3}	i^{13}	uɔŋ^{21}	fu^{33}	hŋ^{21}
谢岗	iᴇ^{21}	i^{21}	in^{13}	ik^{3}	y^{13}	uɔŋ^{21}	fu^{33}	hoŋ^{21}

八、声母小结

（一）共性特点

东莞各镇（区）粤语声母共性特点包括：古全浊声母今已清化，大多遵循平上送气、去入不送气的规则；塞擦音声母只有一套，古精庄知章组塞擦音声母合流；古溪、晓、匣母均存在唇齿f化现象；绝大部分日母，影、疑母细音字，云母字，以母字今读为零声母；古微母读如明母等。

（二）地域差异特点

东莞各镇（区）粤语泥、来母的分混不一，在莞城等地泥、来母呈n－l对立，在万江等地泥、来母呈n－ŋ对立，在虎门等地泥母混入来母。影母洪音字声母呈现出三种不同的类型：第一种读为零声母；第二种读为舌根鼻音声母，混入疑母；第三种部分字读为零声母，部分字读为舌根鼻音声母，呈过渡状态。精庄知章组擦音声母在各地也有不同表现，莞城等多数方言点读为擦音ʃ，在常平、桥头等地则存在边擦音ɬ，与ʃ构成对立。东莞各镇（区）粤语声母的地域差异反映了东莞粤语的局部地域特色。

第二节　东莞粤语韵母的特点

一、阴声韵的分合演变

（一）果摄一等元音高化及与遇摄合口一等见系字的分合

东莞各镇（区）粤方言大部分方言点果摄存在元音高化现象，中堂、麻涌、谢岗等地果摄主元音为 ɔ，而其他以莞城为首的大部分点都高化为 o，合口一等见系字在茶山、石排、石碣、横沥、东坑、大朗、温塘、大岭山、常平镇中心等地更是高化为 u，与遇摄合口一等见系字合流。例如：

	果	= 古	课	= 库	火	= 虎	窝	= 乌
茶山	ku^{35}	ku^{35}	fu^{13}	fu^{13}	fu^{35}	fu^{35}	u^{32}	u^{32}
石排	ku^{35}	ku^{35}	fu^{24}	fu^{24}	fu^{35}	fu^{35}	u^{332}	u^{332}
横沥	ku^{35}	ku^{35}	fu^{24}	fu^{24}	fu^{35}	fu^{35}	u^{32}	u^{32}
东坑	ku^{45}	ku^{45}	fu^{13}	fu^{13}	fu^{45}	fu^{45}	u^{32}	u^{32}
大朗	ku^{55}	ku^{55}	fu^{13}	fu^{13}	fu^{55}	fu^{55}	u^{43}	u^{43}

大朗、横沥等地高化尤甚。大朗话果摄合口一等帮组也高化为 u，例如：

大朗：波 pu^{43-55} ｜ 破 p^hu^{13} ｜ 磨 mu^{21}

横沥话则更甚，果摄合口一等除舌齿音字之外基本上都高化为 u（实际音值可记为 ʊ），开口一等歌韵牙喉音字也跟着高化为 u。例如：

横沥：哥 ku^{32} ｜ 蛾 $ŋu^{21}$ ｜ 波 pu^{32} ｜ 破 p^hu^{24} ｜ 磨 mu^{21}

果开三、果合三与假开三联系密切，下文一起讨论。

（二）果摄三等与假摄三等的分合

广州话果摄三等与假摄三等呈 œ－ɛ 对立，而东莞各镇（区）粤方言则呈现出不同的类型：

1. 从合型

大部分方言点果摄三等与假摄三等合流。莞城合流之后主元音为 ø，万江、望牛墩、高埗、中堂潢涌、洪梅、大岭山、石排、企石、横沥、东坑、常平合流之后主元音为ᴇ或 ɛ，塘厦则为 iə，温塘为 iɛᵉ。例如：

	莞城	万江	望牛墩	高埗	潢涌	石排	东坑	塘厦	温塘
茄	kʰø^{24}	kʰᴇ^{21}	kʰᴇ^{21}	k^{hi}ᴇ^{21}	kʰᴇ^{55}	kʰᴇ^{21}	kʰiɛ^{21}	kʰiə^{21}	kʰiɛ^{ɐ21}
靴	hø^{132}	hᴇ^{13}	hᴇ^{13}	h^{i}ᴇ^{13}	hᴇ^{213}	hᴇ^{332}	hiɛ^{32}	—	hiɛ^{ɐ32}
写	ʃø^{35}	ʃᴇ^{35}	ʃᴇ^{35}	ʃ^{i}ᴇ^{35}	ʃᴇ^{35}	ʃᴇ^{35}	ʃiɛ^{45}	ɬiə^{55}	ʃiɛ^{ɐ35}
谢	ʧø^{332}	ʧᴇ^{332}	ʧᴇ^{33}	ʧ^{i}ᴇ^{332}	ʧᴇ^{32}	ʧᴇ^{44}	ʧiɛ^{33}	ʧiə^{33}	ʧiɛ^{ɐ44}

2. 从分型

部分方言点果摄三等与假摄三等不混，虎门、长安、石龙等地呈 œ－^{i}ᴇ(ᴇ)的分野，麻涌、中堂江南呈 yɔ－ia 的分野，大朗、谢岗则处于中间状态。大朗“茄”与假摄三等有别，“靴”则与假摄三等合流，谢岗“茄”与假摄三等合流，“靴”则与假摄三等有别。例如：

	虎门	长安	石龙	麻涌	中堂江南	大朗	谢岗
茄	kʰœ^{21}	kʰœ^{21}	kʰœ^{21}	kʰyɔ^{35}	kʰyɔ^{55}	kʰœ^{35}	kʰᴇ^{35}
靴	hœ^{13}	hœ^{55}	hœ^{32}	hyɔ^{53}	hyɔ^{55}	hɛ^{43}	hɔ^{21}
写	ʃ^{i}ᴇ^{35}	ʃ^{i}ᴇ^{35}	ʃᴇ^{35}	ʃia^{35}	ʃia^{35}	ʃiɛ^{55}	ɬᴇ^{55}
谢	ʧ^{i}ᴇ^{332}	ʧ^{i}ᴇ^{32}	ʧᴇ^{43}	ʧia^{32}	ʧia^{32}	ʧiɛ^{33}	ʧʰᴇ^{33}

桥头石水口话为从合型，均为 iᴇ；桥头田新话则“茄”为 œ，与假摄三等 iᴇ韵母不同。

（三）遇摄三等、蟹摄及止摄的分合

东莞各镇（区）粤方言遇摄合口一等与广州话一样呈现出帮端泥精组、见溪晓匣影母、疑母三分的状态，只是各地音值略有不同；止摄帮泥精庄见晓组与知章日疑影喻母的韵母表现有别。例如：

	遇摄一等			止摄					
	补	古	五	皮	资	事	寄	迟	时
莞城	pɔu^{35}	ku^{35}	ŋ̍^{24}	pʰɐi^{21}	ʧɐi^{132}	ʃɐi^{332}	kɐi^{332}	ʧʰi^{21}	ʃi^{21}
望牛墩	pou^{35}	ku^{35}	m̩^{24}	pʰɐi^{21}	ʧɐi^{13}	ʃɐi^{33}	kɐi^{24}	ʧʰi^{21}	ʃi^{21}
厚街	pou^{35}	ku^{35}	m̩^{13}	pʰɐi^{21}	ʧɐi^{13}	ʃɐi^{332}	kɐi^{332}	ʧʰi^{21}	ʃi^{21}
石龙	pou^{35}	ku^{35}	n̩^{24}	pʰɐi^{21}	ʧɐi^{32}	ʃɐi^{43}	kɐi^{24}	ʧʰi^{21}	ʃi^{21}
东坑	pou^{45}	ku^{45}	ŋ̍^{13}	pʰɐi^{21}	ʧɐi^{32}	ʃɐi^{33}	kɐi^{13}	ʧʰi^{21}	ʃi^{21}
谢岗	pou^{55}	ku^{55}	ŋ̍^{13}	pʰɐi^{21}	ʧɐi^{32}	ɬɐi^{33}	kɐi^{35}	ʧʰi^{21}	ʃi^{21}
麻涌	pou^{35}	ku^{35}	ŋ̍^{24}	pʰᴇi^{21}	ʧi^{53}	ʃᴇi^{32}	kᴇi^{44}	ʧʰi^{21}	ʃi^{21}
中堂江南	po^{u35}	ku^{35}	ŋ̍^{13}	pʰe^{21}	ʧe^{55}	ʃe^{32}	ke^{13}	ʧʰi^{21}	ʃi^{21}

遇合三鱼韵庄组“初”“阻”等字与果摄合流，如绝大多数方言点都存在“左 = 阻”的现象。遇摄合口三等精见组则与蟹一、止摄存在不同程度的分混。

1．遇摄三等精见组字与蟹摄一等及止摄合口三等舌齿音字的分合

在遇摄合口三等精见组字与蟹摄一等及止摄合口三等舌齿音字的分合问题上，东莞各镇（区）方言从地理上有三种不同的类型：①绝大部分东莞粤方言点遇、止摄无广州话的 œy 韵，遇摄合口三等精见组及止摄合口舌齿音字韵母均为 ui 或 oi 等（莞城为 ɵ），与蟹摄开口一等及合口一三等字合流，其中莞城话、望牛墩话稍有不同，即蟹一牙喉音与舌齿音有别。②麻涌遇摄三等见晓组字韵母为 øy，与蟹一、止三合口舌齿音字韵母 ui 有别。③江南则与广州话大致相同，只是音值上有所不同，遇摄合口三等精见组、止摄合口舌齿音字、蟹摄合口一等舌齿音字韵母为 œ^{y}，蟹摄开口一等、合口三等舌齿音字为 ʊi。例如：

	遇合三			蟹一（合三）						止摄	
	序	居	取	才	改	对	雷	最	岁	随	水
广州	tsœy^{22}	kœy^{55}	tsʰœy^{35}	tsʰɔi^{21}	kɔi^{35}	tœy^{33}	lœy^{21}	tsœy^{33}	sœy^{33}	tsʰœy^{21}	sœy^{35}
莞城	ʧɵ^{332}	kɵ^{132}	ʧʰɵ^{35}	ʧʰɵ^{21}	kui^{35}	tɵ^{332}	lɵ^{21}	ʧɵ^{332}	ʃɵ^{332}	ʧʰɵ^{21}	ʃɵ^{35}
望牛墩	ʧʰoi^{33}	koi^{13}	ʧʰoi^{35}	ʧʰoi^{21}	kuɐi^{35}	toi^{24}	ŋoi^{21}	ʧoi^{24}	ʃoi^{33}	ʧʰoi^{21}	ʃoi^{35}
厚街	ʧui^{332}	kui^{13}	ʧʰui^{35}	ʧʰui^{21}	kui^{35}	tui^{332}	lui^{21}	ʧui^{332}	ʃui^{332}	ʧʰui^{21}	ʃui^{35}
石龙	ʧui^{43}	kui^{32}	ʧʰui^{35}	ʧʰui^{21}	kui^{35}	tui^{24}	lui^{21}	ʧui^{24}	ʃui^{24}	ʧʰui^{21}	ʃui^{35}
东坑	ʧui^{33}	kui^{32}	ʧʰui^{45}	ʧʰui^{21}	kui^{45}	tui^{13}	lui^{21}	ʧui^{13}	ʃui^{13}	ʧʰui^{21}	ʃui^{45}
谢岗	ʧʰoi^{33}	koi^{32}	ʧʰoi^{55}	ʧʰoi^{21}	koi^{55}	toi^{35}	loi^{21}	ʧoi^{35}	ɬoi^{35}	ʧʰoi^{21}	ʃoi^{55}
麻涌	ʧui^{32}	køy^{53}	ʧʰui^{35}	ʧʰui^{21}	kui^{35}	tui^{44}	lui^{21}	ʧui^{44}	ʃui^{44}	ʧʰui^{21}	ʃui^{35}
江南	ʧœ^{y32}	kœ^{y55}	ʧœ^{y35}	ʧʰʊi^{21}	kʊi^{35}	tʊi^{13}	lœ^{y21}	ʧʊi^{13}	ʃʊi^{13}	—	ʃʊi^{35}

2．遇摄三等知、章组，日、疑、影、喻母字与止摄相关声母字韵母的分合

遇摄合口三等知、章组，日、疑、影、喻母字在广州话中主元音均为 y，而东莞各镇（区）粤方言则存在两种不同的类型：

（1）与止摄有别，读为撮口呼 y。属于这一类型的方言点包括莞城、中堂江南、麻涌、虎门、长安、石龙、桥头田新、谢岗等地。例如：

	主 ≠ 纸		书 ≠ 诗		余 ≠ 移		预 ≠ 异	
莞城	ʧy^{35}	ʧi^{35}	ʃy^{132}	ʃi^{132}	y^{21}	i^{21}	y^{332}	i^{332}
江南	ʧy^{35}	ʧi^{35}	ʃy^{55}	ʃi^{55}	y^{21}	i^{21}	y^{32}	i^{32}
麻涌	ʧy^{35}	ʧi^{35}	ʃy^{53}	ʃi^{55}	y^{21}	i^{21}	y^{32}	i^{32}

	主 ≠	纸	书 ≠	诗	余 ≠	移	预 ≠	异
虎门	ʧy^{35}	ʧi^{35}	ʃy^{13}	ʃi^{13}	y^{21}	i^{21}	y^{332}	i^{332}
长安	ʧy^{35}	ʧi^{35}	ʃy^{55}	ʃi^{55}	y^{21}	i^{21}	y^{32}	i^{32}
石龙	ʧy^{35}	ʧi^{35}	ʃy^{32}	ʃi^{32}	y^{21}	i^{21}	y^{43}	i^{43}
田新	ʧy^{55}	ʧi^{55}	ʃy^{32}	ʃi^{32}	y^{21}	i^{21}	y^{443}	i^{443}
谢岗	ʧy^{55}	ʧi^{55}	ʃy^{32}	ʃi^{32}	y^{21}	i^{21}	y^{33}	i^{33}

（2）与止摄相混，读为齐齿呼 i。属于这一类型的方言点包括温塘、万江、望牛墩、高埗、中堂潢涌、洪梅、厚街、大岭山、茶山、石排、企石、横沥、东坑、大朗、常平白石岗、桥头石水口、塘厦等地。

	主 =	纸	书 =	诗	余 =	移	预 —	异
温塘	ʧi^{35}	ʧi^{35}	ʃi^{32}	ʃi^{32}	i^{21}	i^{21}	i^{24}	i^{24}
万江	ʧi^{35}	ʧi^{35}	ʃi^{13}	ʃi^{13}	i^{21}	i^{21}	i^{24}	i^{24}
望牛墩	ʧi^{35}	ʧi^{35}	ʃi^{13}	ʃi^{13}	i^{21}	i^{21}	y/i^{33}	i^{33}
高埗	ʧi^{35}	ʧi^{35}	ʃi^{13}	ʃi^{13}	i^{21}	i^{21}	i^{332}	i^{332}
潢涌	ʧi^{35}	ʧi^{35}	ʃi^{213}	ʃi^{213}	i^{21}	i^{21}	i^{32}	i^{24}
厚街	ʧi^{35}	ʧi^{35}	ʃi^{13}	ʃi^{13}	i^{21}	i^{21}	i^{332}	i^{332}
大岭山	ʧi^{35}	ʧi^{35}	ʃi^{31}	ʃi^{31}	i^{21}	i^{21}	i^{13}	i^{13}
茶山	ʧi^{35}	ʧi^{35}	ʃi^{32}	ʃi^{32}	i^{21}	i^{21}	i^{13}	i^{13}
石排	ʧi^{35}	ʧi^{35}	ʃi^{332}	ʃi^{332}	i^{21}	i^{21}	i^{44}	i^{24}
横沥	ʧi^{35}	ʧi^{35}	ʃi^{32}	ʃi^{32}	i^{21}	i^{21}	i^{443}	i^{24}
东坑	ʧi^{45}	ʧi^{45}	ʃi^{32}	ʃi^{32}	i^{21}	i^{21}	i^{33}	i^{33}
大朗	ʧi^{55}	ʧi^{55}	ʃi^{43}	ʃi^{43}	i^{21}	i^{21}	i^{33}	i^{13}
白石岗	ʧi^{55}	ʧi^{55}	ʃi^{32}	ʃi^{32}	i^{21}	i^{21}	i^{43}	i^{24}
塘厦	ʧi^{55}	ʧi^{55}	ɬi^{32}	ɬi^{32}	i^{21}	i^{21}	—	—

说明：望牛墩发音人黄文正先生，部分字时而读 y，时而读 i，称有时很难分清楚。梁九根先生发音，不论遇三还是止三都带有很重的摩擦，可归为一个音位 i。黄文正之妻陈杰芳则大部分为 i，少数遇三为 y。我们认为这些读为 y 的字应该是受广州话的影响，属外来层，或者叫做文读层。此外，石碣大部分字读为 y，但少数字在口语中流露出 i 的读音。

3．蟹摄开口二、三、四等的分合

在广州话中蟹摄一等、二等、三四等有别，呈现为 ɔi－ai－ɐi 的对立。而东莞各镇（区）粤方言蟹摄一等高化为 ui 或 oi 等，莞城及万江尤甚，表现为 i 韵尾脱落，演变为单元音韵母 ɵ，参见上文；二等绝大部分方言与广州话一致，唯长安粤方言 i 韵尾脱落，演变为 a；三四等普遍合流，音值各方言点有差异。东莞各镇（区）粤方言蟹摄二、三、四等的分合表现为以下几种类型：

（1）二等、三四等从分型。包括莞城、温塘、万江、望牛墩、高埗、中堂、麻涌、厚街、长安、大岭山、石龙、石碣、茶山、石排、企石、横沥、东坑、大朗、谢岗等地，但各地音值稍有不同。例如：

	莞城	温塘	麻涌	长安	石排	横沥	东坑
排	p^{h}ai^{21}	p^{h}aɨ^{21}	p^{h}ai^{21}	p^{h}a^{21}	p^{h}ai^{21}	p^{h}ai^{21}	p^{h}ai^{21}
柴	ʧ^{h}ai^{21}	ʧ^{h}aɨ^{21}	ʧ^{h}ai^{21}	ʧ^{h}a^{21}	ʧ^{h}ai^{21}	ʧ^{h}ai^{21}	ʧ^{h}ai^{21}
世	ʃɔi^{332}	ʃɔi^{24}	ʃɐi^{44}	ʃɐi^{44}	ʃɔe^{24}	ʃɔe^{24}	ʃuɐi^{13}
批	p^{h}ɔi^{132}	p^{h}ɔi^{32}	p^{h}ɐi^{53}	p^{h}ɐi^{55}	p^{h}ɔe^{332}	p^{h}ɔe^{32}	p^{h}uɐi^{32}

（2）二三四等从混型。桥头、塘厦、虎门属此类型，其粤方言蟹摄三四等皆主元音前化为 a，与二等混同。例如：

桥头：　鸡 = 街 kai^{32}　祭 = 债 ʧai^{13}
塘厦：　鸡 = 街 kai^{32}　祭 = 债 ʧai^{13}
虎门：　鸡 = 街 kai^{13}　祭 = 债 ʧai^{44}

（3）二、三四等半分半混型。白石岗粤方言属于此类型，即三四等部分字读入二等 ai，还有部分读为 uɛ 韵母。例如：

祭 ʧai^{24} ｜ 帝 tai^{35} ｜ 梯 t^{h}ai^{32} ｜ 黎 lai^{21} ｜ 洗 ɬai^{55} ｜ 鸡 kai^{32}
制 ʧuɛ^{24} ｜ 米 muɛ^{24} ｜ 底 tuɛ^{55} ｜ 礼 luɛ^{24} ｜ 细 ɬuɛ^{24} ｜ 启 k^{h}uɛ^{55}

此外，止摄合口见组、影喻母字在绝大多数方言中都跟随蟹摄三四等演变，止摄合口见组、影喻母字与蟹摄三四等见组往往主元音是一致的，但在部分方言中影喻母相混而见组存在开合口的差别，在部分方言中则全部相混。例如：

莞城：　鸡 kɔi^{132} ≠ 龟 kuɔi^{132}　卫 = 位 uɔi^{332}
中堂潢涌：　鸡 kɔi^{55} ≠ 龟 kuɔi^{213}　卫 = 位 uɔi^{32}
石龙：　鸡 kɔi^{32} ≠ 龟 kuɔi^{32}　桂 = 贵 kuɔi^{24}
麻涌：　鸡 kɐi^{55} ≠ 龟 kuɐi^{55}　桂 = 贵 kuɐi^{44}
望牛墩：　计 kɔi^{24} ≠ 桂 kuɔi^{24} = 贵 kuɔi^{24}　卫 = 胃 uɔi^{33}
东坑：　规 = 溪 k^{h}uɐi^{32}　卫 = 慧 = 胃 uɐi^{33}

横沥：	鸡 = 龟 $kuɔe^{32}$	惠 = 胃 $uɔe^{443}$
石排：	鸡 = 龟 $kɔe^{332}$	惠 = 胃 $uɔe^{44}$

（四）效摄二等与流摄的分合演变

东莞各镇（区）粤方言古效摄绝大部分方言点与广州话一致，保持效摄一、二、三四等有别的三分状态，如莞城话"高 $kɔu^{132}$ ≠ 交 kau^{132}"；而谢岗方言效摄一二等合流为 au，如"高 kau^{32} = 交 kau^{32}"。例如：

	莞城	麻涌	温塘	厚街	桥头	谢岗
高	$kɔu^{132}$	kou^{53}	$kɐu^{32}$	kou^{13}	$kɐu^{32}$	kau^{32}
交	kau^{132}	kau^{53}	kau^{32}	$kiau^{13}$	$kiau^{32}$	kau^{32}
娇	kiu^{132}	kiu^{53}	kiu^{32}	kiu^{13}	kiu^{32}	kiu^{32}
叫	kiu^{332}	kiu^{44}	kiu^{24}	kiu^{332}	kiu^{443}	kiu^{35}

东莞各镇（区）粤方言古流摄绝大部分方言点与广州话一致，一三等合流，而谢岗方言一三等有别。例如：

	莞城	麻涌	温塘	厚街	桥头	谢岗
走	$ʧau^{35}$	$ʧɐu^{35}$	$ʧɔu^{35}$	$ʧɐu^{35}$	$ʧɐu^{55}$	$ʧau^{55}$
酒	$ʧau^{35}$	$ʧɐu^{35}$	$ʧɔu^{35}$	$ʧɐu^{35}$	$ʧɐu^{55}$	$ʧou^{55}$

在广州话中，效摄二等与流摄呈 au－ɐu 对立，而在东莞粤语中只有中堂江南、麻涌等少数方言点与广州话同，其他大多数方言点效摄二等与流摄合流或呈不同形式的对立。表现为以下几种情况：

1. 效摄二等与流摄合流

这一类型的方言点包括莞城、万江、望牛墩、高埗、中堂潢涌、大岭山、石龙、石碣等地，例如：

	效二		流摄			
	包	交	走	狗	九	油
莞城	pau^{132}	kau^{132}	$ʧau^{35}$	kau^{35}	kau^{35}	iau^{21}
万江	pau^{13}	kau^{13}	$ʧau^{35}$	kau^{35}	kau^{35}	iau^{21}
望牛墩	pau^{13}	kau^{13}	$ʧau^{35}$	kau^{35}	kau^{35}	iau^{21}

（续上）

	效二		流摄			
	包	交	走	狗	九	油
高埗	pau^{13}	kau^{13}	ʧau^{35}	kau^{35}	kau^{35}	iau^{21}
中堂潢涌	pau^{213}	kau^{213}	ʧau^{35}	kau^{35}	kau^{35}	iau^{21}
大岭山	pau^{31}	kau^{31}	ʧau^{35}	kau^{35}	kau^{35}	iau^{21}
石龙	pau^{32}	kau^{32}	ʧau^{35}	kau^{35}	kau^{35}	iau^{21}
石碣	pau^{31}	kau^{31}	ʧau^{35}	kau^{35}	kau^{35}	iau^{21}

此外，虎门赤岗与塘厦两地，效摄主元音、韵尾与流摄合流，只存在有无 i 介音的区别，如：

	效二		流摄			
	包	交	走	狗	九	油
虎门赤岗	piau^{13}	kiau^{13}	ʧau^{35}	kau^{35}	kau^{35}	iau^{21}
塘厦	piau^{32}	kiau^{32}	ʧau^{55}	kau^{55}	kau^{55}	iau^{21}

2．效摄二等与流摄有别

这部分方言点效摄二等主元音与流摄有别。例如：

	效二		流摄			
	包	交	走	狗	九	油
温塘	pau^{32}	kau^{32}	ʧɔu^{35}	kɔu^{35}	kɔu^{35}	iɔu^{21}
茶山粟边	pau^{32}	kau^{32}	ʧɔu^{35}	kɔu^{35}	kɔu^{35}	iɔu^{21}
石排	pau^{332}	kau^{332}	ʧɔ^{35}	kɔ^{35}	kɔ^{35}	iɔ^{21}
横沥	pau^{32}	kau^{32}	ʧɔ^{35}	kɔ^{35}	kɔ^{35}	iɔ^{21}
东坑	pɐu^{32}	kɐu^{32}	ʧɔ^{45}	kɔ^{45}	kɔ^{45}	iɔ^{21}
大朗	pau^{43}	kau^{43}	ʧɔ^{55}	kɔ^{55}	kɔ^{55}	iɔ^{21}
常平白石岗	piɐu^{32}	kiɐu^{32}	ʧɔ^{55}	kɔ^{55}	kɔ^{55}	iɔ^{21}
厚街	piau^{13}	kiau^{13}	ʧɐu^{35}	kɐu^{35}	kɐu^{35}	iɐu^{21}
长安	piæu^{55}	kiæu^{55}	ʧɐu^{35}	kɐu^{35}	kɐu^{35}	iɐu^{21}
桥头田新	piau^{32}	kiau^{32}	ʧɐu^{55}	kɐu^{55}	kɐu^{55}	iɐu^{21}
中堂江南	pau^{55}	kau^{55}	ʧɐu^{35}	kɐu^{35}	kɐu^{35}	iɐu^{21}
麻涌	pau^{55}	kau^{53}	ʧɐu^{35}	kɐu^{35}	kɐu^{35}	iɐu^{21}

温塘、茶山粟边等方言点效摄二等与流摄呈 au－ɔu 对立；石排、横沥、东坑、大朗、常平白石岗等方言点流摄单元音化，而与效摄二等不同。

谢岗话上文已提到，其流摄一三等有别，其流摄一等与效摄二等合流，而与流摄三等有别，如：

	效二		流摄			
	包	交	走	狗	九	油
谢岗	pau^{32}	kau^{32}	ʧau^{55}	kau^{55}	kou^{55}	iou^{21}

此外，清溪话流摄读为 au，与效摄一等合流，如：酒＝早 tsau^{55}。桥头话流摄读为 ɐu，与效摄一等合流，如：稿＝狗 kɐu^{55}。

二、阳声韵、入声韵的分合演变

东莞各镇（区）粤方言阳声韵均没有完整保留－m、－n、－ŋ 尾，即便有的镇（区）保留了－m 尾，也只是部分字保留（即不包括所有的咸深摄字）。－m 尾的演变有两种：－m→－n 和－m→－ŋ。如：心＝新 sɐn^{55}（沙田）、林＝狼 lɔŋ^{21}（大岭山）。－n 尾一般为：－n→－ŋ，如：山＝生 ʃiaŋ^{13}（万江），个别方言点古－n 尾有鼻化现象，如：紧 kɔĩ^{35}（温塘），个别方言点臻摄与深摄合流后，塞尾被深摄同化，如：新＝心 ʃam^{13}（高埗冼沙）。－ŋ 尾较稳定，只有部分韵摄有－ŋ→－n 的现象，如：肯＝很hɐn^{35}（石龙），少数方言点宕摄三等有－ŋ 尾脱落现象，如：张＝焦 ʧiu^{13}（洪梅）。阳声韵尾的变化涉及绝大多数韵摄，东莞各镇（区）方言只有通摄较一致地保留－ŋ 尾。

入声韵变化较阳声韵则更快，－p 尾的演变有：－p→－t，－p→－k，－p→－ʔ，－p→$^{-ʔ}$，－p→0（“0”指入声舒化，下同）几种，如：入＝日 iɐt^{2}、鸽 kak^{3}（沙田）、腊 laʔ^{3}（麻涌）、答 ta$^{ʔ\underline{13}}$（大朗）、甲＝嫁 ka^{332}（厚街）。－t 尾的演变有：－t→－k，－t→－ʔ，－t→$^{-ʔ}$，－t→0 几种，如：辣 lak^{3}、八 paʔ$^{\underline{23}}$（东坑）、八 pa$^{ʔ\underline{13}}$（大朗）、杀＝射 ʃᴇ^{332}（厚街）；个别方言点－t 尾演变为－p，如：笔 pap^{5}（高埗冼沙）。－k 尾的演变有：－k→－t，－k→－ʔ，－k→$^{-ʔ}$，－k→0 几种，如：德 tɐt^{5}（石龙）、脚 kiœʔ$^{\underline{23}}$（东坑）、各 ko$^{ʔ\underline{24}}$（温塘）、锡＝社 ʃø^{24}（莞城）。

阳声韵尾与入声韵尾的演变直接打乱了原来的音系格局，中古不同的韵摄开始合流，最后形成了新的语音音系格局。

（一）咸摄、山摄与梗摄二等的分合演变

在大多数粤语中，咸山摄一等牙喉音字与其他声母字韵母有别。如广州话：咸开一 am（ap）/ ɐm（ɐp）、山开一 an（at）/ ɔn（ɔt）、山合一 yn （yt）/un（ut）。咸山摄开口二等字与开口一等舌齿音字同，山摄合口二等则为 uan（uat）。东莞大部分方言点也出现这样的分野，只是读音上有所不同，如下表所示（因入声主元音与阳声韵大体一致，暂略，下文同）：

表 2－2－1　咸山摄一二等阳声韵情况表

韵摄	咸开一		咸开二	山开一		山开二	山合一		山合二
条件	非牙喉音	牙喉音		非牙喉音	牙喉音		帮、牙喉音	其他	
中堂江南	am	ɐm	am	aŋ	uŋ/øŋ	aŋ	uŋ	øŋ	（u）aŋ
谢岗	am/an	ɐm	am/an	an	un	an	un	yn	（u）an
桥头	an	ɐm	an	an	un	an	un	yn	（u）an
莞城	aŋ	ɐm/aŋ	aŋ	iaŋ	u^{ɔ}n	iaŋ	u^{ɔ}n	ɵn	（u）iaŋ
厚街	aŋ	aŋ/ɔŋ	aŋ	iaŋ	uin	iaŋ	in/uin	in	（u）iaŋ
石龙	aŋ	ɐm	aŋ	aŋ	（u）oŋ	aŋ	（u）oŋ	øn	（u）aŋ
东坑	aŋ	aŋ/ʌŋ	aŋ	aŋ	（u）ɤŋ	aŋ	（u）ɤŋ	en	（u）aŋ

我们在这一部分暂且只讨论咸山摄非牙喉音字与梗摄的分合，牙喉音字及相关帮组字留下文再讨论。

1．咸山摄一二等、梗摄二等字的分合

东莞各镇（区）粤方言咸摄合口三等普遍混入山摄一二等，故不详加讨论。咸山摄一二等、梗摄二等各方言点都存在不同程度的合流，据我们的调查，主要表现为以下几种类型：

（1）山摄一二等、梗摄二等合流，与咸摄一二等有别。这一类型的方言点包括莞城、万江、望牛墩、高埗、中堂潢涌、洪梅、厚街、虎门、长安、塘厦、中堂江南。例如：

	杉 ≠	山 =	生	蓝 ≠	兰	腊 ≠	辣	插 ≠	察 =	策
莞城	ʃaŋ^{132}	ʃiaŋ^{132}	ʃiaŋ^{132}	laŋ^{21}	liaŋ^{21}	lak^{3}	lᴇk^{3}	ʧ^{h}a^{24}	ʧ^{h}ᴇ^{24}	ʧ^{h}ᴇ^{24}
万江	ʃaŋ^{13}	ʃiaŋ^{13}	ʃiaŋ^{13}	ŋaŋ^{21}	ŋiaŋ^{21}	ŋak^{3}	ŋᴇk^{3}	ʧ^{h}a^{332}	ʧ^{h}ᴇ^{24}	ʧ^{h}ᴇ^{24}
望牛墩	ʃaŋ^{13}	ʃiɛŋ^{13}	ʃiɛŋ^{13}	ŋaŋ^{21}	ŋiɛŋ^{21}	ŋak^{3}	ŋᴇk^{3}	ʧ^{h}a^{24}	ʧ^{h}ᴇ^{24}	ʧ^{h}ᴇ^{24}
高埗	ʃaŋ^{13}	ʃiaŋ^{13}	ʃiaŋ^{13}	ŋaŋ^{21}	ŋiaŋ^{21}	ŋak^{3}	ŋ^{i}ᴇk^{3}	ʧ^{h}a^{24}	ʧ^{hi}ᴇ^{24}	ʧ^{hi}ᴇ^{24}
中堂潢涌	ʃaŋ^{213}	ʃiæŋ^{213}	ʃiæŋ^{213}	ŋaŋ^{21}	ŋiæŋ^{21}	ŋak^{3}	ŋᴇk^{3}	ʧ^{h}a^{24}	ʧ^{h}ᴇ^{24}	ʧ^{h}ᴇ^{24}
厚街	ʃaŋ^{13}	ʃiaŋ^{13}	ʃiaŋ^{13}	laŋ^{21}	liaŋ^{21}	lak^{3}	lᴇk^{3}	ʧ^{h}a^{332}	ʧ^{h}ᴇ^{332}	ʧ^{h}ᴇ^{332}
虎门	ʃaŋ^{13}	ʃiaŋ^{13}	ʃiaŋ^{13}	laŋ^{21}	liaŋ^{21}	laʔ^{3} =	laʔ^{3}	ʧ^{h}a^{24}	ʧ^{hi}ᴇ^{24}	ʧ^{hi}ᴇ^{24}
长安	ʃaŋ^{55}	ʃiæŋ^{55}	ʃiæŋ^{55}	laŋ^{21}	liæŋ^{21}	lɐk^{3}	l^{i}ᴇk^{3}	ʧ^{h}ɐʔ$^{\underline{13}}$	ʧ^{hi}ᴇ^{13}	ʧ^{hi}ᴇ^{13}
塘厦	ɬ/ʃaŋ^{32}	ɬ/ʃiaŋ^{32}	ɬ/ʃiaŋ^{32}	laŋ^{21}	liaŋ^{21}	lak^{3}	liæ^{a}k^{3}	ʧ^{h}aʔ$^{\underline{13}}$	ʧ^{h}iæ^{a}ʔ$^{\underline{13}}$	ʧ^{h}iæ^{a}ʔ$^{\underline{13}}$
中堂江南	ʃam^{55}	ʃaŋ^{55}	ʃaŋ^{55}	lam^{21}	laŋ^{21}	lɐ^{u}p^{3}	lak^{3}	ʧ^{h}ɐ^{u}p^{3}	ʧ^{h}ak^{3}	ʧ^{h}ak^{3}

此类方言点唯有江南话咸摄保留－m 尾，与山梗摄－ŋ 尾对立。其他方言点咸山梗摄都归为后鼻尾，咸摄韵母与山梗摄不同，山梗摄阳声韵字产生了 i 介音，与咸摄有别，而入声字则主要表现为主元音不同。

（2）咸山摄一二等、梗摄二等均合流。这一类型的方言点包括温塘、麻涌、大岭山、石龙、石碣、茶山、石排、东坑、大朗、横沥。此类方言点咸山摄－m/－n 鼻尾均演变为－ŋ。例如：

	杉 =	山 =	生	蓝 =	兰	腊 =	辣	插 =	察 =	策
温塘	ʃaŋ^{32}	ʃaŋ^{32}	ʃaŋ^{32}	laŋ^{21}	laŋ^{21}	lak^{3}	lak^{3}	tʃ^{h}a^{24}	tʃ^{h}a^{24}	tʃ^{h}a^{24}
麻涌	ʃaŋ^{53}	ʃaŋ^{53}	ʃaŋ^{53}	laŋ^{21}	laŋ^{21}	laʔ^{3}	laʔ^{3}	tʃ^{h}a^{24}	tʃ^{h}a^{24}	tʃ^{h}a^{24}
大岭山	ʃaŋ^{31}	ʃaŋ^{31}	ʃaŋ^{31}	laŋ^{21}	laŋ^{21}	lak^{3}	lak^{3}	tʃ^{h}aʔ$\underline{13}$	tʃ^{h}aʔ$\underline{13}$	tʃ^{h}aʔ$\underline{13}$
石龙	ʃaŋ^{32}	ʃaŋ^{32}	ʃaŋ^{32}	laŋ^{21}	laŋ^{21}	lak^{3}	lak^{3}	tʃ^{h}aʔ$\underline{24}$	tʃ^{h}aʔ$\underline{24}$	tʃ^{h}aʔ$\underline{24}$
石碣	ʃaŋ^{31}	ʃaŋ^{31}	ʃaŋ^{31}	laŋ^{21}	laŋ^{21}	lak^{3}	lak^{3}	tʃ^{h}a^{24}	tʃ^{h}a^{24}	tʃ^{h}a^{24}
茶山	ʃaŋ^{32}	ʃaŋ^{32}	ʃaŋ^{32}	laŋ^{21}	laŋ^{21}	lak^{3}	lak^{3}	tʃ^{h}a^{13}	tʃ^{h}a^{13}	tʃ^{h}a^{13}
石排	ʃaŋ^{332}	ʃaŋ^{332}	ʃaŋ^{332}	laŋ^{21}	laŋ^{21}	laʔ^{3}	laʔ^{3}	tʃ^{h}a^{24}	tʃ^{h}a^{24}	tʃ^{h}a^{24}
东坑	ʃaŋ^{32}	ʃaŋ^{32}	ʃaŋ^{32}	laŋ^{21}	laŋ^{21}	lak^{3}	lak^{3}	tʃ^{h}aʔ$\underline{23}$	tʃ^{h}aʔ$\underline{23}$	tʃ^{h}aʔ$\underline{23}$
大朗	ʃaŋ^{43}	ʃaŋ^{43}	ʃaŋ^{43}	laŋ^{21}	laŋ^{21}	lak^{3}	lak^{3}	tʃ^{h}a$^{ʔ\underline{13}}$	tʃ^{h}a$^{ʔ\underline{13}}$	tʃ^{h}a$^{ʔ\underline{13}}$
横沥	ʃaŋ^{32}	ʃaŋ^{32}	ʃaŋ^{32}	laŋ^{21}	laŋ^{21}	laʔ^{3}	laʔ^{3}	tʃ^{h}a^{24}	tʃ^{h}a^{24}	tʃ^{h}a^{24}

（3）咸山摄一二等合流，与梗摄二等有别。桥头田新属于此类型。

	杉 =	山 ≠	生	蓝 =	兰	腊 =	辣	插 =	察 ≠	策
桥头田新	ʃan^{32}	ʃan^{32}	ʃiɛŋ^{32}	lan^{21}	lan^{21}	lat^{3}	lat^{3}	tʃ^{h}at^{3}	tʃ^{h}at	tʃ^{h}iɛk^{3}

常平白石岗话基本上属于此类型，不过梗摄二等入声部分字与咸山摄一二等入声字合流。如：

阳声韵：杉 ʃɑŋ^{32} = 山 ʃɑŋ^{32} ≠ 生 ʃieŋ^{32}　　蓝 lɑŋ^{21} = 兰 lɑŋ^{21}

入声韵：腊 lɑʔ^{3} = 辣 lɑʔ^{3}

插 tʃ^{h}ɑʔ$\underline{24}$ = 察 tʃ^{h}ɑʔ$\underline{24}$ = 策 tʃ^{h}ɑʔ$\underline{24}$　　鸽 kɑ$^{ʔ\underline{24}}$ ≠ 革 kieʔ$\underline{24}$

谢岗话咸山摄一二等阳声韵处于部分合流的状态，且与梗摄二等有别，如：杉 ʃam^{32} ≠ 山 ʃan^{32} ≠ 生 ʃaŋ^{32}、南 nam^{21} ≠ 难 nan^{21}、贪 = 滩 t^{h}an^{32}、谭 = 坛 t^{h}an^{21}；入声韵则咸山摄一二等、梗摄二等均合流，如：腊 = 辣 lak^{3}、插 = 察 = 策 tʃ^{h}ak^{3}。需要说明的是，本书用的谢岗话是谢美娇的发音，其女儿罗女士的发音中，咸山摄一二等已合流。

2. 咸山摄三四等字的分合类型（涉及臻摄三等合口相关字）

东莞各镇（区）粤方言咸摄三四等除了江南话之外，其他方言点均不保留 -m/-p 韵尾，而演变为 -n/-t、-n/-k 或 -ŋ/-k 尾等形式，与山摄开口三四等合流。除此之外，更有特色的是在温塘、厚街、茶山、石排、横沥、东坑、企石、大朗、常平、塘厦等方言点，山摄合口三四等及臻摄合口一三等部分精组字也混入了山摄开口三四等。大岭山则部分混入，部分保留撮口。归纳为下列几种类型：

（1）咸摄三四等、山摄开口三四等、山摄合口三四等（臻合一三）均有别。属这一类型的方言只有江南话，其与广州话类型上相似，但音值上稍有不同。例如：

	咸三四			山开三四			山合三四（臻合一三）			
	潜	添	叠	钱	天	灭	全	犬	孙	雪
江南	ʧʰim^{21}	tʰim^{55}	ti^{u}p^{3}	ʧʰin^{21}	tʰin^{55}	mik^{3}	ʧʰøŋ^{21}	høŋ^{35}	ʃøŋ^{55}	ʃyk^{3}

（2）咸摄三四等、山摄开口三四等合流，与山摄合口三四等（臻摄合口一三等）有别。属于这类型的方言点有莞城、万江、望牛墩、高埗、中堂潢涌、石龙、石碣、麻涌、虎门、谢岗。例如：

	咸三四			山开三四			山合三四（臻合一三）			
	潜	添	叠	钱	天	灭	全	犬	孙	雪
莞城	ʧʰin^{21}	tʰin^{132}	tit^{3}	ʧʰin^{21}	tʰin^{132}	mit^{3}	ʧʰɵn^{21}	hɵn^{35}	ʃɵn^{132}	ʃɵt^{3}
万江	ʧʰin^{21}	tʰin^{13}	tik^{3}	ʧʰin^{21}	tʰin^{13}	mik^{3}	ʧʰɵn^{21}	hɵn^{35}	ʃɵn^{13}	ʃøk^{3}
望牛墩	ʧ^{hi}ɪn^{21}	t^{hi}ɪn^{13}	tɪik^{3}	ʧ^{hi}ɪn^{21}	t^{hi}ɪn^{13}	mɪik^{3}	ʧʰɵn^{21}	hɵn^{35}	ʃɵn^{13}	ʃɵik^{3}
高埗	ʧʰin^{21}	tʰin^{13}	tit^{3}	ʧʰin^{21}	tʰin^{13}	mit^{3}	ʧʰoŋ^{21}	hoŋ^{35}	ʃøn^{13}	ʃok^{3}/ʃyt^{3}
中堂潢涌	ʧʰin^{21}	tʰin^{213}	tik^{3}	ʧʰin^{21}	tʰin^{213}	mik^{3}	ʧʰʉn^{21}	hʉn^{35}	ʃʉn^{213}	ʃʉk^{3}
石龙	ʧʰin^{21}	tʰin^{32}	tik^{3}	ʧʰin^{21}	tʰin^{32}	mik^{3}	ʧʰyn^{21}	hyn^{35}	ʃyn^{32}	ʃyk^{3}
石碣	ʧʰin^{21}	tʰin^{31}	tit^{3}	ʧʰin^{21}	tʰin^{31}	mit^{3}	ʧʰøn^{21}	høn^{35}	ʃøn^{31}	ʃøt^{3}
麻涌	ʧʰin^{21}	tʰin^{53}	ti^{32}	ʧʰin^{21}	tʰin^{53}	mik^{3}	ʧʰyn^{21}	hyn^{35}	ʃyn^{53}	ʃy^{24}
虎门	ʧ^{hi}ɪn^{21}	t^{hi}ɪn^{13}	t^{e}ik^{3}	ʧ^{hi}ɪn^{21}	t^{hi}ɪn^{13}	m^{e}ik^{3}	ʧʰyn^{21}	hyn^{35}	ʃyn^{13}	ʃyk^{3}
谢岗	ʧʰin^{21}	tʰin^{32}	tʰik^{3}	ʧʰin^{21}	tʰin^{32}	mik^{3}	ʧʰyn^{21}	hyn^{55}	ɬyn^{32}	ʃyt^{3}

以上各方言点，咸山摄开口三四等合流，而与山摄合口三四（致摄合口一三）等存在对立，如：潜＝钱≠全。山摄合口三四（臻摄合口一三）等的字还保留了古合口圆唇的性质，咸山摄开口三四等的 in/^{i}ɪn/ɪn 与山摄合口三四（臻合一三）等的 yn/ɵn/ʉn/øn 构成对立。高埗方言开合口也有区别，但

山摄合口三四（臻摄合口一三）等的部分字已经混入通摄，读为后鼻尾，如：全 = 虫 ʧ^{h}oŋ^{21}。

长安和桥头田新基本上也属于这一种类型。例如：

	咸三四			山开三四			山合三四（臻合一三）			
	潜	添	叠	钱	天	灭	全	犬	孙	雪
长安	ʧ^{h}in^{21}	t^{h}in^{55}	tik^{3}	ʧ^{h}in^{21}	t^{h}in^{55}	mik^{3}	ʧ^{h}yn^{21}	hin^{35}	ʃyn^{55}	ʃyk$^{\underline{13}}$
桥头田新	ʧ^{h}in^{21}	t^{h}in^{32}	t^{h}it^{3}	ʧ^{h}in^{21}	t^{h}in^{32}	mit^{3}	ʧ^{h}yn^{21}	hyn^{55}	ɬyn^{32}	ɬit^{3}

但个别山摄合口三四（臻摄合口一三）等的字读为开口。如长安话“犬”韵母为 in，混入咸山摄开口三四等中。

（3）咸摄三四等、山摄开口三四等、山摄合口三四等（臻摄合口一三）均合流。属于这一类型的方言点有东城温塘、厚街、茶山、石排、企石、横沥、东坑、大朗、常平白石岗、塘厦等地。

	咸三四			山开三四			山合三四（臻合一三）			
	潜	添	叠	钱	天	灭	全	犬	孙	雪
温塘	ʧ^{h}ɪŋ^{21}	t^{h}ɪŋ^{32}	tɪk^{3}	ʧ^{h}ɪŋ^{21}	t^{h}ɪŋ^{32}	mɪk^{3}	ʧ^{h}ɪŋ^{21}	hɪŋ^{35}	ʃɪŋ^{32}	ʃɪʔ$^{\underline{24}}$
厚街	ʧ^{h}in^{21}	t^{h}in^{13}	tik^{3}	ʧ^{h}in^{21}	t^{h}in^{13}	mik^{3}	ʧ^{h}in^{21}	hin^{35}	ʃin^{13}	ʃik^{3}
茶山	ʧ^{h}in^{21}	t^{h}in^{32}	tik^{3}	ʧ^{h}in^{21}	t^{h}in^{32}	mik^{3}	ʧ^{h}in^{21}	hin^{35}	ʃin^{32}	ʃik$^{\underline{13}}$
石排	ʧ^{hi}ɪn^{21}	t^{hi}ɪn^{332}	teik^{3}	ʧ^{hi}ɪn^{21}	t^{hi}ɪn^{332}	meik^{3}	ʧ^{hi}ɪn^{21}	h^{i}ɪn^{35}	ʃ^{i}ɪn^{332}	ʃeik$^{\underline{24}}$
大朗	ʧ^{h}in^{21}	t^{h}in^{43}	tek^{3}	ʧ^{h}in^{21}	t^{h}in^{43}	mek^{3}	ʧ^{h}in^{21}	hin^{55}	ʃin^{43}	ʃek$^{\underline{13}}$
横沥	ʧ^{h}en^{21}	t^{h}en^{32}	teik^{3}	ʧ^{h}en^{21}	t^{h}en^{32}	meik^{3}	ʧ^{h}en^{21}	hen^{35}	ʃen^{32}	ʃeik$^{\underline{24}}$
东坑	ʧ^{h}en^{21}	t^{h}en^{32}	tek^{3}	ʧ^{h}en^{21}	t^{h}en^{32}	mek^{3}	ʧ^{h}en^{21}	hen^{45}	ʃen^{32}	ʃeʔ$^{\underline{23}}$
白石岗	ʧ^{h}ɪn^{21}	t^{h}ɪn^{32}	t^{h}ɪk^{3}	ʧ^{h}ɪn^{21}	t^{h}ɪn^{32}	mɪk^{3}	ʧ^{h}ɪn^{21}	hɪn^{55}	ʃɪn^{32}	ɬɪk$^{\underline{24}}$
塘厦	ʧ^{h}in^{21}	t^{h}in^{32}	tik^{3}	ʧ^{h}in^{21}	t^{h}in^{32}	mik^{3}	ʧ^{h}in^{21}	hin^{55}	ʃin^{32}	ʃik$^{\underline{13}}$

以上各方言点，山合三四（臻合一三）的字古合口圆唇性质丢失，读为开口，与咸山开口三四等相混，如：潜 = 钱 = 全。

大岭山话比较有意思，发音人在比字时认为：钱 = 全 ʧ^{h}in^{21}、严 = 元 in^{21}、尖 = 尊 ʧin^{31}，即山合三四（臻合一三）混入咸山开口三四等。虽然比字时认为两者没有区别，但在读山合三四（臻合一三）的一些字时常会出现主元音读为 y 的现象，如：“全” ʧ^{h}in^{21} 与 ʧ^{h}yn^{21} 不分，“船”读“ʃyn^{21}”，“远”读“yn^{13}”等，但这里的 yn 与 in 不构成音位对立，可能是发音人受广州话的影响而开始在音值上发生变化。

（二）山摄一等见晓影组字、臻摄合口一等明母字与通摄的分合

东莞各镇（区）粤方言山摄一等见晓影组字、臻摄合口一等明母字部分

方言点保留前鼻 - n 尾，部分方言点演变为后鼻 - ŋ 尾，混入通摄，相应的塞尾与主元音均有所变化。山摄一等见晓影组字、臻摄合口一等明母字与通摄的分合表现为以下三种类型：

1．山摄一等见晓影组字、臻摄合口一等明母字与通摄有别

莞城、万江、望牛墩、中堂、麻涌、洪梅、厚街、桥头、谢岗、塘厦等地属于此类型，但各地的语音音值表现略有不同。例如：

	山一见晓影组				臻合一明母		通摄	
	干干净	割	官	活	门	没	公	木
莞城	ku^{ɔ}n^{132}	kuit^{3}	ku^{ɔ}n^{132}	uit^{3}	mu^{ɔ}n^{21}	muit^{3}	koŋ^{132}	mok^{3}
万江	kun^{13}	kuik^{3}	kun^{13}	uik^{3}	mun^{21}	muik^{3}	koŋ^{13}	mok^{3}
望牛墩	kun^{13}	kuik^{3}	kun^{13}	uik^{3}	mun^{21}	muik^{3}	koŋ^{13}	mok^{3}
中堂潢涌	kun^{213}	kuk^{3}	kun^{213}	uk^{3}	mun^{21}	muk^{3}	koŋ^{213}	mok^{3}
中堂江南	kun^{55}	ku^{e}k^{3}	kun^{55}	u^{e}k^{3}	mun^{21}	mu^{e}k^{3}	koŋ^{55}	mok^{3}
麻涌	kun^{53}	ku^{24}	kun^{53}	u^{32}	mun^{21}	mu^{32}	koŋ^{53}	mok^{3}
厚街	kuin^{13}	kuik^{3}	kuin^{13}	uik^{3}	min^{21}	mik^{3}	koŋ^{13}	mok^{3}
桥头	kun^{32}	kut^{3}	kun^{32}	ut^{3}	mun^{21}	mut^{3}	koŋ^{32}	mok^{3}
谢岗	kun^{32}	kut^{3}	kun^{32}	ut^{3}	mun^{21}	mut^{3}	koŋ^{32}	mok^{3}
塘厦	kun^{32}	kut^{3}	kun^{32}	ut^{3}	mun^{21}	mut^{3}	koŋ^{32}	mok^{3}

由上可知，各方言点"干≠公""没≠木"，山摄一等见晓影组字、臻摄合口一等明母字与通摄存在对立。

2．山摄一等见晓影组字、臻摄合口一等明母字与通摄合流

在东城温塘、虎门、长安、大岭山、石龙、石碣、茶山、石排、企石、横沥、东坑、大朗、常平白石岗等地，山摄一等见晓影组字、臻摄合口一等明母字演变为后鼻 - ŋ / - k（或喉塞尾），混入通摄。例如：

	山一见晓影组				臻合一明母		通摄	
	干干净	割	官	活	门	没	公	木
温塘	kuɤŋ^{32}	kui^{24}	kuɤŋ^{32}	uɤk^{3}	mɤŋ^{21}	mɤk^{3}	kɤŋ^{32}	mɤk^{3}
虎门	koŋ^{13}	kuok $\underline{24}$	koŋ^{13}	uok^{3}	moŋ^{21}	mok^{3}	koŋ^{13}	mok^{3}
长安	kuoŋ^{55}	kuok $\underline{13}$	kuoŋ^{55}	uok^{3}	moŋ^{21}	mok^{3}	koŋ^{55}	mok^{3}
大岭山	kɤŋ^{31}	kuɤʔ $\underline{13}$	kɤŋ^{31}	uɤk^{3}	mɤŋ^{21}	mɤk^{3}	kɤŋ^{31}	mɤk^{3}
石龙	kuoŋ^{32}	kuok^{3}	kuoŋ^{32}	uok^{3}	moŋ^{21}	mok^{3}	koŋ^{32}	mok^{3}
石碣	kuoŋ^{31}	kuok^{3}	kuoŋ^{31}	uok^{3}	moŋ^{21}	mok^{3}	koŋ^{31}	mok^{3}

	山一见晓影组				臻合一明母		通摄	
	干干净	割	官	活	门	没	公	木
茶山	kɤŋ^{32}	kɤk$^{\underline{13}}$	kɤŋ^{32}	uɤk^{3}	mɤŋ^{21}	mɤk^{3}	kɤŋ^{32}	mɤk^{3}
石排	kɤŋ^{332}	kɤk$^{\underline{24}}$	kɤŋ^{332}	uɤk^{3}	mɤŋ^{21}	mɤk^{3}	kɤŋ^{332}	mɤk^{3}
横沥	kɤŋ^{32}	kɤʔ$^{\underline{24}}$	kɤŋ^{32}	uɤk^{3}	mɤŋ^{21}	mɤk^{3}	kɤŋ^{32}	mɤk^{3}
东坑	kuɤŋ^{32}	kuɤʔ$^{\underline{23}}$	kuɤŋ^{32}	uɤk^{3}	mɤŋ^{21}	mɤk^{3}	kɤŋ^{32}	mɤk^{3}
大朗	kuɤŋ^{43}	kuɤk$^{\underline{13}}$	kuɤŋ^{43}	uɤk^{3}	mɤŋ^{21}	mɤk^{3}	kɤŋ^{32}	mɤk^{3}
白石岗	koŋ^{32}	kok^{3}	koŋ^{32}	uok^{3}	moŋ^{21}	mok^{3}	koŋ^{32}	mok^{3}

由上可知，山摄一等见晓影组字、臻摄合口一等明母字与通摄主元音和韵尾均一致，如“没 = 木”，只是山摄一等见晓影组字大多数方言点均有 u 介音的存在，与通摄互补。

3. 山摄一等见晓影组字、臻摄合口一等明母字与通摄半分半合

高埗发音人对于山摄一等见晓影组字、臻摄合口一等明母字是否混入通摄举棋不定，有时发出一个不混的和一个已混的音，如：瞒 mun^{24} / moŋ^{21}。该方言正处于向通摄演变的过程之中，可称之为“过渡型”。

其中，部分字保留 – n/ – t 尾，与通摄 – ŋ/ – k 尾有别。例如：干 kun^{13}、肝 kun^{13}、鞍 un^{13}、赶 kun^{35}、旱 fun^{332}、看 fun^{332}、焊 fun^{35}、棺 kun^{13}、宽 fun^{13}、管 kun^{35}、款 fun^{35}、般 pun^{13}、碗 un^{35}、贯 kun^{332}、钵 puit^{3}。

部分字由 – n/ – t 尾演变为 – ŋ/ – k 尾，混入通摄。例如：鼾 hoŋ^{21}、韩 hoŋ^{21}、罕 hoŋ^{35}、翰 hoŋ^{332}、欢 foŋ^{13}、门 moŋ^{21}、渴 fok^{3}、割 kuok$^{\underline{24}}$、拨 pok^{3}、泼 p^{h}ok^{3}、末 mok^{3}、阔 fok^{3}、没 mok^{3}。

从调查的结果看，高埗方言山摄一等见晓影组字、臻摄合口一等明母入声字基本上混入通摄，个别字还没有。阳声韵字则各占部分，无明显规律可循。

高埗部分山臻摄合口一等非见组字、合口三四等字也混入了通摄。例如：全 = 虫 ʧ^{h}oŋ^{21}、短 = 懂 toŋ^{35}、权 = 穷 k^{h}oŋ^{21}、月 = 玉 iok^{3} 等。

（三）臻摄、曾摄及梗摄三四等（文读）的分合

臻摄在绝大多数东莞粤方言中开口一三等与合口一等端组见晓影组字，合口谆韵来母、章见组字，合口三等文韵字合流，个别点如高埗臻摄合口三等谆韵章组字混入通摄，属例外。曾摄一等与三等在莞城等部分方言点有别，在石排等东部丘陵片方言点中一三等合流。梗摄二等的情况上文已经介绍，这里讨论梗摄三四等字（文读）的语音情况。梗摄三四等大致有两种情况：一种是保留后鼻尾，另一种是后鼻尾变前鼻尾。归纳臻摄、曾摄及梗摄三四等（文读）的分合类型共有以下几种：

1．臻摄、曾摄一等合流，曾摄三等、梗摄三四等（文读）合流

属于这一类型的方言点有莞城、万江、望牛墩、高埗、中堂潢涌、麻涌、虎门、长安、石龙、石碣等。例如：

	臻摄			曾一		曾三			梗三四（文读）		
	真	新	笔	增	北	蒸	升	逼	精	星	壁
莞城	ʧɐn^{132}	ʃɐn^{132}	pak^{5}	ʧɐn^{132}	pak^{5}	ʧəŋ^{132}	ʃəŋ^{132}	pək^{5}	ʧəŋ^{132}	ʃəŋ^{132}	pək^{5}
万江	ʧɐn^{13}	ʃɐn^{13}	pak^{5}	ʧɐn^{13}	pak^{5}	ʧ ɤŋ^{13}	ʃ ɤŋ^{13}	p ɤk^{5}	ʧ ɤŋ^{13}	ʃ ɤŋ^{13}	p ɤk^{5}
望牛墩	ʧɐn^{13}	ʃɐn^{13}	pak^{5}	ʧɐn^{13}	pak^{5}	ʧ ɤŋ^{13}	ʃ ɤŋ^{13}	p ɤk^{5}	ʧ ɤŋ^{13}	ʃ ɤŋ^{13}	p ɤk^{5}
高埗	ʧam^{13}	ʃam^{13}	pak^{5}	ʧam^{13}	pak^{5}	ʧe ɤŋ^{13}	ʃe ɤŋ^{13}	p ɤk^{5}	ʧe ɤŋ^{13}	ʃe ɤŋ^{13}	p ɤk^{5}
中堂潢涌	ʧɐn^{213}	ʃɐn^{213}	pak^{5}	ʧɐn^{213}	pak^{5}	ʧ ɤŋ^{213}	ʃ ɤŋ^{213}	p ɤk^{5}	ʧ ɤŋ^{213}	ʃ ɤŋ^{213}	p ɤk^{5}
麻涌	ʧɐŋ^{53}	ʃɐŋ^{53}	pɐk^{5}	ʧɐŋ^{53}	pɐk^{5}	ʧeŋ^{53}	ʃeŋ^{53}	pek^{5}	ʧeŋ^{53}	ʃeŋ^{53}	pek^{5}
虎门	ʧan^{13}	ʃan^{13}	pɐt^{5}	ʧan^{13}	pɐt^{5}	ʧ ɤŋ^{13}	ʃ ɤŋ^{13}	p ɤk^{5}	ʧ ɤŋ^{13}	ʃ ɤŋ^{13}	p ɤk^{5}
石龙	ʧɐn^{32}	ʃɐn^{32}	pɐt^{5}	ʧɐn^{32}	pɐt^{5}	ʧeŋ^{32}	ʃeŋ^{32}	pek^{5}	ʧeŋ^{32}	ʃeŋ^{32}	pek^{5}
石碣	ʧɐn^{31}	ʃɐn^{31}	pɐt^{5}	ʧɐn^{31}	pɐt^{5}	ʧ ɤŋ^{31}	ʃ ɤŋ^{31}	p ɤk^{5}	ʧ ɤŋ^{31}	ʃ ɤŋ^{31}	p ɤk^{5}
长安	ʧɐn^{55}	ʃɐn^{55}	pɐk^{5}	ʧɐn^{55}	pɐk^{5}	ʧ ɤŋ^{55}	ʃ ɤŋ^{55}	p ɤk^{5}	ʧ ɤŋ^{55}	ʃ ɤŋ^{55}	p ɤk^{5}

以上各方言点臻摄与曾一合流，曾三与梗三四（文读）合流，以莞城语料为代表可知：真＝增 ʧɐŋ^{132}≠蒸＝精 ʧəŋ^{132}、笔＝北 pak^{3}≠逼＝壁 pək^{3}。

厚街方言入声韵的演变要比阳声韵快，阳声韵属于臻摄与曾一合流、曾三与梗三四（文读）合流的类型，而入声韵则臻、曾、梗三四（文读）均合流。如：真＝增 ʧɐn^{13} ≠蒸＝精 ʧ ɤŋ^{13}、宾 pɐn^{13} ≠兵＝冰 p ɤŋ^{13}、笔＝北＝逼＝壁 pɐk^{5}、律＝力＝历 lɐk^{3}。其入声韵的情况与第二种类型一致。详见下文。

2．臻摄、曾摄一等、曾摄三等、梗摄三四等（文读）均合流

属于这一类型的方言点有石排、企石、横沥、东坑、大朗、常平白石岗等地。例如：

	臻摄			曾一		曾三			梗三四（文读）		
	真	新	笔	增	北	蒸	升	逼	精	星	壁
石排	ʧɐn^{332}	ʃɐn^{332}	pɐk^{5}	ʧɐn^{332}	pɐk^{5}	ʧɐn^{332}	ʃɐn^{332}	pɐk^{5}	ʧɐn^{332}	ʃɐn^{332}	pɐk^{5}
横沥	ʧɐn^{32}	ʃɐn^{32}	pɐk^{5}	ʧɐn^{32}	pɐk^{5}	ʧɐn^{32}	ʃɐn^{32}	pɐk^{5}	ʧɐn^{32}	ʃɐn^{32}	pɐk^{5}
东坑	ʧɐŋ^{32}	ʃɐŋ^{32}	pɐk^{5}	ʧɐŋ^{32}	pɐk^{5}	ʧɐŋ^{32}	ʃɐŋ^{32}	pɐk^{5}	ʧɐŋ^{32}	ʃɐŋ^{32}	pɐk^{5}
大朗	ʧɐn^{43}	ʃɐn^{43}	pɐk^{5}	ʧɐn^{43}	pɐk^{5}	ʧɐn^{43}	ʃɐn^{43}	pɐk^{5}	ʧɐn^{43}	ʃɐn^{43}	pɐk^{5}
白石岗	ʧan^{32}	ɬan^{32}	paʔ^{5}	ʧan^{32}	paʔ^{5}	ʧan^{32}	ʃan^{32}	paʔ^{5}	ʧan^{32}	ɬan^{32}	paʔ^{5}

以上各方言点，真＝增＝蒸＝精、笔＝北＝逼＝壁，臻、曾、梗三四（文读）均合流。

中堂江南话中，臻、曾、梗三四（文读）阳声韵已经合流，而入声韵却

保持第一种类型的分野，即臻摄与曾摄一等入声韵合流、曾三与梗三四入声韵合流，如：新＝升＝星 ʃɐn^{55}、真＝增＝蒸＝精 ʧɐn^{55}、亲＝青文读 ʧ^{h}ɐn^{55}、笔＝北 pɛk^{5} ≠逼＝壁 pek^{5}、律＝肋 lɛk^{3} ≠力＝历 lek^{3}。

3．曾摄一等、曾摄三等、梗摄三四等（文读）合流，与臻摄有别

属于这一类型的方言点有桥头田新、谢岗、塘厦。例如：

	臻摄			曾一		曾三			梗三四（文读）		
	真	新	笔	增	北	蒸	升	逼	精	星	壁
桥头田新	ʧɐn^{32}	ɬɐn^{32}	pɐt^{5}	ʧɐŋ^{32}	pɐk^{5}	ʧɐŋ^{32}	ʃɐŋ^{32}	pɐk^{5}	ʧɐŋ^{32}	ɬɐŋ^{32}	pɐk^{5}
谢岗	ʧɐn^{32}	ɬɐn^{32}	pɐk^{5}	ʧ ɤŋ^{32}	p ɤk^{5}	ʧ ɤŋ^{32}	ʃ ɤŋ^{32}	p ɤk^{5}	ʧ ɤŋ^{32}	ɬ ɤŋ^{32}	p ɤk^{5}
塘厦	ʧɐn^{32}	ɬɐn^{32}	pɐt^{5}	ʧəŋ^{32}	pək^{5}	ʧəŋ^{32}	ʃəŋ^{32}	pək^{5}	ʧəŋ^{32}	ʃəŋ^{32}	pək^{5}

以上方言点，真≠增＝蒸＝精、笔≠北＝逼＝壁，即曾摄一三等不分，这是此类型与第一种类型的差别之处。

4．其他

另有东城温塘、大岭山和茶山粟边话与以上三种类型均不同，这几个方言点均在曾开一韵母的表现上比较特殊。

大岭山方言曾摄一等字部分与宕摄合流，如：登＝当 tɔŋ^{31}、能＝囊 nɔŋ^{21}、得 tɔk^{5}；其他字的归属与第二种类型一致，如：真＝增＝蒸＝精 ʧɐn^{31}、宾＝崩 pɐn^{31}、邻＝凌＝灵 lɐn^{21}、质＝则＝积 ʧɐk^{5}。

茶山话曾开一与深摄合流，而与臻摄、梗摄有别，如：沉＝层 ʧ^{h}œŋ^{21} ≠秦 ʧ^{hu}ɔn^{21} ≠晴 ʧ^{h}əŋ^{21}、针＝增 ʧœŋ^{32} ≠真 ʧ^{u}ɔn^{32}、笔 p^{u}ɔk^{5} ≠北 pœk^{5} ≠逼 pɔk^{5}。

温塘话与茶山话同，如：沉＝层 ʧ^{h}ɔŋ^{21} ≠秦 ʧ^{h}ɔĩ^{21} ≠晴 ʧ^{h}ɐŋ^{21}、针＝增 ʧɔŋ^{32} ≠真 ʧɔĩ^{32}、笔 puɔk^{5} ≠北 pɔk^{5} ≠逼 pɐk^{5}。

（四）深摄与臻摄、宕摄一等的分合演变

深摄在东莞各镇（区）方言中因演变方式与速度的差异，而与臻摄、宕摄一等存在不同程度的分合，主要有以下几种［东莞各镇（区）粤方言咸摄一等见组与深摄合流，其演变也与深摄同步，故一起讨论］：

1．深摄独立，与臻摄、宕摄一等有别

属于这一类型的方言点又分为两类：一类是深摄保留－m/－p 尾，包括莞城、中堂江南、虎门赤岗、石龙、石碣、常平、桥头田新、谢岗；另一类是深摄丢失－m/－p 尾，演变为－ŋ/－k 尾，包括温塘、茶山粟边、东坑、大朗。例如：

	咸一牙喉音	深摄		臻摄		宕一	
	含	心	立	新	质	桑	落
莞城	hɐm^{21}	ʃɐm^{132}	lɐp^{3}	ʃɐn^{132}	ʧak^{5}	ʃɔŋ^{132}	lɔk^{3}
江南	hɐm^{21}	ʃɐm^{55}	lɐ^{u}p^{3}	ʃɐn^{55}	ʧɛk^{5}	ʃɔŋ^{55}	lɔk^{3}
赤岗	hɐm^{21}	ʃɐm^{13}	lɐp^{3}	ʃan^{13}	ʧɐt^{5}	ʃɔŋ^{13}	lɔk^{3}
石龙	hɐm^{21}	ʃɐm^{32}	lɐp^{3}	ʃɐn^{32}	ʧɐt^{5}	ʃɔŋ^{32}	lɔk^{3}
石碣	hɐm^{21}	ʃɐm^{31}	lɐp^{3}	ʃɐn^{31}	ʧɐt^{5}	ʃɔŋ^{31}	lɔk^{3}
白石岗	hɐm^{21}	ɬɐm^{32}	lʌp^{3}	ɬan^{32}	ʧaʔ^{5}	ɬɔŋ^{32}	lɔk^{3}
桥头田新	hɐm^{21}	ɬɐm^{32}	lɐp^{3}	ɬɐn^{32}	ʧɐt^{5}	ɬoŋ^{32}	lok^{3}
谢岗	hɐm^{21}	ɬɐm^{32}	lɐp^{3}	ɬɐn^{32}	ʧɐk^{5}	ɬɔŋ^{32}	lɔk^{3}
温塘	hɔŋ^{21}	ʃɔŋ^{32}	lɔk^{3}	ʃɔĩ^{32}	ʧuɔk^{5}	ʃoŋ^{32}	lok^{3}
粟边	hœŋ^{21}	ʃœŋ^{32}	lœk^{3}	ʃ^{u}ɔn^{32}	ʧ^{u}ɔk^{5}	ʃoŋ^{32}	lok^{3}
东坑	hʌŋ^{21}	ʃʌŋ^{32}	lʌk^{3}	ʃɐŋ^{32}	ʧɐk^{5}	ʃɔŋ^{32}	lɔk^{3}
大朗	hʌŋ^{21}	ʃʌŋ^{43}	lʌk^{3}	ʃɐn^{43}	ʧɐk^{5}	ʃɔŋ^{43}	lɔk^{3}

说明：茶山粟边话我们所调查的主要发音人陈焕求，70 多岁，认为深臻有别。而核对时所找的 40～55 岁的两位发音人则深臻摄阳声韵有别，入声韵已经合流。另外一位 20 多岁的发音人则认为深臻曾一合流，本书采用陈焕求的发音。

塘厦基本上与莞城等地类型相同，如：心 ɬɐm^{32}、立 lɐp^{3}、新 ɬɐn^{32}、质 ʧɐt^{5}、桑 ɬuɔŋ^{32}、落 luɔk^{3}。但深摄有部分字开始混入咸摄洪音字，如：林 = 蓝 laŋ^{21}、笠 = 腊 lak^{3}。

以上方言点深、臻、宕摄一等均不相混，如：心≠新≠桑、立≠落，较好地保留了中古的韵摄分野，以下几种类型则都有不同程度的合流。

2．深摄和臻摄合流，与宕摄一等有别

咸摄一等见组、深摄与臻摄合流，这一类型包括麻涌、长安。例如：

	咸一牙喉音	深摄		臻摄		宕一	
	含	心	立	新	质	桑	落
麻涌	hɐŋ^{21}	ʃɐŋ^{53}	lɐk^{3}	ʃɐŋ^{53}	ʧɐk^{5}	ʃɔŋ^{53}	lɔ^{24}
长安	hɐn^{21}	ʃɐn$^{13-55}$	lɐk^{3}	ʃɐn^{55}	ʧɐk^{5}	ʃɔŋ^{55}	lɔk^{3}

如上所示，深臻摄合流，而与宕摄一等有别，如：心 = 新≠桑。

3．深摄阳声韵字独立，入声韵与宕摄一等入声韵合流，与臻摄有别

属于这一类型的方言有万江、望牛墩、高埗、中堂潢涌。例如：

	咸一牙喉音	深摄		臻摄		宕一	
	含	心	立	新	质	桑	落
万江	hɐm[21]	ʃɐm[13]	ŋɔk[3]	ʃɐn[13]	ʧak[5]	ʃɔŋ[13]	ŋɔk[3]
望牛墩	hɐm[21]	ʃɐm[13]	ŋɔk[3]	ʃɐn[13]	ʧak[5]	ʃɔŋ[13]	ŋɔk[3]
高埗	ham[21]	ʃam[13]	ŋɔk[3]	ʃam[13]	ʧak[5]	ʃɔŋ[13]	ŋɔk[3]
潢涌	hɐm[21]	ʃɐm[213]	ŋɔk[3]	ʃɐn[213]	ʧak[5]	ʃɔŋ[213]	ŋɔk[3]

以上方言点，深摄阳声韵字保留了－m 尾，与臻摄、宕摄对立，而入声韵则由－p 尾演变为－k 尾，混入宕摄一等，如：心≠新≠桑、立＝落。

大岭山话入声韵均混入宕摄一等，如：立＝落 lɔk[3]，而阳声韵则部分混入宕摄一等，部分独立，如：心 ʃɐm[31] ≠新 ʃɐn[31] ≠桑 ʃɔŋ[31]、林＝狼 lɔŋ[21]。

4．深摄与宕摄一等合流，与臻摄有别

属于此类型的方言点有厚街、石排、企石、横沥。例如：

	咸一牙喉音	深摄		臻摄		宕一	
	含	心	立	新	质	桑	落
厚街	hɔŋ[21]	ʃɔŋ[13]	lɔk[3]	ʃɐn[13]	ʧɐk[5]	ʃɔŋ[13]	lɔk[3]
石排	hɔŋ[21]	ʃɔŋ[332]	lɔk[3]	ʃɐn[332]	ʧɐk[5]	ʃɔŋ[332]	lɔk[3]
横沥	hɔŋ[21]	ʃɔŋ[32]	lɔk[3]	ʃɐn[32]	ʧɐk[5]	ʃɔŋ[32]	lɔk[3]

这一类型的方言点深摄丢失－m/－p 尾，演变为－ŋ/－k 尾，且与宕摄一等合流，如：心＝桑、立＝落。

（五）宕摄三等的读音类型及与梗摄三四等（白读）的分合

东莞各镇（区）粤方言宕摄一等与三等绝大部分方言点有别。唯有沙田宕摄一三等合流，如：刚＝姜 kɔŋ[53]、脏＝张 tsɔŋ[53]、落＝略 lɔk[2]。

东莞各镇（区）粤方言宕一保持－ŋ 尾不变，而宕三（以及江摄舌齿音字）则呈现出不同的读音类型。按有无鼻韵尾来看，可分为两种类型：一种保留后鼻尾－ŋ，莞城、温塘、万江、茶山粟边、横沥、中堂江南、麻涌、石龙、石碣、东坑、大朗、谢岗、塘厦、厚街、虎门、长安、常平白石岗、桥头等多数方言点均如此；另一种是丢失－ŋ 尾，转化为阴声韵，属这一类型的方言点有洪梅、望牛墩、道滘、高埗横滘头和欧邓等地方。我们调查到的洪梅话中，宕三基本与效三四合流，如：张＝焦 ʧiu[13]（宕摄）。而望牛墩处于半混半分的状态，即所调查的各发音人有所差异。发音人黄文正有时读为 iu 韵；如：扬＝摇 iu[21]，有时读为 œu 韵；如：阳 iœu[21]，但韵尾均已丢失。其妻陈杰芳则有的字丢失－ŋ 尾，转入效摄，如：樟＝蕉 ʧiu[13]；有的字存在

-ŋ 尾，如：箱 ʃiœŋ^{13}。而发音人梁九根则全部保留 -ŋ 尾，如：张 ʧiœŋ^{13}、阳 iœŋ^{21}。我们认为，鼻尾丢失是望牛墩方言的语音现象，但部分人受广州话的影响又带上了韵尾。

在东莞粤语中，宕摄三等（江摄舌齿音字）与梗摄三四等（白读）存在不等的分混情况，具体可分为以下几种类型：

1. 宕摄开口三等阳声韵、入声韵均与梗摄三四等（白读）有别

包括石龙、石碣、东坑、大朗、谢岗、塘厦、中堂江南、麻涌、厚街、虎门、长安、常平白石岗、桥头田新等方言点。例如：

	宕开三		梗三四（白读）					梗二	
	张	略	井	厅	尺	剧	踢	争	白
石龙	ʧiɔŋ^{32}	liɔk^{3}	ʧiᴇŋ^{35}	t^{h}iᴇŋ^{32}	ʧ^{h}iᴇʔ$^{\underline{24}}$	k^{h}iᴇk^{3}	t^{h}iᴇʔ$^{\underline{24}}$	ʧaŋ^{32}	pak^{3}
石碣	ʧiœŋ^{31}	liœk^{3}	ʧiɛŋ^{35}	t^{h}iɛŋ^{55}	ʧ^{hi}ᴇ^{24}	k^{hi}ᴇk^{3}	t^{hi}ᴇ^{24}	ʧaŋ^{31}	pak^{3}
东坑	ʧiœŋ^{32}	liœk^{3}	ʧiɛŋ^{45}	t^{h}iɛŋ^{32}	ʧ^{h}iɛʔ$^{\underline{23}}$	k^{h}iɛk^{3}	t^{h}iɛʔ$^{\underline{23}}$	ʧaŋ^{32}	pak^{3}
大朗	ʧiœŋ^{43}	liœk^{3}	ʧiɛŋ^{55}	t^{h}iɛŋ^{43}	ʧ^{h}iɛʔ$^{\underline{13}}$	k^{h}iɛk^{3}	t^{h}iɛʔ$^{\underline{13}}$	ʧaŋ^{43}	pak^{3}
谢岗	ʧœŋ^{32}	lɔk^{3}	ʧɛŋ^{55}	t^{h}ɛŋ^{32}	ʧ^{h}ɛk^{3}	k^{h}ɛk^{3}	t^{h}ɛk^{3}	ʧaŋ^{32}	p^{h}ak^{3}
塘厦	ʧiɔŋ^{32}	lio^{u}k^{3}	ʧiəŋ^{55}	t^{h}iəŋ^{55}	ʧ^{h}iək^{5}	k^{h}iək^{3}	t^{h}iək^{5}	ʧiaŋ^{32}	piæ^{a}k^{5}
江南	ʧiɔŋ^{55}	lyɔk^{3}	ʧiaŋ^{35}	t^{h}iaŋ^{55}	ʧ^{h}iak^{3}	k^{h}iak^{3}	t^{h}iak^{3}	ʧaŋ^{55}	pak^{3}
麻涌	ʧiœŋ^{53}	lyɔʔ^{3}	ʧiaŋ^{35}	t^{h}iaŋ^{55}	ʧ^{h}ia^{24}	k^{h}iak^{3}	t^{h}ia^{24}	ʧaŋ^{53}	paʔ^{3}
厚街	ʧiœŋ^{13}	liœk^{3}	ʧiɔŋ^{35}	t^{h}iɔŋ^{55}	ʧ^{h}ᴇ^{332}	k^{h}ᴇk^{3}	t^{h}ᴇ^{332}	ʧiaŋ^{13}	pᴇk^{3}
赤岗	ʧiɔŋ^{13}	liœk^{3}	ʧiaŋ^{35}	t^{h}iaŋ^{55}	ʧ^{hi}ᴇ^{24}	k^{hi}ᴇk^{3}	t^{hi}ᴇ^{24}	ʧiaŋ^{32}	p^{i}ᴇk^{3}
长安	ʧiœŋ^{55}	liœk^{3}	ʧiæŋ^{35}	t^{h}iæŋ^{55}	ʧ^{hi}ᴇ^{13}	k^{hi}ᴇk^{3}	t^{hi}ᴇ^{24}	ʧiæŋ^{55}	p^{i}ᴇk^{3}
白石岗	ʧiɔŋ^{32}	liɔk^{3}	ʧieŋ^{55}	t^{h}ieŋ^{32}	ʧ^{h}iek^{5}	k^{h}iek^{3}	t^{h}iek^{5}	ʧieŋ^{32}	p^{h}iek^{3}
田新	ʧiɔŋ^{32}	liɔk^{3}	ʧiɛŋ^{55}	t^{h}iɛŋ^{35}	ʧ^{h}iɛk^{5}	k^{h}iɛk^{3}	t^{h}iɛk^{3}	ʧiɛŋ^{32}	p^{h}iɛk^{3}

由上可知，以上各方言点宕开三均不与梗摄三四等（白读）混同，主元音存在差异。在这些方言中，虎门、长安、白石岗、桥头这几个方言点梗摄三四等（白读）与梗二合流，厚街则梗摄三四等（白读）入声韵与梗二合流，中堂江南、麻涌梗摄三四等（白读）与梗二存在有无介音之别，石龙、石碣、东坑、大朗、谢岗、塘厦这几个方言点梗摄三四等（白读）则不与梗二合流。

2. 宕摄开口三等阳声韵、入声韵均与梗摄三四等（白读）合流

这一类型的方言点包括莞城、温塘、万江、望牛墩、中堂潢涌、茶山粟边、横沥。以上方言点入声韵的情况又可以分为两类：一类入声韵与梗二、山摄合流，一类不合流。例如：

	宕开三		梗三四（白读）					梗二	
	张	略	井	厅	尺	剧	踢	争	白
莞城	ʧiøŋ^{132}	løk^{3}	ʧiøŋ^{35}	tʰiøŋ^{55}	ʧʰø^{24}	kʰøk^{3}	tʰø^{24}	ʧiaŋ^{132}	pᴇk^{3}
温塘	ʧiaŋ^{32}	liɛ^{ɐ}k^{3}	ʧiaŋ^{35}	tʰiaŋ^{55}	ʧʰiɛ^{ɐ24}	kʰiɛ^{ɐ}k^{3}	tʰiɛ^{ɐ24}	ʧaŋ^{32}	pak^{3}
栗边	ʧiɛŋ^{32}	liɛk^{3}	ʧiɛŋ^{35}	tʰiɛŋ^{55}	ʧʰiɛk $\underline{13}$	kʰiɛk^{3}	tʰiɛk^{3}	ʧaŋ^{32}	pak^{3}
横沥	ʧiœŋ^{32}	liᴇk^{3}	ʧiœŋ^{35}	tʰiœŋ^{55}	ʧʰiᴇ^{24}	kʰiᴇk^{3}	tʰiᴇ^{24}	ʧaŋ^{32}	paʔ^{3}
万江	ʧiœŋ^{13}	ŋᴇk^{3}	ʧiœŋ^{35}	tʰiœŋ^{55}	ʧʰᴇ^{332}	kʰᴇk^{3}	tʰᴇ^{24}	ʧiaŋ^{13}	pᴇk^{3}
望牛墩	ʧœu^{13}	ŋᴇk^{3}	ʧœu^{35}	tʰœu－iu^{55}	ʧʰᴇ^{24}	kʰᴇk^{3}	tʰᴇ^{24}	ʧiɛŋ^{13}	pᴇk^{3}
潢涌	ʧiœŋ^{213}	ŋᴇk^{3}	ʧiœŋ^{35}	tʰiœŋ^{55}	ʧʰᴇ^{24}	kʰᴇk^{3}	tʰᴇ^{24}	ʧiæŋ^{213}	pᴇk^{3}

由上可知，莞城、温塘、茶山、横沥方言中宕开三与梗三四（白读）合流，而与梗二有别（或主元音不同，或有无 i 介音）。万江、望牛墩、潢涌则不仅宕开三与梗三四（白读）合流，而且其入声韵与梗摄二等合流。

3. 宕摄开口三等与梗摄三四等（白读）半合半分

可分两种情况，一种宕开三阳声韵未与梗摄三四等白读合流，入声韵却混入梗摄三四等白读（且与梗二合流），这一类型的方言点包括高埗。例如：

	宕开三		梗三四（白读）					梗二	
	张	略	井	厅	尺	剧	踢	争	白
高埗	ʧiœŋ^{13}	ŋ^{i}ᴇk^{3}	ʧiaŋ^{35}	tʰiaŋ^{13}	ʧ^{hi}ᴇ^{24}	k^{hi}ᴇk^{3}	t^{hi}ᴇ^{24}	ʃiaŋ^{13}	p^{i}ᴇk^{3}

另一种为宕开三阳声韵与梗三四（白读）合流，入声韵不与梗三四（白读）合流。如石排话：

	宕开三		梗三四（白读）					梗二	
	张	略	井	厅	尺	剧	踢	争	白
石排	ʧiœŋ^{332}	liɔk^{3}	ʧiœŋ^{35}	tʰiœŋ^{332}	ʧʰᴇ^{24}	kʰᴇk^{3}	tʰᴇ^{24}	ʃaŋ^{332}	paʔ^{3}

另外，大岭山话宕开三与梗三四（白读）合流后主元音有两类，部分字合流为 øŋ，部分字合流为 iɛŋ，如：阳＝赢 iøŋ^{21}、蒋＝井 ʧøŋ^{35}、两＝岭 liɛŋ^{13}。宕开三入声个别字与梗三四（白读）合流，如“略”读 lᴇk^{3}，与剧 kʰᴇk^{3}、石 ʃᴇk^{3}韵同，其他入声字多读为 øʔ/øk，不与梗三四（白读）ᴇ/ᴇk 同，如“爵 ʧøʔ $\underline{13}$≠只 ʧᴇ^{13}”。

（六）入声韵舒化之后与阴声韵的分合

有舒化现象的方言点包括莞城、万江、望牛墩、中堂潢涌、高埗、麻涌、厚街、东城温塘、大岭山、茶山粟边、石排、石碣、横沥、大朗、长安、虎门、企石等地。东坑个别字已舒化，如：郝＝扣 kʰɔ^{13}。其他方言点如石龙、常平白石岗、塘厦处于准舒化现象，有些字只是带有较弱的喉塞。中堂江南、桥头、谢岗则入声很稳固。

东莞各镇（区）粤方言有入声舒化现象的一般发生在以下韵摄：咸摄、山摄、宕摄、江摄、曾摄合口、梗摄，且多为与广州话对应的下阴入字。各入声韵舒化之后与阴声韵的对应关系如下：

第一种对应关系：

咸摄（开口一二等） （合口三等） 山摄（开口一二等） （合口二等、三等非组） 梗摄（二等、三四等白读）	混入假摄二等或三等韵母作 a 或ᴇ、ø、iɛ、ia 等

此外，宕摄三等入声舒化后则部分方言点混入假摄三等，部分方言点混入其他韵摄，个别方言点独立为一韵，详见下文分析。举例如下：

	答	甲	法	萨	杀	发	脚	百	踢	价	社
莞城	ta^{332}	ka^{332}	fᴇ^{24}	ʃᴇ^{24}	ʃᴇ^{24}	fᴇ^{24}	kø^{24}	pᴇ$^{24/332}$	t^{h}ø^{24}	ka^{332}	ʃø^{24}
万江	ta^{332}	ka^{332}	fᴇ^{24}	ʃᴇ^{24}	ʃᴇ^{24}	fᴇ^{24}	kᴇ^{24}	pᴇ^{24}	t^{h}ᴇ^{24}	ka^{332}	ʃᴇ^{24}
望牛墩	ta^{24}	ka^{24}	fᴇ^{24}	ʃᴇ^{24}	ʃᴇ^{24}	fᴇ^{24}	kᴇ^{24}	pᴇ^{24}	t^{h}ᴇ^{24}	ka^{24}	ʃᴇ^{24}
潢涌	ta^{24}	ka^{24}	fᴇ^{24}	ʃᴇ^{24}	ʃᴇ^{24}	fᴇ^{24}	kᴇ^{24}	pᴇ^{24}	t^{h}ᴇ^{24}	ka^{24}	ʃᴇ^{24}
高埗	ta^{24}	ka^{24}	f^{i}ᴇ^{24}	ʃ^{i}ᴇ^{24}	ʃ^{i}ᴇ^{24}	f^{i}ᴇ^{24}	k^{i}ᴇ^{24} /kiu^{24}	p^{i}ᴇ^{24}	t^{hi}ᴇ^{24}	ka^{24}	ʃ^{i}ᴇ^{24}
厚街	ta^{332}	ka^{332}	fᴇ^{332}	ʃᴇ^{332}	ʃᴇ^{332}	fᴇ^{332}	kiu^{332}	pᴇ^{332}	t^{h}ᴇ^{332}	ka^{332}	ʃᴇ^{13}
虎门赤岗	ta^{24}	ka^{24}	f^{i}ᴇ^{24}	ʃ^{i}ᴇ^{24}	ʃ^{i}ᴇ^{24}	f^{i}ᴇ^{24}	kiœ^{24}	p^{i}ᴇ^{24}	t^{hi}ᴇ^{24}	ka^{44}	ʃ^{i}ᴇ^{24}
温塘	ta^{24}	ka^{24}	fa^{24}	ʃa^{24}	ʃa^{24}	fa^{24}	kiɛ^{ɐ24}	pa^{24}	t^{h}iɛ^{ɐ24}	ka^{24}	ʃiɛ^{ɐ24}
横沥	ta^{24}	ka^{24}	fa^{24}	—	ʃa^{24}	fa^{24}	kiᴇ^{24}	pa^{24}	t^{h}iᴇ^{24}	ka^{24}	ʃiᴇ^{24}
石碣	ta^{24}	ka^{24}	fa^{24}	ʃa^{24}	ʃa^{24}	fa^{24}	kiœ^{24}	pa^{24}	t^{hi}ᴇ^{24}	ka^{24}	ʃ^{i}ᴇ^{24}
麻涌	ta^{24}	ka^{24}	fa^{24}	ʃa^{24}	ʃa^{24}	fa^{24}	kyɔ^{24}	pa^{24}	t^{h}ia^{24}	ka^{44}	ʃia^{24}

莞城话咸摄一二等入声舒化后混入假摄二等，如：甲 = 价 ka^{332}，宕摄三等与梗摄三四等（白读）混入假摄三等，如：锡 = 社 ʃø^{24}，山摄一二等和梗摄二等入声虽舒化，但不与阴声韵相混。万江、望牛墩、中堂潢涌、高埗等地，咸摄一二等入声舒化后混入假摄二等，如：甲 = 价；山摄一二等（合口部分字），宕摄三等，梗摄二等、三四等白读舒化后混入假摄三等，如：杀 = 社。厚街与万江等地大体一致，唯宕摄三等入声舒化之后混入效摄三四等，如：脚 = 叫 kiu^{332}（厚街）。虎门话咸摄一二等入声舒化后混入假摄二等；

山摄一二等（合口部分字），梗摄二等、三四等白读舒化后混入假摄三等，如：杀 = 社 ʃ^{i}ᴇ^{24}，宕摄三等独立为一韵；温塘、横沥话咸山摄一二等、梗摄二等入声舒化后混入假摄二等，如：甲 = 价 ka^{24}，宕摄三等和梗摄三四等（白读）混入假摄三等。石碣、麻涌话与温塘、横沥话稍有不同，即咸山摄一二等、梗摄二等入声舒化后混入假摄二等，梗摄三四等（白读）混入假摄三等。石碣话宕摄三等舒化后独立为一韵，不与阴声韵合流。麻涌话则宕摄三等舒化后混入果摄三等。

长安、大岭山、茶山、石排、大朗也有不同程度的舒化。例如：

	答	甲	法	萨	杀	发	脚	百	踢	价	社
长安	tɐʔ$^{\underline{13}}$	kɐʔ$^{\underline{13}}$	f^{i}ᴇk^{3}	ʃ^{i}ᴇ^{13}	ʃ^{i}ᴇ^{13}	f^{i}ᴇ^{13}	kiœʔ$^{\underline{13}}$	p^{i}ᴇ^{13}	t^{hi}ᴇ^{13}	ka^{44}	ʃ^{i}ᴇ^{32}
大岭山	ta^{13}	kaʔ$^{\underline{13}}$	faʔ$^{\underline{13}}$	ʃaʔ$^{\underline{13}}$	ʃaʔ$^{\underline{13}}$	faʔ$^{\underline{13}}$	køʔ$^{\underline{13}}$	paʔ$^{\underline{13}}$	t^{h}ᴇ^{13}	ka^{13}	ʃᴇ^{13}
茶山	ta^{13}	ka^{13}	fa^{13}	ʃa^{13}	ʃa^{13}	fa^{13}	kiɛk^{3}	pa^{13}	t^{h}iɛk^{3}	ka^{13}	ʃiᴇ^{13}
石排	ta^{24}	ka^{24}	fa^{24}	ʃa^{24}	ʃa^{24}	fa^{24}	kiɔʔ$^{\underline{24}}$	pa^{24}	t^{h}iɔʔ$^{\underline{24}}$	ka^{24}	ʃᴇ^{24}
大朗	ta$^{ʔ\underline{13}}$	ka^{13}	fa$^{ʔ\underline{13}}$	ɬa$^{ʔ\underline{13}}$	ʃa$^{ʔ\underline{13}}$	fa$^{ʔ\underline{13}}$	kiœʔ$^{\underline{13}}$	pa^{13}	t^{h}iɛʔ$^{\underline{13}}$	ka^{13}	ʃiɛ^{13}

长安话山摄一二等、梗摄二等、梗摄三四等（白读）入声舒化后韵母为 ^{i}ᴇ，混入假摄三等^{i}ᴇ。大岭山话咸摄一二等少数字舒化，混入假摄二等，如：鸽 = 价 ka^{13}；梗摄三四等（白读）舒化，混入假摄三等，如：只 = 借 tʃᴇ^{13}。茶山、石排话咸山摄一二等、梗摄二等入声舒化后混入假摄二等，如：甲 = 价 ka^{24}（石排）；宕摄三等保留塞尾，梗摄三四等（白读）个别混入假摄三等，如：锡 = 社 ʃiᴇ^{13}（茶山）、锡 = 社 ʃᴇ^{24}（石排），但大多数字如"踢""只"等均存在弱塞尾。大朗话也只是极少数入声字存在舒化，如：甲 = 鸽 = 价 ka^{13}、百 = 霸 pa^{13}，大多数字还留有弱塞尾。

第二种对应关系：

咸摄（开口三四等）
山摄（开口三四等）
　　（合口一三四等）
} 开口混入止摄，韵母作 i
　合口混入遇摄，韵母作 y、u

这一现象目前只在麻涌话中发现（不仅包括与广州话对应的下阴入字，还有阳入字），咸山摄开口三四等入声字舒化混入止摄，如：妾 = 切 = 次 ʧ^{h}i^{24}、叶 = 易 i^{32}、市 = 舌 ʃi^{24}。山摄合口三四等字舒化后混入遇摄三等，如：阅 = 粤 = 寓 y^{32}。山摄合口一等部分字混入遇摄合口三等，如：脱 t^{h}y^{24}；部分字混入遇摄合口一等，如：活 u^{32}、阔 fu^{24}。

第三种对应关系：

宕摄（一等）
江摄
曾摄（合口一三等）

} 混入果摄，韵母作 ɔ（uɔ）、o 等

莞城、万江、望牛墩、中堂潢涌、高埗、麻涌、厚街有这一现象。例如：

	各	索	郭	觉	国	对比
莞城	ko^{24}	ʃo^{24}	kuo^{24}	ko^{24}	kuo^{24}	各 ko^{24}—个 ko^{332}
万江	kɔ^{24}	ʃɔ^{24}	kuɔʔ^{3}	kɔ^{24}	kuɔ^{24}	各 = 个 kɔ^{24}
望牛墩	kɔ^{24}	ʃɔ^{24}	kuɔ^{24}	kɔ^{24}	kuɔ^{24}	郭 = 国 = 过 kuɔ^{24}
中堂潢涌	kɔ^{24}	ʃɔ^{24}	kuɔ^{24}	kɔ^{24}	kuɔ^{24}	郭 = 国 = 过 kuɔ^{24}
高埗	kɔ^{24}	ʃɔ^{24}	kuɔ^{24}	kɔ^{24}	kuɔ^{24}	郭 = 国 = 过 kuɔ^{24}
麻涌	kɔ^{24}	ʃɔ^{24}	kuɔ^{24}	kɔ^{24}	kuɔ^{24}	各 kɔ^{24}—个 kɔ^{44}
厚街	ko^{332}	ʃo^{332}	kuɔk^{3}	ko^{332}	kuo^{332}	各 = 个 ko^{332}

石碣、虎门赤岗话宕摄一等（江摄）、曾摄合口一三等入声舒化现象与以上各方言相同，但不与果摄合流。例如：

	各	索	郭	觉	国	对比
石碣	kɔ^{24}	ʃɔ^{24}	kuɔ^{24}	kɔ^{24}	kuɔ^{24}	国 kuɔ^{24}—过 ku^{24}
虎门赤岗	kɔ^{24}	ʃɔ^{24}	kɔ^{24}	kɔ^{24}	kɔ^{24}	国 kɔ^{24}—过 ko^{44}

横沥话宕江曾摄这部分字舒化之后则混入流摄，如：各 = 觉 = 国 = 够 kɔ^{24}。

三、韵母分合小结

（一）共性特点

东莞粤语韵母最大的特点就是各韵摄大范围的合流与演变，其中以蟹摄开口一等与合口一等合流、山梗摄开口一二等字合流、咸山摄开口三四等字合流、曾摄一等与臻摄开口字合流四种最为一致与普遍。此外，入声舒化现象较为普遍，咸山摄一二等及梗摄入声韵舒化之后多混入假摄，宕江曾摄入声韵舒化之后多混入果摄。

（二）地域差异特点

部分韵摄的分合呈现出不同的地域类型与差异，主要包括：果摄三等与

假摄三等部分方言点属从合型，部分方言点属从分型。遇合三知组、章组，日、疑、影、喻母字小部分方言点与止摄相关字韵母呈 y－i 对立，大部分方言点则合流为韵母 i。流摄在部分方言点与效摄二等合流，在部分方言点两者有别。咸摄一二等在部分方言点与山摄一二等有别，在部分方言点两者合流。咸山摄开口三四等字在部分方言点与山摄合口三四等字呈“开口—合口（撮口）”的对立，部分方言点两者合流为开口，主元音为 i、e 等。山摄一等见晓影组字在部分方言点混入通摄，部分方言点两者仍有别。臻摄、曾摄及梗摄三四等（文读）的分合在东莞粤语中呈现出三种基本类型，一是臻摄与曾一合流、曾三与梗三四（文读）合流；二是臻、曾、梗三四（文读）均合流；三是曾、梗三四（文读）合流，与臻摄有别。深摄与臻摄、宕摄一等的分合呈现出四种类型：一是深摄独立，与臻摄、宕一均有别；二是深摄和臻摄合流，与宕一有别；三是深摄阳声韵独立，入声韵与宕一合流，与臻摄有别；四是深摄阳声韵、入声韵均与宕一合流，与臻摄有别。宕摄三等在部分方言点与梗摄三四等（白读）合流，在部分方言点两者有别。韵母分合的不同类型反映出东莞粤语韵母的局部方言特色。

第三节 东莞粤语声调的特点

东莞各镇（区）粤方言声调从 6 个到 9 个不等，存在声调数量的这种差别主要在上声、去声是否有阴阳之分，阴入是否分上阴入与下阴入。东莞各镇（区）方言整体来说，呈现出阴调高、阳调低的特点。

一、声调格局

（一）9 个声调

声调与广州话基本相同，略有差异，包括阴平、阳平、阴上、阳上、阴去、阳去、上阴入、下阴入、阳入，如虎门粤语。

表 2－3－1 声调表（1）

地区	调数	声调								
		平		上			去		入	
		清	浊	清	次浊	浊	清	浊	清	浊
虎门	9	阴平 13	阳平 21	阴上 35	阳上 24	阳去 332／阳上 24	阴去 44	阳去 332	上阴入 5／阳上 24／下阴入 24	阳入 3／下阴入 24

（二）8 个声调（分为两类）

（1）四声均分阴阳。包括阴平、阳平、阴上、阳上、阴去、阳去、阴入、阳入。如麻涌、谢岗粤语：

表 2-3-2　声调表（2）

地区	调数	声调								
		平		上			去		入	
		清	浊	清	次浊	浊	清	浊	清	浊
麻涌	8	阴平 53/55	阳平 21	阴上 35	阳上 24	阳上 24/阳去 32	阴去 44	阳去 32	阴入 5/阳上 24	阳入 3/阳上 24/阳去 32

表 2-3-3　声调表（3）

地区	调数	声调								
		平		上			去		入	
		清	浊	清	次浊	浊	清	浊	清	浊
谢岗	8	阴平 32	阳平 21	阴上 55	阳上 13	阳上 13/阳去 33	阴去 35/阳去 33	阳去 33	阴入 5/阳入 3	阳入 3

（2）上声不分阴阳，入声三分，平、去分阴阳。包括阴平、阳平、上声、阴去、阳去、上阴入、下阴入、阳入，如：温塘、大岭山、石龙、茶山、石排、石碣、东坑、大朗、常平、塘厦、横沥等地方言。如下表所示：

表 2-3-4　声调表（4）

地区	调数	声调								
		平		上			去		入	
		清	浊	清	次浊	浊	清	浊	清	浊
大岭山	8	阴平 31	阳平 21	上声 35	阴去 13	阳去 42/阴去 13	阴去 13	阳去 42	上阴入 5/下阴入 13	阳入 3/下阴入 13

（续上表）

地区	调数	声调								
		平		上			去		入	
		清	浊	清	次浊	浊	清	浊	清	浊
东坑	8	阴平32	阳平21	上声45	阴去13	阳去33/阴去13	阴去13	阳去33	上阴入5/下阴入23	阳入3/下阴入23
温塘	8	阴平32	阳平21	上声35	阴去24	阳去44/阴去24	阴去24	阳去44	上阴入5/下阴入24/阴去24	阳入3/下阴入24
石龙	8	阴平32	阳平21	上声35	阴去24	阳去43/阴去24	阴去24	阳去43	上阴入5/下阴入24/阴去24	阳入3/下阴入24
茶山	8	阴平32	阳平21	上声35	阴去13	阳去33/阴去13	阴去13	阳去33	上阴入5/下阴入13/阴去13	阳入3/下阴入13
大朗	8	阴平43	阳平21	上声55	阴去13	阳去33/阴去13	阴去13	阳去33	上阴入5/下阴入13/阴去13	阳入3/下阴入13
石排	8	阴平332	阳平21	上声35	阴去24	阳去44/阴去24	阴去24	阳去44	上阴入5/下阴入24/阴去24/阳入3	阳入3/下阴入24
石碣	8	阴平31	阳平21	上声35	阴去24	阳去43/阴去24	阴去24	阳去43	上阴入5/下阴入24/阴去24/阳入3	阳入3

（续上表）

地区	调数	声调								
		平		上			去		入	
		清	浊	清	次浊	浊	清	浊	清	浊
横沥	8	阴平 32	阳平 21	上声 35	阴去 24	阳去 443/阴去 24	阴去 24	阳去 443	上阴入 5/下阴入 24/阴去 24/阳入 3	阳入 3/下阴入 24
常平	8	阴平 32	阳平 21	上声 55	阴去 24	阳去 43/阴去 24	阴去 24	阳去 43	上阴入 5/下阴入 24/阳入 3	阳入 3/下阴入 24
塘厦	8	阴平 32	阳平 21	上声 55	阴去 13	阳去 33/阴去 13	阴去 13	阳去 33	上阴入 5/下阴入 13/阳入 3	阳入 3/下阴入 13

除此之外，在企石、黄江等地阴去部分字因变调又产生了一个新的调值35。我们暂时没有把它处理为一个新的调类，是因为其还处于发展之中，有待继续考察，暂时处理为阴去调的两个调值。

表 2－3－5　声调表（5）

地区	调数	声调								
		平		上			去		入	
		清	浊	清	次浊	浊	清	浊	清	浊
企石	8	阴平43	阳平21	上声55	阴去13	阳去33/阴去13	阴去13/阴去35	阳去33	上阴入5/下阴入24/阳入3/阴去13	阳入3
黄江	8	阴平43	阳平21	上声55	阴去13	阳去32/阴去13	阴去13/阴去35	阳去32	上阴入5/下阴入13/阳入3/阴去13	阳入3

长安话也是8个声调，但其阴平受广州话影响又产生了一个55调值，且次浊上、部分全浊上归入阴平。

表 2－3－6　声调表（6）

地区	调数	声调								
		平		上			去		入	
		清	浊	清	次浊	浊	清	浊	清	浊
长安	8	阴平13/55	阳平21	上声35	阴平13	阴平13/阳去32	阴去44	阳去32	上阴入5/阴平13/下阴入13	阳入3/下阴入13

（三）7个声调（分为两类）

（1）去声不分阴阳，平、上、入均分阴阳。包括阴平、阳平、阴上、阳上、去声、阴入、阳入。莞城、万江方言如此。如表2－3－7所示：

表 2-3-7　声调表（7）

地区	调数	平		上			去		入	
		清	浊	清	次浊	浊	清	浊	清	浊
莞城	7	阴平 132	阳平 21	阴上 35	阳上 24	阳上 24/去声 332	去声 332	去声 332	阴入 5/去声 332/阳上 24/阳入 3	阳入 3
万江	7	阴平 13	阳平 21	阴上 35	阳上 24	阳上 24/去声 332	去声 332	去声 332/阳上 24	阴入 5/去声 332/阳上 24/阳入 3	阳入 3

（2）上声不分阴阳，平、去、入均分阴阳。包括阴平、阳平、上声、阴去、阳去、阴入、阳入。望牛墩、中堂方言如此。如表 2-3-8 所示：

表 2-3-8　声调表（8）

地区	调数	平		上			去		入	
		清	浊	清	次浊	浊	清	浊	清	浊
望牛墩	7	阴平 13	阳平 21	上声 35	阴去 24	阳去 33/阴去 24	阴去 24/阳去 33	阳去 33	阴入 5/阴去 24/阳去 33	阳入 3
中堂潢涌	7	阴平 213	阳平 21	上声 35	阴去 24	阳去 32/阴去 24	阴去 24/阳去 32	阳去 32	阴入 5/阴去 24/阳去 32	阳入 3
中堂江南	7	阴平 55/阴去 13	阳平 21	上声 35	阴去 13	阳去 33/阴去 13	阴去 13/阳去 33	阳去 33	阴入 5/阳入 3	阳入 3

桥头方言阴去部分字因变调又产生了一个新的调值，故暂时将阴去调处理为两个调值，如表 2-3-9 所示：

表 2-3-9 声调表（9）

地区	调数	声调								
		平		上			去		入	
		清	浊	清	次浊	浊	清	浊	清	浊
桥头	7	阴平32	阳平21	上声55	上声55/阴去13	阳去443/阴去13	阴去13/阴去35/阳去443	阳去443	阴入5/阳入3	阳入3

（四）6个声调

上、去均不分阴阳，平、入分阴阳，包括阴平、阳平、上声、去声、阴入、阳入，如厚街方言：

表 2-3-10 声调表（10）

地区	调数	声调								
		平		上			去		入	
		清	浊	清	次浊	浊	清	浊	清	浊
厚街	6	阴平13	阳平21	上声35	阴平13	阴平13/去声332	阴平13/去声332	去声332	阴入 5/去声332	阳入3

（五）声调格局小结

综上所述，东莞各地粤语声调有9个、8个、7个、6个四种类型。其格局为：9个声调的东莞粤语平、上、去分阴阳，入声上阴入、下阴入、阳入三分。8个声调的东莞粤语分两种类型：第一种四声均分阴阳；第二种上声不分阴阳，平、去分阴阳，入声上阴入、下阴入、阳入三分。7个声调的东莞粤语又分两种类型：第一种去声不分阴阳，平、上、入均分阴阳；第二种上声不分阴阳，平、去、入均分阴阳。6个声调的唯有厚街粤语，上、去均不分阴阳，平、入分阴阳。

二、四声分合

（一）平声

东莞所有粤方言点古平声字皆分阴阳，且阳平统一为低降（接近低平）调，这是一致特点，也和绝大多数粤语一致。而阴平的调值则与广州话有所不同，内部呈现出一定的差异。总体来说，东莞西部粤方言阴平调值较一致，为一个低升调；而东部粤方言则为一个中平稍降调。与广州地区紧邻的麻涌、中堂江南等地，调值则与广州话基本相同。阴平调的调值呈现出明显的地域特征。

表 2－3－11　平声例字表

		巴	飘	多	包	增	升
东莞西部	中堂江南	pa^{55}	p^{h}iu^{55}	tɔ^{55}	pau^{55}	ʧɐn^{55}	ʃɐn^{55}
	麻涌	pa^{55}	p^{h}iu^{53}	tɔ^{53}	pau^{55}	ʧɐŋ^{53}	ʃeŋ^{53}
	长安	pa^{55}	p^{h}iu^{55}	to^{13}	piæu^{55}	ʧɐn^{55}	ʃɤŋ^{55}
	莞城	pa^{132}	p^{h}iu^{132}	to^{132}	pau^{132}	ʧɐn^{132}	ʃəŋ^{132}
	万江	pa^{13}	p^{h}iu^{13}	to^{13}	pau^{13}	ʧɐn^{13}	ʃɤŋ^{13}
	望牛墩	pa^{13}	p^{h}iu^{13}	to^{13}	pau^{13}	ʧɐn^{13}	ʃɤŋ^{13}
	高埗	pa^{13}	p^{h}iu^{13}	to^{13}	pau^{13}	ʧam^{13}	ʃeɤŋ^{13}
	中堂潢涌	pa^{213}	p^{h}iu^{213}	tɔ^{213}	pau^{213}	ʧɐn^{213}	ʃɤŋ^{213}
	厚街	pa^{13}	p^{h}iu^{13}	to^{13}	piau^{13}	ʧɐn^{13}	ʃɤŋ^{13}
	虎门赤岗	pa^{13}	p^{h}iu^{13}	to^{13}	piau^{13}	ʧan^{13}	ʃɤŋ^{13}
东莞东部（中部）	石碣	pa^{31}	p^{h}iu^{31}	to^{31}	pau^{31}	ʧɐn^{31}	ʃɤŋ^{31}
	石龙	pa^{32}	p^{h}iu^{32}	to^{32}	pau^{32}	ʧɐn^{32}	ʃeŋ^{32}
	东城温塘	pa^{32}	p^{h}iu^{32}	to^{32}	pau^{32}	ʧɔŋ^{32}	ʃɐŋ^{32}
	大岭山	pa^{31}	p^{h}iu^{31}	to^{31}	pau^{31}	ʧɐn^{31}	ʃɐn^{31}
	茶山粟边	pa^{32}	p^{h}iu^{32}	to^{32}	pau^{32}	ʧœŋ^{32}	ʃəŋ^{32}
	石排	pa^{332}	p^{h}iu^{332}	to^{332}	pau^{332}	ʧɐn^{332}	ʃɐn^{332}
	企石	pa^{43}	p^{h}iu^{43}	to^{43}	piɐu^{43}	ʧɐn^{43}	ʃɐn^{43}
	横沥	pa^{32}	p^{h}iu^{32}	to^{32}	pau^{32}	ʧɐn^{32}	ʃɐn^{32}
	东坑	pa^{32}	p^{h}iu^{32}	to^{32}	pou^{32}	ʧɐŋ^{32}	ʃɐŋ^{32}
	大朗	pa^{43}	p^{h}iu^{43}	to^{43}	pau^{43}	ʧɐn^{43}	ʃɐn^{43}
	常平白石岗	ɓɑ^{32}-pɑ^{32}	p^{h}iu^{32}	ɗo^{32}-to^{32}	piɐu^{32}	ʧan^{32}	ʃan^{32}
	桥头	pa^{32}	p^{h}iu^{32}	to^{32}	piau^{32}	ʧɐŋ^{32}	ʃɐŋ^{32}
	谢岗	pa^{32}	p^{h}iu^{32}	tɔ^{32}	pau^{32}	ʧɤŋ^{32}	ʃɤŋ^{32}
	塘厦	pa^{32}	p^{h}iu^{32}	tuɔ^{32}	piau^{32}	ʧəŋ^{32}	ʃəŋ^{32}

广州话在东莞各镇（区）的影响近年来逐年增强，从阴平调的调值变化也可以看出。少数镇（区）的粤语阴平调值往广州话 55 调发展。如长安话，

发音人有时分不清到底应该读高平调还是低升调。例如：

长安话：灰 fui^{13} /fui^{55}　　资 ʧɛi^{13} /ʧɛi^{55}　　丝 ʃɛi^{13} /ʃɛi^{55}

耕 kiæŋ^{13} /kiæŋ^{55}　　中 ʧoŋ^{13} /ʧoŋ^{55}　　尖 ʧin^{13} /ʧin^{55}

以上现象说明长安话阴平调在不断向广州话靠拢。而长安话有的清平字在不同的词中读音不同，如“墩”一般读为 tɐn^{13}，但地名“望牛墩”的“墩”则读为 tɐn^{55}。这是名词变调引起的，不属于自由变读一类。

（二）上声

在东莞各镇（区）方言中，清上一般独立为阴上或者上声（上声不分阴阳的方言点），次浊上一般同全浊上。浊上的演变则分几种情况：①部分独立为阳上，部分归入去声，如莞城、万江；或归入阳去，如虎门、麻涌、谢岗。②次浊上、部分全浊上归入阴去，部分全浊上归入阳去，如温塘、望牛墩、高埗、中堂、大岭山、石龙、石碣、茶山、石排、横沥、企石、东坑、大朗、常平、黄江、塘厦。③桥头田新、厚街和长安上声比较特殊：桥头田新部分次浊上字混入清上；厚街、长安次浊上、部分全浊上并入阴平调，如厚街话：于 = 予 i^{13} 、优 = 有 iɐu^{13} 。上声具体情况举例：

	清上		次浊上		全浊上			
	古	展	老	网	柱	坐	父	件
莞城	ku^{35}	ʧin^{35}	lɔu^{24}	mɔŋ^{24}	ʧʰy^{24}	ʧʰo^{24}	fu^{332}	kin^{332}
麻涌	ku^{35}	ʧin^{35}	lou^{24}	mɔŋ^{24}	ʧʰy^{24}	ʧʰɔ^{24}	fu^{32}	kin^{32}
温塘	ku^{35}	ʧɪŋ^{35}	lɐu^{24}	moŋ^{24}	ʧʰi^{24}	ʧʰo^{24}	fu^{44}	kɪŋ^{44}
石龙	ku^{35}	ʧin^{35}	lou^{24}	mɔŋ^{24}	ʧʰy^{24}	ʧʰo^{24}	fu^{43}	kin^{43}
东坑	ku^{45}	ʧen^{45}	lou^{13}	mɔŋ^{13}	ʧʰi^{13}	ʧʰo^{13}	fu^{33}	ken^{33}
塘厦	ku^{55}	ʧin^{55}	lou^{13}	muɔŋ^{13}	ʧʰi^{13}	ʧʰuɔ^{13}	fu^{33}	kin^{33}
厚街	ku^{35}	ʧin^{35}	lou^{13}	mɔŋ^{13}	ʧʰi^{13}	ʧʰo^{13}	fu^{332}	kin^{332}
长安	ku^{35}	ʧin^{35}	lou^{13}	mɔŋ^{13}	ʧʰy^{13}	ʧʰo^{13}	fu^{32}	kin^{32}
桥头田新	ku^{55}	ʧin^{55}	lɐu^{55}	moŋ^{13}	ʧʰy^{13}	ʧʰo^{13}	fu^{443}	kin^{443}

全浊上“柱”“坐”等一系列字实际上有文白两读，白读归为阳上（或阴去），文读则归为去声（或阳去）。例如：

	柱				坐			
	白读		文读		白读		文读	
莞城	ʧʰy^{24}	（阳上）	ʧy^{332}	（去声）	ʧʰo^{24}	（阳上）	ʧo^{332}	（去声）
石龙	ʧʰy^{24}	（阴去）	ʧy^{43}	（阳去）	ʧʰo^{24}	（阴去）	ʧo^{43}	（阳去）

（三）去声

古去声在东莞各镇（区）方言中的分化有所区别。

（1）去声只有一类。莞城、万江、厚街方言清浊去合流，不分阴阳。例如：

	清去				浊去			
	嫁	试	抗	变	共	树	用	望
莞城	ka^{332}	ʃi^{332}	kʰɔŋ^{332}	pin^{332}	koŋ^{332}	ʃy^{332}	ioŋ^{332}	mɔŋ^{332}
万江	ka^{332}	ʃi^{332}	kʰɔŋ^{332}	pin^{332}	koŋ^{332}	ʃi^{332}	ioŋ^{332}	mɔŋ^{332}
厚街	ka^{332}	ʃi^{332}	kʰɔŋ^{332}	pin^{332}	koŋ^{332}	ʃi^{332}	ioŋ^{332}	mɔŋ^{332}

厚街略有不同，少数清去字同浊上一起归入阴平，如：亚＝鸦 a^{13}。

（2）去声分阴阳。第一种情况：望牛墩、高埗、石碣、中堂、桥头、谢岗、黄江等地方言部分清去字与浊去字合流，为阳去；部分清去字独立为阴去。第二种情况：古去声以清浊分为阴去与阳去，包括温塘、麻涌、虎门、大岭山、石龙、茶山、石排、企石、横沥、东坑、大朗、常平、塘厦等地的方言，长安话也基本如此，个别清去字混入阴平。例如：

	清去				浊去			
	嫁	试	抗	变	共	树	用	望
望牛墩	ka^{24}	ʃi^{24}	kʰɔŋ^{24}	pⁱɪn^{33}	koŋ^{33}	ʃi^{33}	ioŋ^{33}	mɔŋ^{33}
谢岗	ka^{35}	ʃi^{35}	kʰɔŋ^{33}	pin^{35}	kʰoŋ^{33}	ʃi^{33}	ioŋ^{33}	mɔŋ^{33}
温塘	ka^{24}	ʃi^{24}	kʰoŋ^{24}	pɪŋ^{24}	kɤŋ^{44}	ʃi^{44}	iɤŋ^{44}	moŋ^{44}
石龙	ka^{24}	ʃi^{24}	kʰɔŋ^{24}	pin^{24}	koŋ^{43}	ʃy^{43}	ioŋ^{43}	mɔŋ^{43}
东坑	ka^{13}	ʃi^{13}	kʰɔŋ^{13}	pen^{13}	kɤŋ^{33}	ʃi^{33}	iɤŋ^{33}	mɔŋ^{33}
大朗	ka^{13}	ʃi^{13}	kʰɔŋ^{13}	pin^{13}	kɤŋ^{33}	ʃi^{33}	iɤŋ^{33}	mɔŋ^{33}
塘厦	ka^{13}	ʃi^{13}	kʰuɔŋ^{13}	pin^{13}	koŋ^{33}	ʃi^{33}	ioŋ^{33}	muɔŋ^{33}
横沥	ka^{24}	ʃi^{24}	kʰɔŋ^{24}	pen^{24}	kɤŋ^{443}	ʃi^{443}	iɤŋ^{443}	mɔŋ^{443}
长安	ka^{44}	ʃi^{13}	kʰɔŋ^{44}	pin^{44}	koŋ^{32}	ʃi^{32}	ioŋ^{32}	mɔŋ^{32}

（四）入声

东莞各镇（区）粤方言，以莞城为代表，大多数镇（区）古入声都存在着舒化现象，即归入其他非入声调。具体来说可以分为以下几种类型：

（1）入声阴阳两分。这一大类又可以分为两小类：一是无舒化的方言，如中堂江南、桥头、谢岗等地方言。二是有舒化的方言，如莞城、万江、望牛墩、中堂潢涌、厚街几个方言点，与广州话对应的下阴入字舒化为去声或阳上（或阴去），部分归入阳入；与广州话对应的上阴入仍为上阴入，阳入仍为阳入。麻涌不仅与广州话对应的下阴入字舒化为阳上，古阳入中也有一部分字舒化为阳上和阳去。例如：

	质	福	答	八	国	尺	接	立	读
中堂江南	ʧɛk^{5}	fok^{5}	tɐ^{u}p^{3}	pak^{3}	kɔk^{3}	ʧ^{h}iak^{3}	ʧi^{u}p^{3}	lɐ^{u}p^{3}	tok^{3}
谢岗	ʧɐk^{5}	fok^{5}	tap^{5}	pak^{5}	kɔk^{3}	ʧ^{h}ɛk^{3}	ʧik^{3}	lɐp^{3}	t^{h}ok^{3}
莞城	ʧɐt^{5}	fok^{5}	ta^{332}	pᴇ^{24}	kɔ^{24}	ʧ^{h}ø^{24}	ʧit^{3}	lɐp^{3}	tok^{3}
望牛墩	ʧak^{5}	fok^{5}	ta^{24}	pᴇ^{24}	kuɔ^{24}	ʧ^{h}ᴇ^{24}	ʧɪik^{3}	ŋɔk^{3}	tok^{3}
厚街	ʧɐk^{5}	fok^{5}	ta^{332}	pᴇ^{332}	kuo^{332}	ʧ^{h}ᴇ^{332}	ʧik^{3}	lɔk^{3}	tok^{3}
麻涌	ʧɐk^{5}	fok^{5}	ta^{24}	pa^{24}	kɔ^{24}	ʧ^{h}ia^{24}	ʧi^{24}	lɐk^{3}	tok^{3}
	活 u^{32} 叶 i^{32}								

（2）入声三分。这一类型又可分为两小类：一类是基本无舒化现象的，如常平、塘厦、石龙等地方言，与广州话在调值上有所不同，且有一部分浊入字进入下阴入。另一类是有舒化的方言，包括大岭山、温塘、高埗、虎门赤岗、长安、石碣、茶山、石排、企石、横沥、黄江、大朗等地，其舒化基本发生在与广州话对应的下阴入（即清入的部分字）上，舒化后一般归入阴去或阳上（长安话归阴平）。例如：

	质	福	答	八	国	尺	接	立	读
石龙	ʧɐt^{5}	fok^{5}	taʔ$^{\underline{24}}$	paʔ$^{\underline{24}}$	kuɔʔ$^{\underline{24}}$	ʧ^{h}iᴇʔ$^{\underline{24}}$	ʧik^{3}	lɐp^{3}	tok^{3}
大朗	ʧɐk^{5}	fɤk^{5}	ta$^{ʔ\underline{13}}$	pa^{13}	kɔʔ$^{\underline{13}}$	ʧ^{h}iɛʔ$^{\underline{13}}$	ʧik^{3}	lɐp^{3}	tɤk^{3}
大岭山	ʧɐk^{5}	fɤk^{5}	ta^{13}	paʔ$^{\underline{13}}$	kɔʔ$^{\underline{13}}$	ʧ^{h}ᴇ^{13}	ʧeiʔ$^{\underline{13}}$	lɔk^{3}	tɤk^{3}
虎门赤岗	ʧɐt^{5}	fok^{5}	ta^{24}	p^{i}ᴇ^{24}	kɔ^{24}	ʧ^{hi}ᴇ^{24}	ʧ^{e}ik$^{\underline{24}}$	lɐp^{3}	tok^{3}
石碣	ʧɐt^{5}	fok^{5}	ta^{24}	pa^{24}	kuɔ^{24}	ʧ^{hi}ᴇ^{24}	ʧit^{3}	lɐp^{3}	tok^{3}
	铁 t^{h}it$^{\underline{24}}$								

（五）四声分合小结

综上所述，东莞粤语古平声字各方言点均分阴阳。古上声则部分方言点阴阳两分，存在阳上调；部分方言点只有清上独立为上声，次浊上、全浊上归入阴去或阳去。古去声在少数方言点只有一类，即清浊去合流为去声；多数方言点去声阴阳两分，这又可分为两种情况：一种以清浊分为阴去与阳去，另一种则是部分清去字独立为阴去，部分清去字与浊去合流为阳去。古入声表现为阴阳入两分和上阴入、下阴入、阳入三分两种类型，在入声两分型和三分型东莞粤语中均有部分方言点存在入声舒化现象，舒化的古入声一般归入阳上或去声（阴去或阳去）。

三、变调

东莞各镇（区）方言变调与广州话基本相同，普遍存在高变调情况，变调调值一般为55或35。高变调主要为名词变调，也包括少数的小称变调和后字变调。以常平白石岗方言为例：

名词变调：蚕 ʧ^{h}ɑŋ$^{21-35}$　　　橙 ʧ^{h}iɐŋ$^{21-35}$

小称变调：阿娘 niɔŋ^{21}（妈妈）—阿娘 niɔŋ$^{21-35}$（叔母）

大姑 ku^{32}（姑妈，比父亲大）—阿姑 ku$^{32-35}$（姑妈，比父亲小）

后字变调：配 p^{h}ui^{24} 合—分配 p^{h}ui$^{24-35}$

税 ʃui^{24} 收—纳税 ʃui$^{24-35}$

又如虎门话中的后字变调：

铁 t^{he}ik^{3} 桥 —炼铁 t^{he}ik ^{24}　　国 kɔ^{ʔ3} 庆—爱国 kɔ^{24}

第四节　东莞粤语语音内部的一致性与差异性

从上文我们对东莞各镇（区）粤方言声韵调特点的全面描写，我们可以看出东莞粤语存在一定的一致性与差异性，总结如下。

一、东莞粤语内部一致性特点

（1）只有一套塞擦音声母，中古精庄知章组塞擦音声母合流。

（2）古全浊声母一律清化，逢塞音、塞擦音绝大多数方言点遵循平上送气与去入不送气的规则。

（3）蟹开一、山开一的溪、晓、匣母以及遇合一匣母字绝大多数方言点今读为 f 声母。如“开”“海”“寒”等，广州读为h，东莞绝大多数方言点读为 f 声母；"湖""户"广州读为零声母，东莞绝大多数方言点读为 f 声母。

（4）船禅母多清化为擦音。

（5）古微母字今读双唇鼻音，与古明母同；古非敷奉母读为 f 声母。

（6）古知母"知"字绝大部分东莞粤方言口语读为 t 声母，保留古音。

（7）大多数方言皆存在 a 、ɐ 的对立，但在数量上比广州话少，一般为 1～4对。例如厚街话"佳 kai^{13}"与"机 $kɐi^{13}$"的对立。

（8）大多数方言点蟹摄开口一等高化，与蟹摄合口一等及止摄合口舌齿音字合流，如：来＝雷 lui^{21}、才＝随 $ʧ^{h}ui^{21}$（厚街）。此外，山梗摄开口一二等字合流、咸山摄开口三四等字合流、曾一臻摄开口字合流也很普遍。

（9）鼻音韵尾与塞音韵尾均发生不同程度的演变。中古咸深摄的 －m/－p尾在绝大多数方言中均未完整保留，多演变为舌根韵尾，甚至开始舒化。如：贪 $t^{h}aŋ^{132}$、搭 $taʔ^{3}$、甲 ka^{332}（莞城）。中古山臻摄 －n/－t 尾亦多发生变化，如：兰 $laŋ^{21}$/辣 lak^{3}（东坑）、真 $ʧɐŋ^{53}$/质 $ʧɐk^{5}$（麻涌）；所有阳声韵与入声韵中，只有通摄在所有方言点完整保留 －ŋ/－k 尾。

（10）普遍存在浊上归去的现象。上声、去声多有不同程度的合流：在有阴上、阳上、去声的方言中，次浊上和部分全浊上独立为阳上，部分全浊上归去声；在有上声、阴去、阳去的方言中，次浊上和部分全浊上归阴去，部分全浊上归阳去。

（11）普遍具有高变调现象，为高平55调或高升 35 调。

二、东莞粤语语音内部差异及分片

东莞粤语语音的内部一致性特点反映了行政地理上的一致性，然而自然、地理、交通、移民等因素的不同又导致了其内部具有较为明显的差异性。

（一）各地语音差异

（1）泥来母的分混。莞城、温塘、大岭山、石龙、石碣、茶山、寮步、东坑、横沥、大朗、企石、常平、黄江、桥头、谢岗、塘厦等地泥来母保持中古 n－l 的分野，如：内 nui^{33} ≠ 累 lui^{33}（东坑）；万江、南城、望牛墩、道滘、高埗、洪梅及中堂大部分地区泥、来母呈 n－ŋ 对立；麻涌、中堂江南、厚街、虎门、长安、沙田等地则泥来母相混，如：脑＝老 lou^{13}（沙田）。（下表中，泥来母相混为"＋"，不混为"－"）

（2）来母是否读为 ŋ（下表中，是"＋"，无"－"）。来母读为 ŋ 的现象主要分布于万江、南城、望牛墩、道滘、高埗、洪梅及中堂大部分地区。

（3）边擦音有无不一。东莞莞城、东莞西部基本上都没有边擦音；东莞东部普遍存在边擦音，桥头、常平、谢岗、塘厦、企石、大朗、横沥田饶步等地都有，[①] 如：心 ɬɐm^{32}、线 ɬin^{13}（桥头）。（下表中，有"+"，无"-"）

（4）影、疑母洪音字的分混不一。厚街、长安、茶山、横沥、东坑、桥头、谢岗、塘厦等地不混，如：傲 ŋou^{332} ≠ 奥 ou^{332}（厚街）；温塘、石龙、虎门、石排、企石、常平白石岗、大朗等地则部分相混，部分有别；莞城、万江、望牛墩、高埗、中堂潢涌、石碣、大岭山等地影母洪音字混入疑母，如：雁 = 晏 ŋiaŋ^{332}（莞城）；中堂江南、麻涌、沙田等地疑母混入影母，如：牙 a^{21}、颜 an^{21}（沙田）。（下表中，相混为"+"，不混为"-"，部分相混且部分可分为"±"）

（5）各摄合口一二等见组及舌齿音字有无 u 介音。在桥头、企石、常平、横沥、寮步、茶山、石排等地这部分字无 u 介音，如：家 = 瓜 ka^{32}（桥头）；在莞城、石龙、厚街、沙田、洪梅等地则保留 u 介音，如：钢 kɔŋ^{13} ≠ 光 kuɔŋ^{13}（厚街）；在大岭山等地则部分韵摄保留、部分丢失，如：家 ka^{31} ≠ 瓜 kua^{31}、各 = 郭 kɔʔ $\underline{13}$（大岭山）。（下表中有"+"，无"-"，部分丢失为"±"）

（6）遇摄合口三等有无撮口呼 y。莞城、中堂江南、麻涌、虎门、长安、石龙、桥头田新、谢岗等地为 y 韵母，如：雨 y^{13}（桥头）。温塘、万江、厚街、高埗、中堂潢涌、东坑、横沥、大朗、大岭山、常平、企石、塘厦等地无 y，相应的为 i 韵母，如：猪 ʧi^{13}（厚街）。望牛墩大多读为 i，少数字读为 y；石碣大多读为 y，少数读为 i 韵母。（下表中有 y 为"+"，无 y 为"-"，y/i 均有为"±"）

（7）流摄是否单元音化。流摄韵母单元音化的现象主要分布于石排、企石、横沥、东坑、大朗、常平等地，以莞城为代表的其他各镇（区）均为复元音韵母。（下表中是为"+"，否为"-"）

（8）有无 -m/-p 尾。保留 -m/-p 尾的方言点包括莞城、中堂江南、虎门赤岗、石龙、石碣、常平、桥头、谢岗、塘厦等地；万江、望牛墩、高埗、中堂潢涌、大岭山等地则保留 -m 尾，-p 尾丢失；麻涌、长安、厚街、石排、企石、横沥、温塘、茶山粟边、东坑、大朗等地则 -m/-p 尾均丢失。（下表中两种皆有为"+"，只有 -m 一种为"±"，无为"-"）

（9）咸摄一二等、山摄一二等、梗摄二等的分与合。温塘、麻涌、大岭山、石龙、石碣、茶山、石排、东坑、大朗、横沥、企石等方言点咸摄一二

① 横沥本书所调查的代表点六加州无边擦音，而靠近常平的田饶步有边擦音；大朗、企石、凤岗、清溪据陈晓锦先生《东莞方言说略》一书记载，有边擦音，清溪我们所调查的发音人为 20 多岁的年轻人，已没有边擦音；企石我们所调查的发音人（20 岁）也已经没有边擦音，但其父（60 多岁）有边擦音；大朗我们所调查的发音人其边擦音不明显，其妻有边擦音；凤岗没有调查。故边擦音的有无参照《东莞方言说略》和本书调查。

等、山摄一二等、梗摄二等合流，其他方言点均有不同程度的对立。（咸一二、山一二、梗二均合流为“+”，其他为“-”）

（10）山摄一等见晓影组字、臻摄合口一等明母字与通摄的分与合。在东城温塘、虎门、长安、大岭山、石龙、石碣、茶山、石排、企石、横沥、东坑、大朗、常平白石岗等地山摄一等见晓影组字、臻摄合口一等明母字演变为 -ŋ/ -k，混入通摄。高埗方言则山摄一等见晓影组字、臻摄合口一等明母部分混入通摄。莞城、万江、望牛墩、中堂、麻涌、洪梅、厚街、桥头、谢岗、塘厦等地则不混。（合为“+”，分为“-”，部分为“±”）

（11）去声以清浊分阴阳与否。温塘、麻涌、虎门、长安、大岭山、石龙、茶山、石排、企石、横沥、东坑、大朗、常平、塘厦等地方言古去声以清浊分为阴去与阳去（用“+”表示）；望牛墩、高埗、石碣、中堂、桥头、谢岗、黄江等地方言部分清去字与浊去合流为阳去；部分清去字独立为阴去（用“±”表示）；莞城、万江、厚街只有去声一类（用“-”表示）。

（12）入声有无舒化现象。有舒化现象的方言点包括莞城、万江、望牛墩、中堂潢涌、高埗、麻涌、厚街、虎门、长安、温塘、大岭山、茶山粟边、石排、石碣、横沥、大朗、东坑。其他方言点无。（有为“+”，无为“-”）

以上各项特征在各方言点的表现列表如下：

表 2-4-1　东莞粤语语音内部差异表

	1	2	3	4	5	6	7	8	9	10	11	12
莞城	-	-	-	+	+	+	-	+	-	-	-	+
万江	-	+	-	+	+	-	-	±	-	-	-	+
望牛墩	-	+	-	+	+	±	-	±	-	-	±	+
高埗	-	+	-	+	+	-	-	±	-	±	±	+
中堂潢涌	-	+	-	+	+	-	-	±	-	-	±	+
中堂江南	+	-	-	+	+	+	-	+	-	-	±	-
麻涌	+	-	-	+	+	+	-	-	+	-	+	+
厚街	+	-	-	-	+	-	-	-	-	-	-	+
虎门赤岗	+	-	-	±	+	+	-	+	-	+	+	+
长安	+	-	-	-	+	+	-	-	-	+	+	+
东城温塘	-	-	-	±	+	-	-	-	+	+	+	+
大岭山	-	-	-	+	±	-	-	±	+	+	+	+
石龙	-	-	-	±	+	+	-	+	+	+	+	-
石碣	-	-	-	+	+	±	-	+	+	+	±	+

（续上表）

	1	2	3	4	5	6	7	8	9	10	11	12
茶山粟边	−	−	−	−	−	−	−	−	+	+	+	+
石排	−	−	−	±	−	−	+	−	+	+	+	+
东坑	−	−	−	−	±	−	+	−	+	+	+	+
企石	−	−	+	±	−	−	+	−	+	+	+	+
横沥	−	−	+	−	−	−	+	−	+	+	+	+
大朗	−	−	+	±	±	−	+	−	+	+	+	+
常平白石岗	−	−	+	±	−	−	+	+	−	+	+	−
桥头田新	−	−	+	−	−	+	−	+	−	−	±	−
谢岗	−	−	+	−	−	+	−	+	−	−	±	−
塘厦	−	−	+	−	+	−	−	+	−	−	+	−

（二）语音差异所体现的地理特征

方言与地理关系密切，前辈学者岩田礼（2009）、曹志耘（2011）等曾对汉语方言的地理分布类型进行了很好的归类和解释。通过考察东莞各镇（区）粤语语音的主要内部差异，我们发现东莞粤语语音的地理分布主要呈“东西对立型”和“局部一致型”两种。

1. 东西对立型

综观东莞的自然环境，基本上可以分为两大自然地理区：①东江平原及三角洲区。东江三角洲以石龙为顶点，分南北二支流，北支流经新塘、麻涌入狮子洋，南支流经东莞厚街入狮子洋。②中部和东南山丘区。东莞粤语语音内部差异与自然地理有着基本的一致性，即在诸多语音特征上呈现东西对立的特点。

（1）边擦音的有无。东莞莞城、东莞西部基本上都没有边擦音；东莞东部普遍存在边擦音，如图 2－4－1 所示。[①]

（2）阴平调的调值。东莞西部粤方言总体来说阴平调值较一致地读为一个低升调（以 13 为主），而东部粤方言则为一个中降调（以 32、31 为主），如图 2－4－2 所示。

---

① 本小节的地图均应用 Arcview3.3 软件绘制而成，因其矢量图暂时没有镇的边界线，所以本节地图均无法显示东莞各镇（区）的边界。

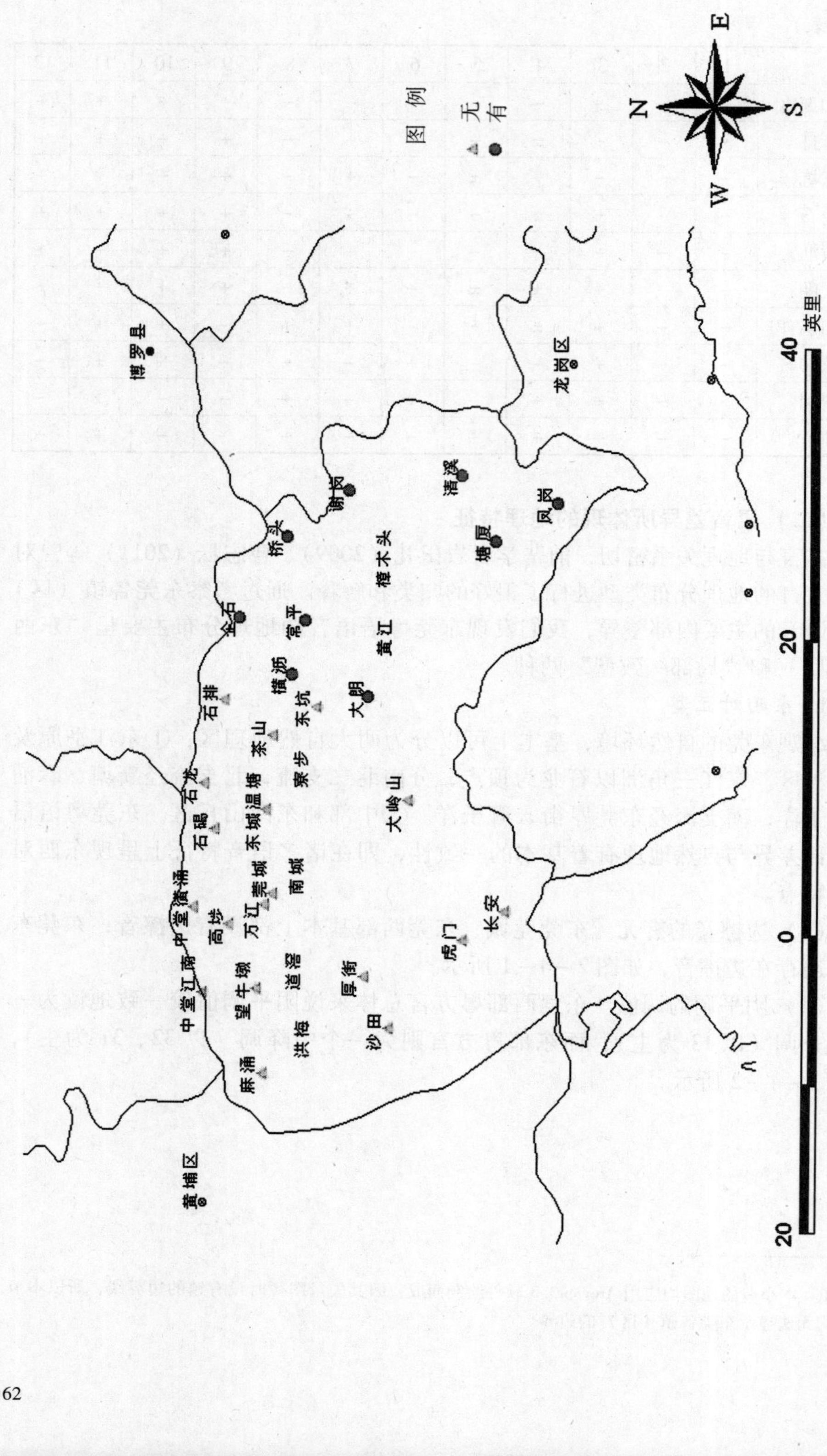

图例
无
有
N
S
E
W
博罗县
龙岗区
谢岗
清溪
凤岗
桥头
樟木头
塘厦
企石
常平
黄江
横沥
石排
东坑
大朗
茶山
石龙
寮步
大岭山
石碣
东城
温塘
莞城
南城
高埗
万江
中堂
潢涌
长安
虎门
中堂江南
望牛墩
道滘
厚街
沙田
洪梅
麻涌
黄埔区
20
0
20
40
英里

图2-4-1 边擦音的有无

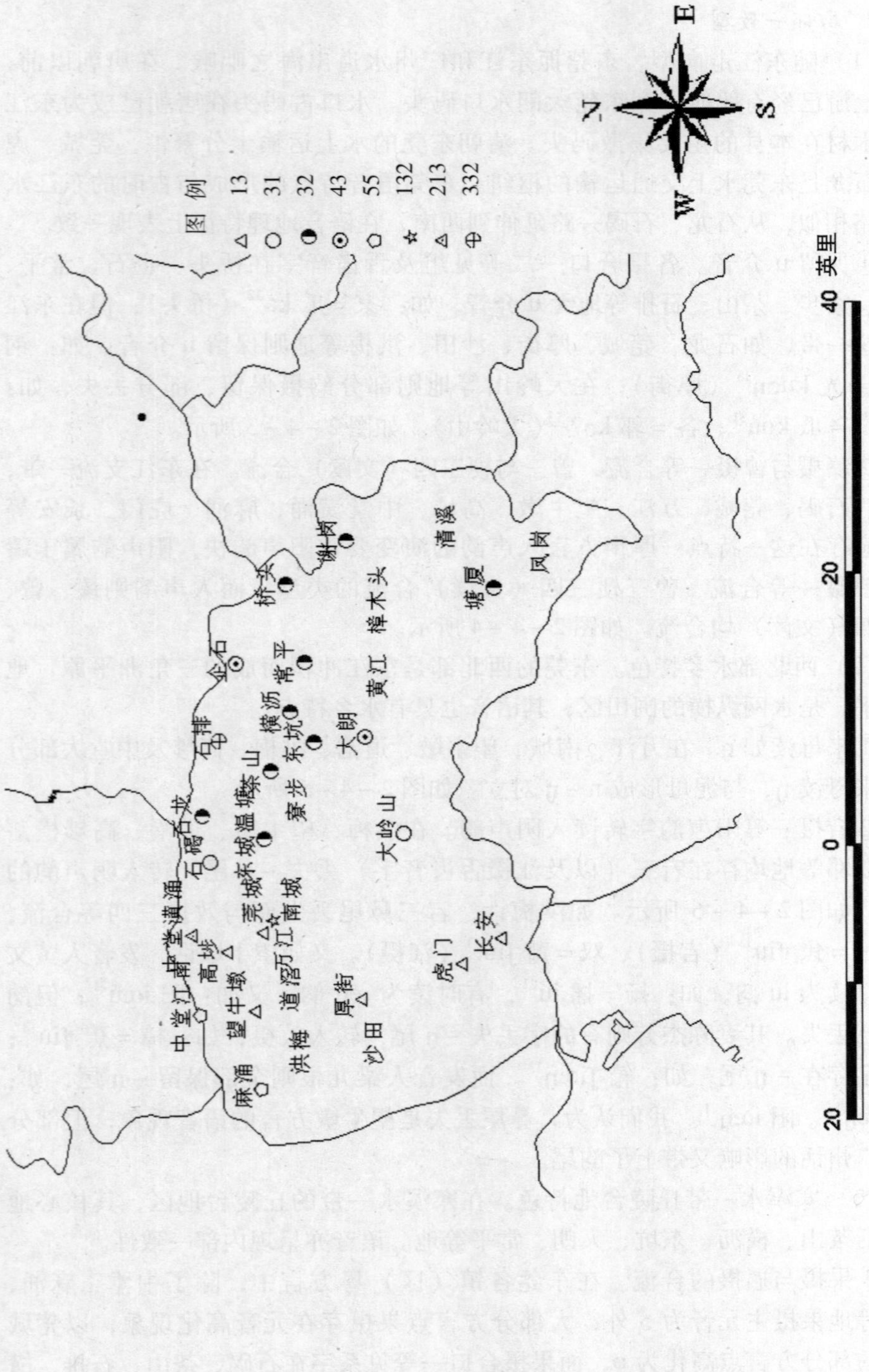
图例
13
31
32
43
55
132
213
332
N
S
E
W
0
20
40
英里
中堂
江南
潢涌
石碣
石龙
高埗
望牛墩
东城
温塘
茶山
石排
企石
桥头
谢岗
常平
横沥
东坑
寮步
莞城
万江
南城
道滘
洪梅
麻涌
厚街
沙田
虎门
长安
大岭山
大朗
黄江
樟木头
清溪
塘厦
凤岗

图2-4-2 阴平的调值

2. 局部一致型

（1）随东江走向型。东莞扼东江和广州水道出海之咽喉。在唐朝以前，东江上游已经有船航行到东莞大朗水口码头。水口古码头在唐朝已成为东江上游木材在本县的主要集散码头。清朝东莞的水上运输十分繁忙，莞城、虎门、石龙是东莞水上交通运输的枢纽。东莞语音特点的形成与古时的东江水运之路相似，从石龙、石碣一路延伸到西南，在语音地理特征上表现一致。

①保留 u 介音。各摄合口一二等见组及舌齿音字在桥头、企石、常平、横沥、寮步、茶山、石排等地无 u 介音，如：家 = 瓜 ka^{32}（桥头）；但在东江支流这一带，如石龙、莞城、厚街、沙田、洪梅等地则保留 u 介音，如：钢 $kɔŋ^{13}$ ≠ 光 $kuɔŋ^{13}$（厚街）；在大岭山等地则部分韵摄保留、部分丢失，如：家 ka^{31} ≠ 瓜 kua^{31}、各 = 郭 $kɔʔ^{\underline{13}}$（大岭山）。如图 2－4－3 所示。

②臻摄与曾摄一等合流，曾三与梗三四（文读）合流。在东江支流一带，石龙、石碣、莞城、万江、望牛墩、高埗、中堂潢涌、麻涌、虎门、长安等地普遍存在这一特点。厚街方言入声韵的演变要比阳声韵快，阳声韵属于臻摄与曾摄一等合流、曾三梗三四（文读）合流的类型，而入声韵则臻、曾、梗三四（文读）均合流。如图 2－4－4 所示。

（2）西北部水乡特色。东莞的西北部是东江冲积而成的三角洲平原，地势低平，是水网纵横的围田区，其语音也具有水乡特点。

①来母读如 ŋ。在万江、南城、望牛墩、道滘、洪梅、高埗及中堂大部分地区来母读 ŋ，与泥母形成 n－ŋ 对立。如图 2－4－5 所示。

②宕摄三等阳声韵字转读入阴声韵。在洪梅、望牛墩、道滘、高埗横滘头和欧邓等地均存在宕三（以及江摄舌齿音字）丢失－ŋ 尾，转入阴声韵的现象，如图 2－4－6 所示。如洪梅话，宕三鼻尾丢失而与效摄三四等合流，如：张 = 焦 $ʧiu^{13}$（宕摄）、双 = 萧 $ʃiu^{13}$（江摄）。又如望牛墩话，发音人黄文正有时读为 iu 韵，如：扬 = 摇 iu^{21}，有时读为 œu 韵；又如：阳 $iœu^{21}$，但韵尾均已丢失。其妻陈杰芳则有的字丢失－ŋ 尾，转入效摄，如：樟 = 蕉 $ʧiu^{13}$；有的字存在－ŋ 尾，如：箱 $ʃiœŋ^{13}$。而发音人梁九根则全部保留－ŋ 尾，如：张 $ʧiœŋ^{13}$、阳 $iœŋ^{21}$。我们认为，鼻尾丢失是望牛墩方言的语音现象，但部分人受广州话的影响又带上了韵尾。

（3）寒溪水一带丘陵台地特色。在寒溪水一带的丘陵台地区，其核心地带包括茶山、横沥、东坑、大朗、常平等地。语音亦呈现内部一致性。

①果摄与遇摄的合流。在东莞各镇（区）粤方言中，除了中堂、麻涌、谢岗等地果摄主元音为 ɔ 外，大部分方言点果摄存在元音高化现象，以莞城为首的部分方言点高化为 o，而果摄合口一等见系字在石碣、茶山、石排、横沥、东坑、大朗、温塘、大岭山、常平镇中心等地更是高化为 u，与遇摄合口

一等见系字合流。如图 2－4－7 所示。

②流摄单元音化为 ɔ。流摄在以莞城为代表的部分镇（区）读为 au 或 ɐu 复元音韵母，而在石排、横沥、东坑、大朗、常平等地韵母单元音化为 ɔ，茶山、温塘等地虽未单元音化，但其主要元音亦为 ɔ。流摄与效二的分合及读音情况如图 2－4－8 所示。

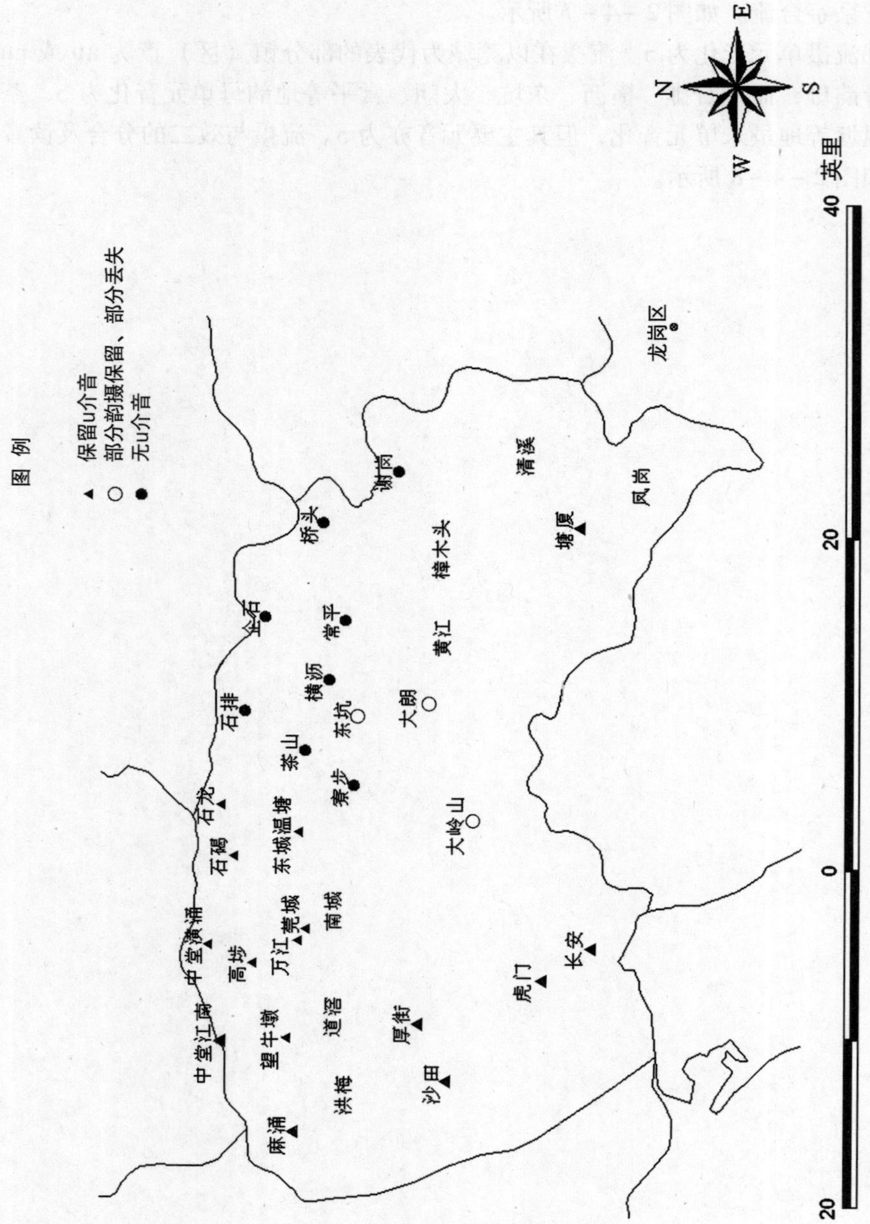
图例
保留u介音
部分韵摄保留、部分丢失
无u介音
N
E
S
W
英里
40
20
0
20
龙岗区
谢岗
清溪
凤岗
桥头
樟木头
塘厦
企石
常平
黄江
石排
横沥
东坑
大朗
茶山
寮步
石龙
石碣
东城温塘
大岭山
中堂潢涌
高埗
万江莞城
南城
长安
虎门
中堂江南
望牛墩
道滘
厚街
沙田
洪梅
麻涌

图2-4-3 u介音的有无

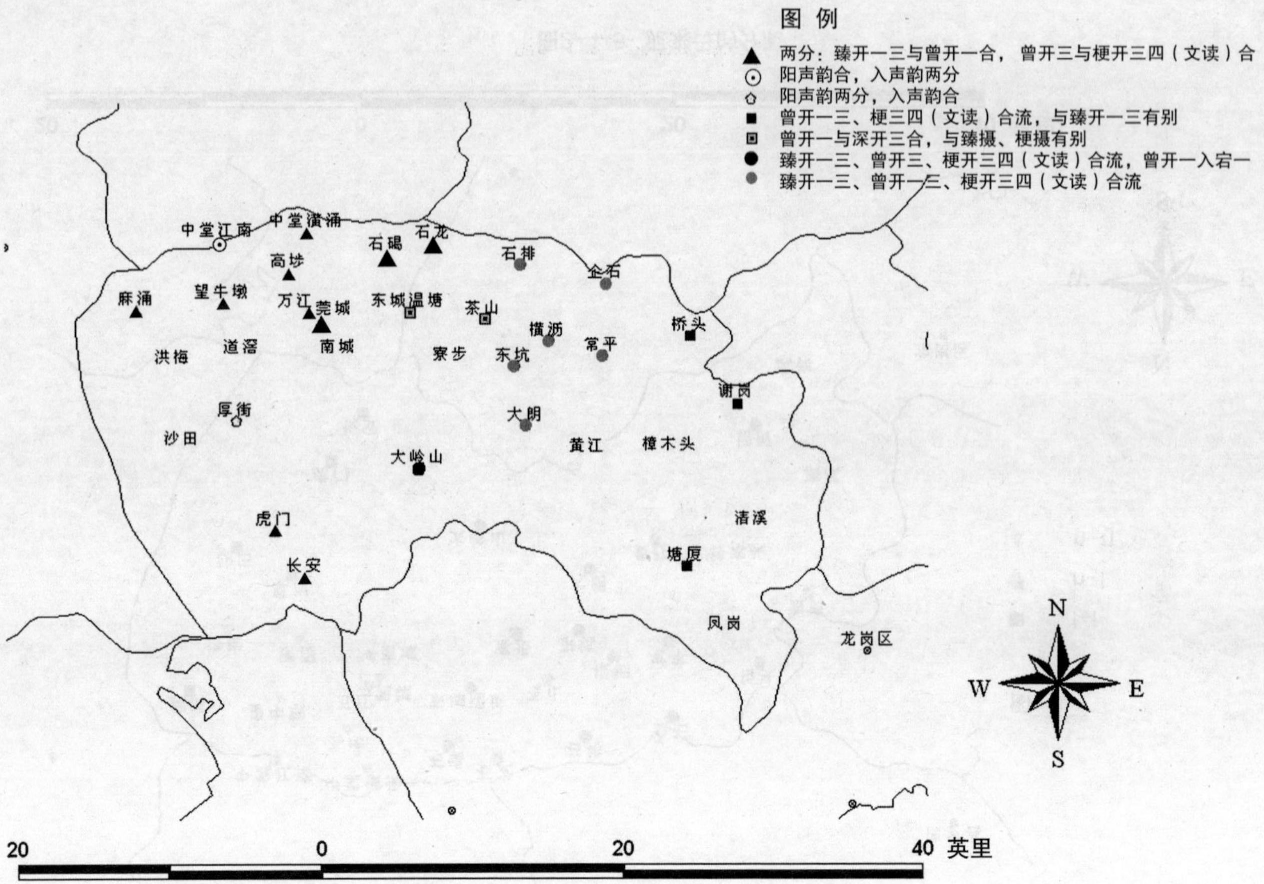

图2-4-4 臻开一三、曾开一三、梗开三四（文读）的分合

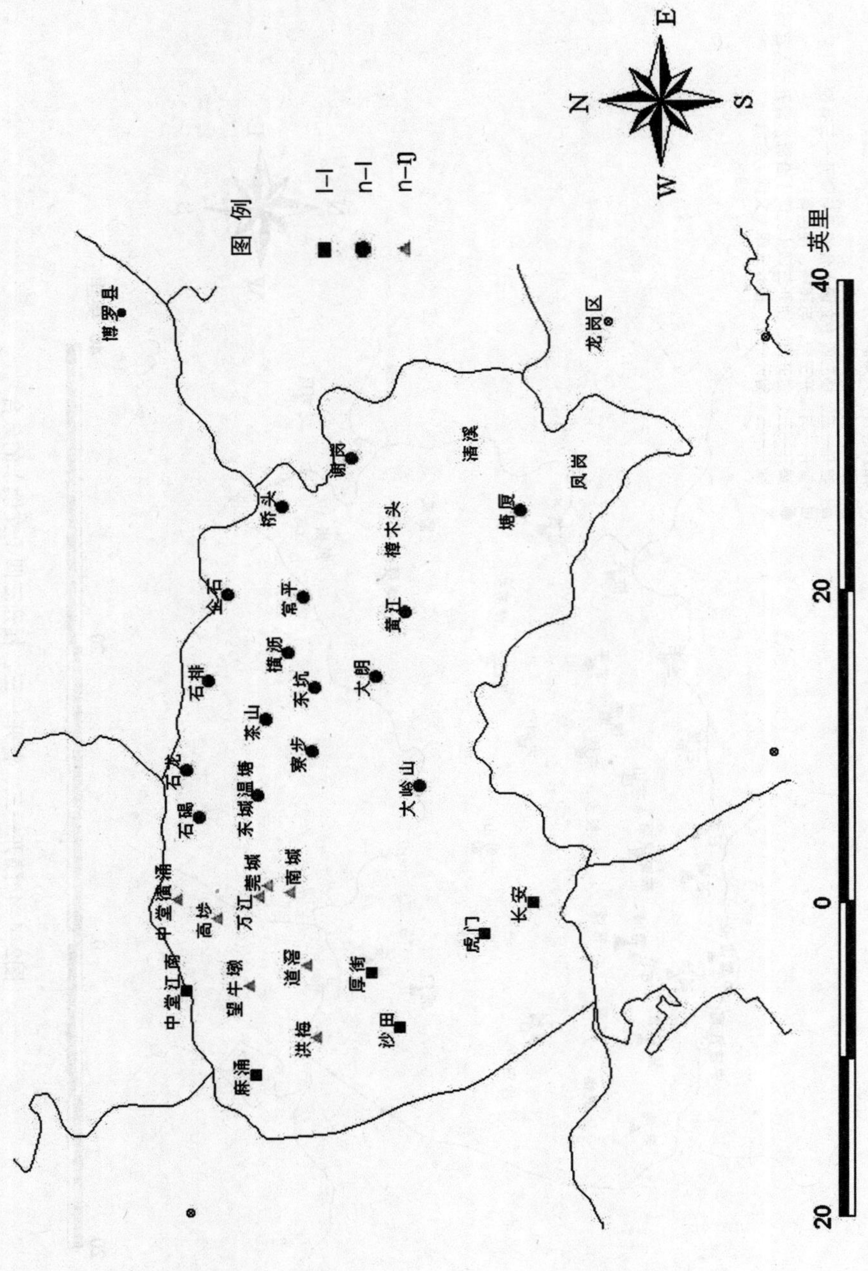
图例
l-l
n-l
n-ŋ
N
S
E
W
博罗县
龙岗区
谢岗
桥头
清溪
凤岗
塘厦
樟木头
企石
常平
黄江
石排
横沥
东坑
大朗
茶山
寮步
石龙
石碣
东城温塘
大岭山
中堂潢涌
莞城
南城
高埗
万江
中堂江南
望牛墩
道滘
厚街
虎门
长安
麻涌
洪梅
沙田
40
20
0
20
英里

图2-4-5 泥来母的分混

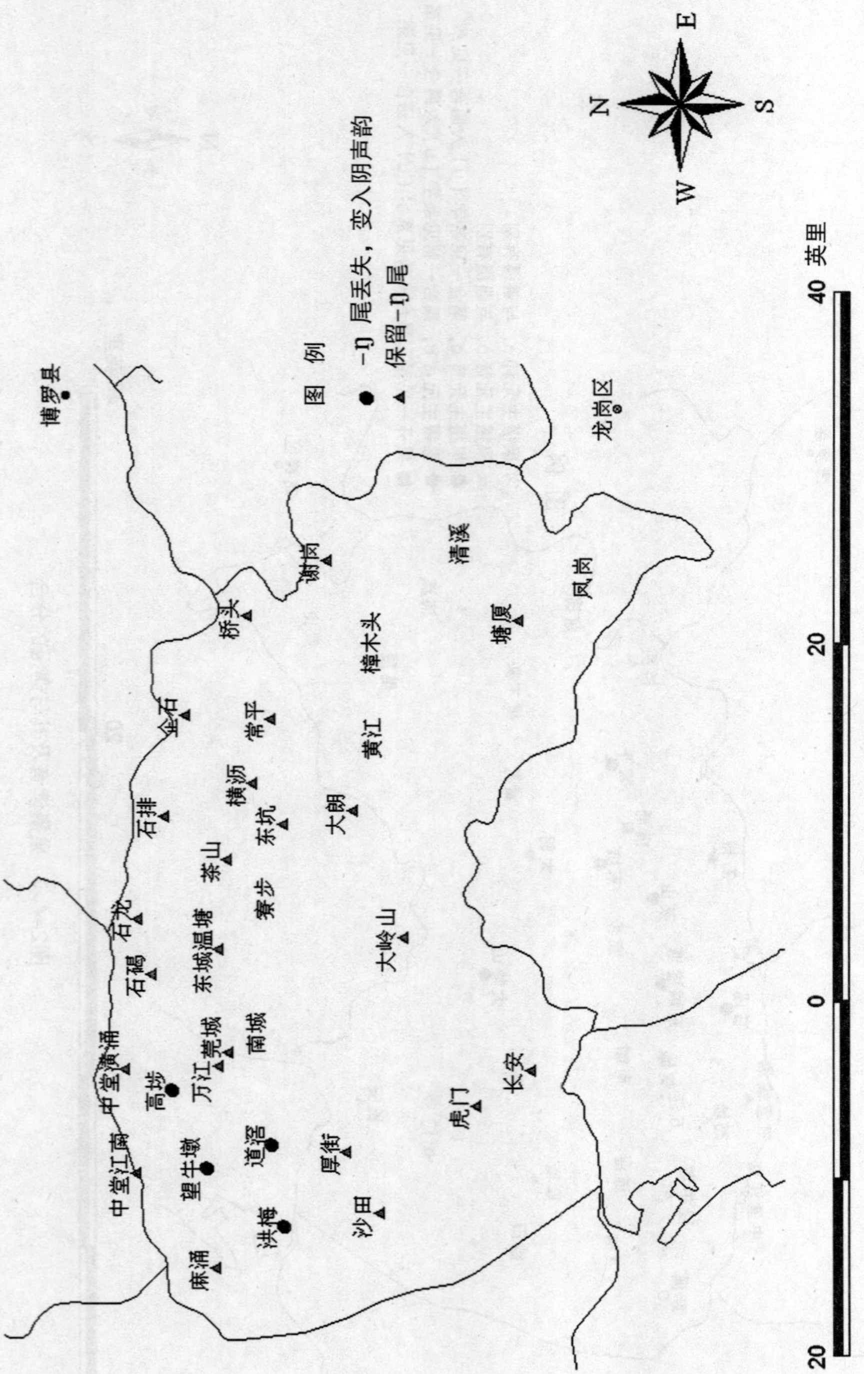

图2-4-6　宕摄三等阳声韵

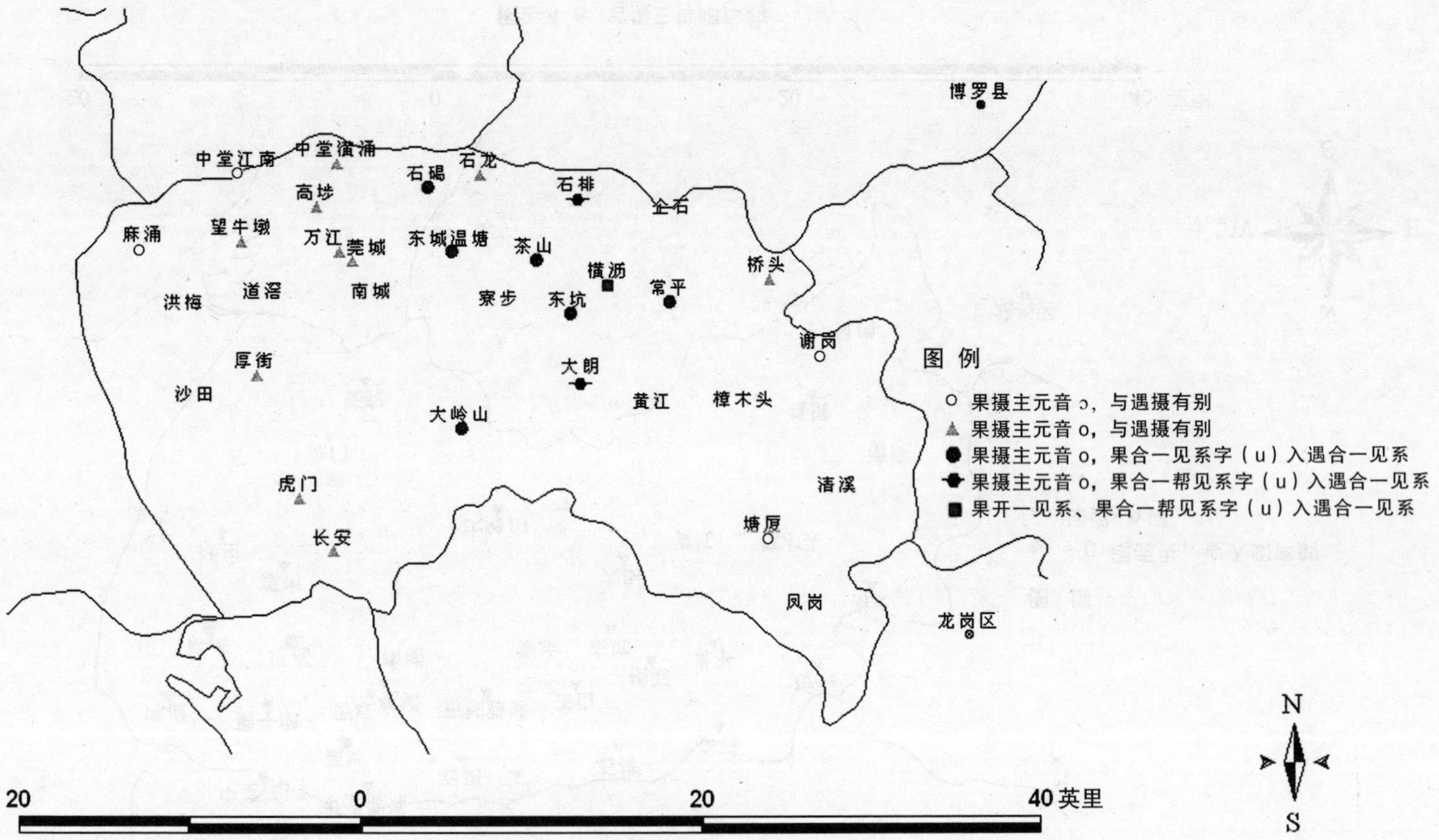

图2-4-7　果摄读音及其与遇摄的分合

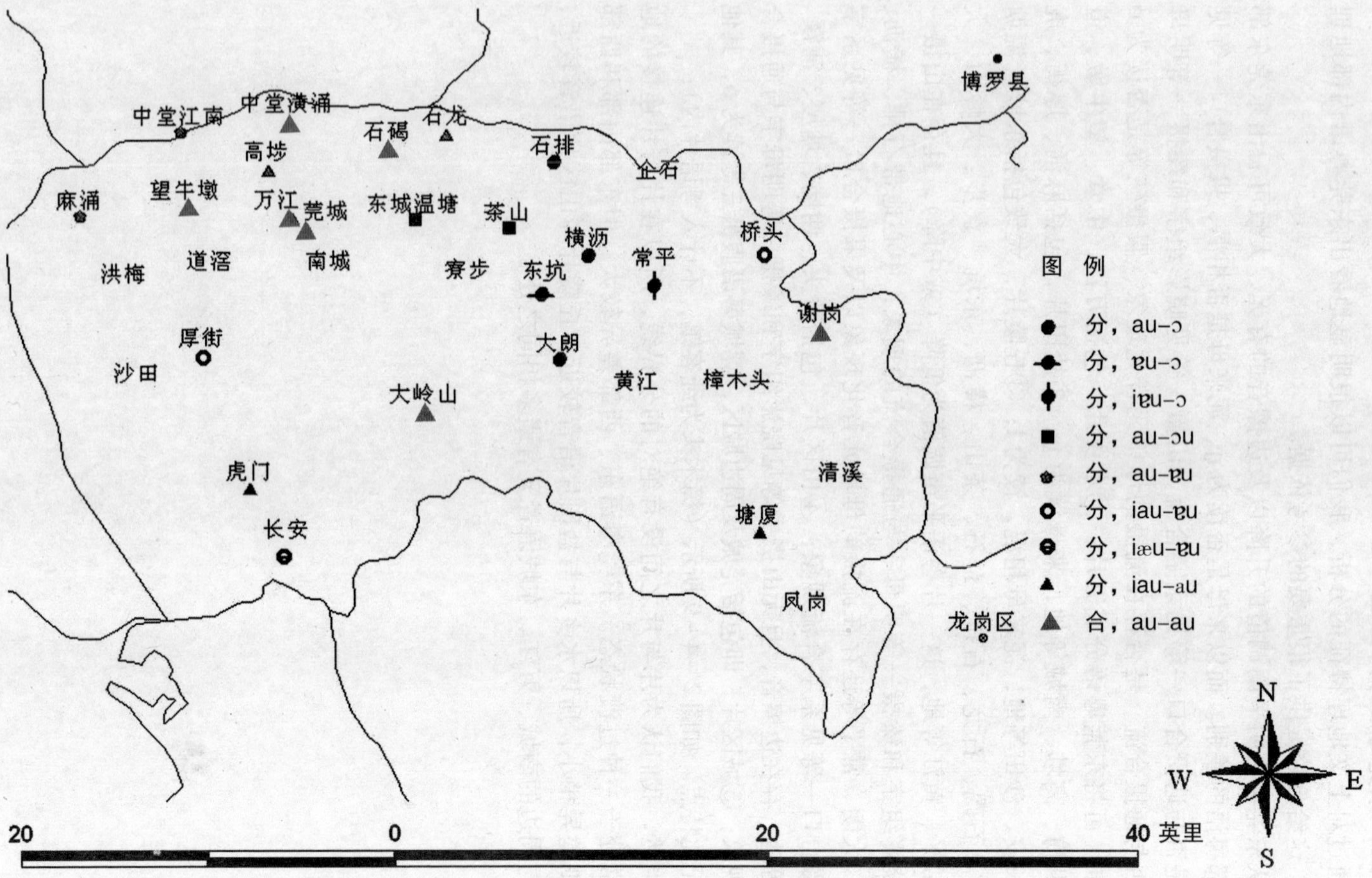

图2-4-8　效二与流摄的分合

（三）东莞粤语分片处理

通过对上文地理特征的分析，我们可以很明显地看出东莞粤语内部地理差异，这给分片提供了很重要的参考依据。

从东莞粤语阴平调调值的升降以及边擦音的有无，大致可看出东莞东部与西部粤语的差别。而以来母是否读为 ŋ、泥来母是否相混、果摄合口一等见系字是否与遇摄合口一等见系字合流、山摄一等见晓影组字和臻摄一等明母字是否与通摄合流、是否存在流摄韵母单元音化现象、假摄三等是否读为 ø 为标准，可将东莞粤语分成五片：①水乡片，包括万江、中堂、望牛墩、道滘、洪梅、高埗、南城等地，来母读为 ŋ；②盐田片，包括麻涌、厚街、虎门、长安、沙田等地，泥来母相混，读为 l；③丘陵片，大致包括东城（温塘等地）、石碣、石龙、石排、企石、茶山、横沥、东坑、寮步、大岭山、大朗、常平、黄江等地，这一片粤语平声调值为低降（或中降），且存在山摄一等见晓影组字和臻摄一等明母字与通摄合流的现象，中心地带石排、横沥、东坑、大朗、常平等还存在流摄韵母单元音化现象以及果摄合口一等见系字与遇摄合口一等见系字合流现象；④山区片，包括桥头、谢岗、塘厦、清溪、凤岗等地，存在边擦音，且无山摄一等见晓影组字和臻摄一等明母字与通摄合流的现象；⑤城区片，即包括莞城及周边城区，莞城粤语假摄三等读为 ø，其他片区无此特点。如图 2－4－9 所示（樟木头为纯客镇，不计入粤语片内）：

当然，我们认为片与片之间没有绝对的分界线，所以在片与片连接的地方，常处于一种过渡状态。东莞粤语东、西部差异较大，但东部内部和西部内部则差异稍小，所以水乡片与盐田片语音较近，丘陵片与山区片语音较近，莞城与周边的南城、万江、东城语音又有诸多相同之处。

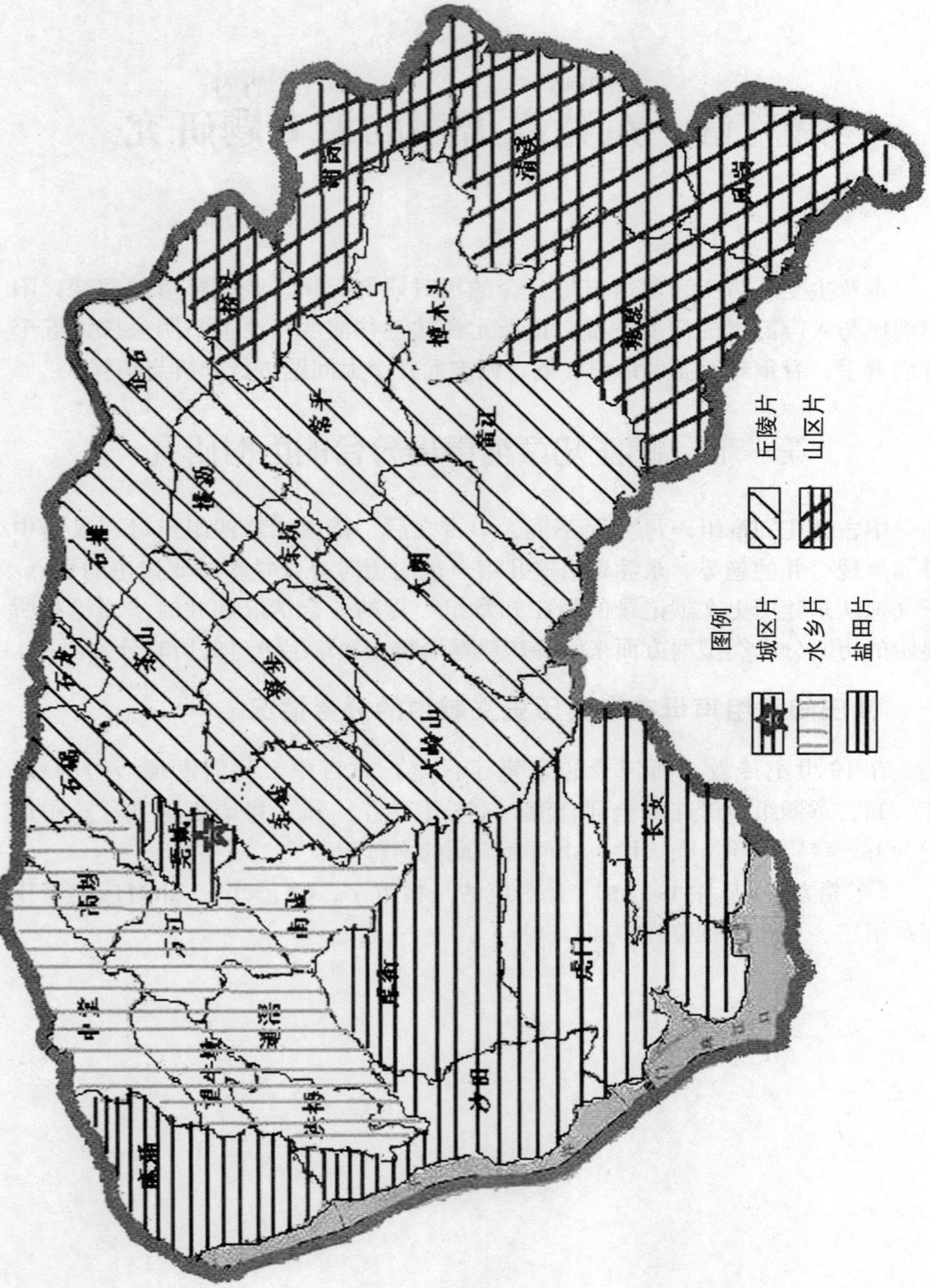

图2-4-9　东莞粤语分片图

第三章　东莞粤语声韵调专题研究

本章主要从精庄知章组声母分合的历时研究，溪、晓、匣母的演变，阳声韵尾与入声韵尾的演变，蟹、止摄元音的链移演变，浊上归阴去探讨五个方面着手，着重对东莞粤语声、韵、调方面几个大问题进行分析与阐释。

第一节　精庄知章组声母分合的历时研究

中古精庄知章组声母分而不混，中古之后，精庄知章四组声母在汉语中开始出现合并的趋势。东莞粤语这几组声母的历时分合是本节要讨论的重点。下文拟从东莞历史文献记录的精庄知章组声母的分合情况和共时平面语料所显示的历时分合类型两方面来阐释东莞粤语精庄知章组声母的历时分合。

一、精庄知章组声母在东莞历史文献中的分合情况

在19世纪传教士所记录的东莞（石龙）方言中，我们发现当时的精、庄、知、章四组声母并未全部合流。《东莞方言》和《粤语东莞方言》中均记为ts、ts‘、s和ch、ch‘、sh两套不同的声母。

《东莞方言》[①] 中ts、ts‘、s对应的是精组字，ch、ch‘、sh对应的是庄知章组字，分读比较整齐。如：

① J. Dyer Ball, The Tung-kwun Dialect, 1889 - 1890, *The China Review*, Vol. 18, pp. 284 - 299.

表 3-1-1　《东莞方言》ts、ts‘、s 和 ch、ch‘、sh 对照表

音标	例字	音标	例字
ts	精组：字、浸、簪、曾、津、习、则、疾、卒、酒、借、席、井、即、尖、戋、晶、接、节、椒、左、租、作、葬、匠、在、醉、足、尊、宗	ch	庄组：揸、斋、斩、盏、争、札、抓、阻、庄、仄 知组：珍、劄、着、卓、竹、转、中 章组：斟、准、汁、质、周、者、只（量词）、正、之、织、占、氈、烝、折、招、制、章、朱、锥、拙 精组：挤
ts‘	精组：慈、寻、惨、亲、层、巡、残、贼、七、擦、秋、邪、请、戚、签、千、清、妾、切、错、粗、雀、仓、祥、财、速、全、从、撮	ch‘	庄组：差、搀、册、察、巢、产、初、创、恻、扱 知组：搽、沉、尘、橙、抽、痴、缠、朝、畜 章组：春、出、车、尺、赤、秤、设、奢、昌、枢、吹、川、充 精组：雌
s	精组：嘶、四、心、三、信、新、散、塞、膝、戌、撒、修、写、醒、昔、先、星、小、锁、须、洗、索、削、桑、想、碎、宿、孙、宋、雪、𠱁、擤、腮	sh	庄组：沙、晒、参（人参）、衫、山、甥、省、杀、色、梳、数、爽、崇、煠 章组：身、顺、十、失、术、收、赊、声、时、闪、善、升、摄、舌、烧、誓、常、书、水、叔、船、烁

从以上资料可以看出，19 世纪 90 年代，也就是 100 多年前的东莞（石龙）方言基本上为精—庄知章两分，但个别精组字也已经开始与庄知章组相混。

而稍后的《粤语东莞方言》① 所记录的情况就有所不同了，例如：

嘴精 chuí ｜ 雌清 ch‘i ｜ 造从 ts‘ó ｜ 巡邪 ch‘an ｜ 差初 ch‘i ｜ 床崇 ts‘ong ｜ 柴崇 ch‘ái ｜ 士崇 shi ｜ 师生 shi ｜ 转知 tsün ｜ 逐澄 ts‘uk ｜ 石禅 shek ｜ 涉禅 sit ｜ 设书 sit ｜ 摄书 sit ｜ 鼠书 shü

从以上的例字我们可以看出，在《粤语东莞方言》中精组与庄知章组两

① C. J. Saunders, The Tungkwun Dialect of Cantonese, 1896 - 1897, *The China Review*, Vol. 22, pp. 465 - 476.

分的规律已经打乱，精组有读为 ch 组声母的，庄、知、章组有读为 ts 组声母的。这应该是精庄知章组合流的开始。而如今我们所调查到的石龙方言，精庄知章组已经完全合流。很显然，石龙方言 100 多年来经历了精—庄知章两分到精庄知章合流的过程。

又如其他东莞方言历史材料，1929 年赵元任所记东莞粤语的未刊稿我们未能见到，但余霭芹先生《粤语方言入声韵尾的发展》[①] 一文中引用了赵元任先生所记录的东莞粤语的一些例字，如：

接精 tɕit | 涉禅 ɕit | 杂从 tɕɑ | 劄知 tɕɑ | 插初 tɕ‘ɑ | 七清 tɕ‘ɑt | 侄澄 tɕɑt | 瑟生 sɑt | 卒精 tɕɑt | 戌心 sɑt | 率生 sɑt | 出昌 tɕ‘ɑt | 术船 sɑt

从这里我们也可以看到，到 20 世纪 20 年代，东莞粤语中，精庄知章组的合流仍然在进行中，未完全合流。20 世纪 40 年代，王力、钱淞生先生所记的《东莞方音》，精庄知章组已经完全合流为一套塞擦音声母（记为 ʧ、ʧ‘、ʃ）。今天我们所调查到的莞城话也如此。

显然，据以上历史材料，我们可以看出，东莞粤语从精—庄知章两分到精庄知章合流，应该是在 19 世纪末到 20 世纪初中期这几十年间完成的。

东莞粤语精庄知章的这种历时分合，其他粤语材料也有记载。如粤语早期语料 *Cantonese Made Easy*（《粤语速成》，1907）中，精、庄、知、章组字就采用了两套塞擦音声母来记录，一套记为 ts、ts‘、s，主要为精组字，少数庄组字；另一套记为 ch、ch‘、sh，包括庄组大部分字和知章组字。《拼音字谱》（1896）亦采用 ts、tsh、s 和 ch、chh、sh 两套音标来标示粤方言广州话的舌齿音声母，其中精组声母与知章组声母的对立非常清楚；另据由彭小川先生《粤语论稿》对《分韵撮要》（1782 年已经刊行）小韵的排列所显示出的精、庄、知、章组之别的归纳可知，当时的广州话除了“师史四”韵外，其余各韵部中声母精组与知、章或庄组的字有别。[②] 粤语的代表方言广州话精庄知章组声母两百多年来经历了精庄部分与知章庄部分有别到精庄知章合流的历时演变。这也可以作为东莞粤语精庄知章组声母历时分合的参考与旁证。

二、精庄知章组声母在东莞粤语共时平面所显示的分合类型

东莞粤方言所有点古精庄知章四组塞擦音声母（擦音除外）都已经合流，一般为 ʧ、$ʧ^h$ 一套声母（有些地方变读为 ts、ts^h，为自由变体）。如：津 = 珍 =

① 余霭芹：《粤语方言入声韵尾的发展》，《南北是非：汉语方言的差异与变化》，台北：“中央研究院”语言学研究所筹备处，2002 年，第 217 ~ 245 页。

② 彭小川：《粤语论稿》，广州：暨南大学出版社，2004 年，第 18 ~ 20 页。

臻 = 真 ʧɐn^{132}，秋 = 抽 ʧʰau^{132}（莞城）。而古精庄知章组擦音声母则存在不同的区别：莞城、万江、厚街、大岭山、石龙、东坑、万江、高埗、中堂潢涌、中堂江南、望牛墩、麻涌、虎门赤岗、长安、石碣、茶山粟边、石排等地，擦音声母合流为一套，如：秀 = 瘦 = 寿 ʃau^{332}（莞城）。部分方言点如谢岗、桥头、常平等地，古精庄知章擦音声母有 ɬ、ʃ 之别，这一点将在下文详细讨论。

现代东莞粤方言所有点的古精庄知章四组声母（擦音除外）都已经合流，但在与不同齿音声母相配的相关韵摄中，至今仍然有规律地残留着齿音字韵母的读音区别，这是我们考察东莞粤语精庄知章组声母早期分合情况的有用线索。我们先来看看东莞粤方言止摄、遇摄等韵在不同古声母后的表现。

（一）止、遇摄韵母之别所显示的精庄知章组声母的分合

止摄字在东莞绝大多数粤方言中，精组韵母为 ɐi（或其他相近音值的复元音），知章组为 i，庄组则绝大多数字读为 ɐi，“师”“士”“史”等少数几个字读为 i。如表 3－1－2 所示：

表 3－1－2　止摄精庄知章组字举例

	莞城	万江	望牛墩	厚街	麻涌	石龙	东坑	谢岗
字从	ʧɐi^{332}	ʧɐi^{332}	ʧɐi^{33}	ʧɐi^{332}	ʧEi^{32}	ʧɐi^{43}	ʧɐi^{33}	ʧʰɐi^{33}
狮生	ʃɐi^{132}	ʃɐi^{13}	ʃɐi^{13}	ʃɐi^{13}	ʃEi^{55}	ʃɐi^{55}	ʃɐi^{32}	ʃi^{32}
师生	ʃi^{132}	ʃi^{13}	ʃi^{13}	ʃi^{13}	ʃi^{53}	ʃi^{32}	ʃi^{32}	ʃi^{32}
迟澄	ʧʰi^{21}	ʧʰi^{21}	ʧʰi^{21}	ʧʰi^{21}	ʧʰi^{21}	ʧʰi^{21}	ʧʰi^{21}	ʧʰi^{21}
纸章	ʧi^{35}	ʧi^{35}	ʧi^{35}	ʧi^{35}	ʧi^{35}	ʧi^{35}	ʧi^{35}	ʧi^{55}

在麻涌和谢岗两地，精庄组韵母为 ɐi/ Ei 的相对少些，有些已经变读为 i，有的字有两读，如麻涌话：祠 ʧʰi^{21} / ʧʰEi^{21}，似 ʧʰi^{24} / ʧʰEi^{24} 等。不否认，部分方言精庄组的韵母有开始往知章组靠拢的现象，就整体而言，东莞粤方言呈现出止摄开口精庄部分—庄部分知章组字的韵母有别的特点。

我们不妨再参看遇摄韵母在各组声母之后的类似表现，如表 3－1－3 所示：

表 3－1－3　遇摄精庄知章组字举例

	广州	莞城	万江	望牛墩	厚街	麻涌	石龙	东坑	谢岗
徐邪	tsʰœy^{21}	ʧʰɵ^{21}	ʧʰɵ^{21}	ʧʰoi^{21}	ʧʰui^{21}	ʧʰui^{21}	ʧʰui^{21}	ʧʰui^{21}	ʧʰoi^{21}
初初	tsʰɔ^{55}	ʧʰo^{132}	ʧʰɔ^{13}	ʧʰo^{13}	ʧʰo^{13}	ʧʰɔ^{53}	ʧʰo^{32}	ʧʰo^{32}	ʧʰɔ^{32}
猪知	tsy^{55}	ʧy^{132}	ʧi^{13}	ʧi^{13}	ʧi^{13}	ʧy^{55}	ʧy^{55}	ʧi^{32}	ʧy^{32}
书书	sy^{55}	ʃy^{132}	ʃi^{13}	ʃi^{13}	ʃi^{13}	ʃy^{53}	ʃy^{32}	ʃi^{32}	ʃy^{32}

以上止遇两摄精庄知章组字的韵母所显示的区别，让我们不难看到，早期东莞粤语精庄组与知章组声母也应该是有别的。精庄知章组声母合流应该是东莞粤语的后起变化。

在精庄知章组声母合流的其他粤方言里，止摄、遇摄的精庄知章组声母所配的韵母往往也不相同，其中以止摄开口字表现尤为突出，可以作为旁证。例如南海沙头话止摄开口字精庄组声母字读作 y，知章组声母字读作 i（彭小川，1987）；鹤山古劳话止摄开口三等也存在精庄组声母字韵母读作 y、知章组声母字韵母读作 i 的区别（任民，1990）。粤语吴化片止摄开口精组与知章组韵母有别，邕浔片则止摄开口精、庄组和知、章组韵母两分（伍巍，2007）。广州近郊的蚌湖、荔城、石滩、沙湾也如此，止摄精庄与知章组后的韵母呈现出 ei 与 i 的差别（陈卫强，2008）。

（二）边擦音的分布差异所显示的精庄知章组声母的分合

在以莞城为代表的东莞粤方言中，精庄知章组擦音声母也已经合流为一组，但在部分方言中却还保留着边擦音与擦音的分别。我们调查到的材料中，白石岗、桥头、谢岗、塘厦等部分方言点存在边擦音 ɬ。边擦音主要来源于心母字，但在有些方言中也涉及庄章组擦音字，这对于我们考察精庄知章合流的过程是一个例证。据我们的调查，常平白石岗、桥头田新、谢岗这三个方言点心母字基本上均读为边擦音，还包括少数邪崇生母字；而塘厦不仅心母读为边擦音，部分邪崇生母甚至船书禅母也有读为边擦音的现象。例如：

表 3－1－4　边擦音举例

	心心	穗邪	事崇	缩生	深书	顺船	纯禅
白石岗	ɬɐm^{32}	ɬui·^{43}	ɬɐi·^{43}	ɬok^{5}	ʃɐm^{32}	ʃan^{43}	ʃan^{21}
田新	ɬɐm^{32}	ɬui·^{443}	ɬɐi·^{443}	ɬok^{5}	ʃɐm^{32}	ʃɐn^{443}	ʃɐn^{21}
谢岗	ɬɐm^{32}	ɬoi·^{33}	ɬɐi·^{33}	ɬok^{5}	ʃɐm^{32}	ʃɐn^{33}	ʃɐn^{21}
塘厦	ɬɐm^{32}	ɬui·^{33}	ɬɐi·^{33}	ɬok^{5}	ɬɐm^{32}	ɬɐn^{33}	ɬɐn^{21}

不难看出，常平白石岗、桥头田新、谢岗等地精组所在的心母与庄组所在的一部分崇生母字合流为 ɬ，章组擦音书船禅母字与部分崇生母字合流为 ʃ，且存在音位对立，如：心 ɬɐm^{32} ≠深 ʃɐm^{32}（白石岗），即精庄部分与庄部分知章组擦音有别。这一事实与上面止、遇摄韵母在齿音声母后所显示的精庄部分和庄部分知章组声母两分迹象不谋而合。而塘厦方言全部合流为边擦音，显示的则是后起的发展。不否认，庄组字有跨越两分界线的现象，这在今天的北京话中亦有。

东莞粤语共时平面语料体现出精庄知章组声母的历时分合，在其他粤语材料中，我们今天仍能看到精庄知章有别的现象，如贵港平南粤方言精组与知照组有别，精组字为 ts、ts^h、s，知章庄组字为 tɕ、$tɕ^h$、ɕ（翁泽文，2006）。南宁话精知章庄组基本合流，但在止开三支脂之三韵里能区分精组 ts、ts^h和知照组 tɕ、$tɕ^h$（梁振仕，1984）。桂平县城粤语与南宁话相似，仅在止开三支脂之三韵里才存在两套声母 ts、ts^h、s 和 ʧ、$ʧ^h$、ʃ，ts、ts^h、s 与 ʅ 配，多为精组字，还包括部分庄组字；ʧ、$ʧ^h$、ʃ 配舌面元音 i，多为知章组字（谢建猷，2007）。开平话精组字和部分庄组常用字念作 t、t^h、ɬ，知二知三、章组字和大部分庄组字念作 ts、ts^h、s。可见粤语在精庄知章合流之前，曾经历了一个有别的阶段，这也可以作为东莞粤语精庄知章从分到合的旁证。

三、精庄知章组声母分合小结

结合历史材料与平面材料的分析，我们认为，东莞粤方言精庄知章组声母在合流之前基本上是精组声母与知章组声母两分，精组声母的音值应为 ts、ts^h、s，知章组声母的音值应为 ʧ、$ʧ^h$、ʃ，庄组字则游移于两者之间（庄组字有跨越两分界线的现象，这在今天的北京话中亦有）。从合流的时间看，东莞 20 世纪初中期（1929 年）的语料中，精庄知章还存在两套齿音声母，说明东莞粤语精庄知章的合流到现在也不过才几十年。

结合东莞的历史语料和平面语料，参考粤语其他相关历史语料，我们可以较为清楚地看到精庄知章经历了一个从分到合的历史过程。根据现有的材料，我们认为东莞粤语近百年来精庄知章的演变轨迹如下所示：

精庄部分—知章庄部分（两分）——→精庄知章（合流）

第二节　溪、晓、匣母的演变

东莞粤语溪母除去一部分读为 k^h声母外，开口大部分字和部分合口三四等字读为h声母，合口一二等大部分字读为 f 声母，个别字读零声母；与广州话不同的是，蟹摄开口一等、山摄开口一等的溪母字东莞绝大多数地区读 f 声母。晓母开口大部分、合口三四等部分字今读为h声母，合口一二等大部分字读为 f 声母，少数读为零声母，晓母开合口均有个别字读为 k^h声母，蟹摄开口一等、山摄开口一等的古晓母字同溪母字一样均读为 f 声母。匣母开口大部分今读为h声母，少数细音字读为零声母；匣母合口大部分（主要为一二等字）读为零声母，少数为h声母，蟹摄开口一等、山摄开口一等的古匣母字同溪晓母字一样均读为 f 声母，遇合一以及“弘”“宏”等广州读零声母的匣母字东莞读 f 声母。这是大部分东莞粤方言的特点。

而在麻涌、中堂江南等地理位置与广州市辖区相邻的地方，溪、晓、匣母的演变与广州话基本相同，今读 f 声母的字相对少些。例如：

	开	看	海	汉	寒	汗
广州	hɔi^{55}	hɔn^{33}	hɔiː^{35}	hɔn^{33}	hɔn^{21}	hɔn^{22}
麻涌	huiː^{53}	hɔŋ^{44}	huiː^{35}	hɔŋ^{44}	hɔŋ^{21}	hɔŋ^{32}
江南	hʊi^{55}	høŋ^{13}	hʊiː^{35}	høŋ^{13}	høŋ^{21}	høŋ^{32}
莞城	fi^{132}	fuᵓn^{332}	fi^{35}	fuᵓn^{332}	fuᵓn^{21}	fuᵓn^{332}
厚街	fuiː^{13}	fuin^{332}	fuiː^{35}	fuin^{332}	fuin^{21}	fuin^{332}
东坑	fuiː^{32}	fɤŋ^{13}	fuiː^{35}	fɤŋ^{13}	fɤŋ^{21}	fɤŋ^{33}
大岭山	fuiː^{31}	fɤŋ^{42}	fuiː^{35}	fɤŋ^{42}	fɤŋ^{21}	fɤŋ^{42}

说明：江南话h声母在 ui 韵母前发音位置靠前，有近似 ɸ 的听感，应该是h到 f 的过渡表现。在东坑方言中，ɸ、f 为自由变体。

本节拟从以下几个问题出发探讨溪、晓、匣三母的演变：一是溪母今读为h声母的音变；二是溪、晓、匣母的唇齿化；三是溪、晓、匣母读为零声母的现象。

一、溪母今读为 h 声母的音变

中古溪母各家拟音均为 k^h，在当今东莞粤方言中溪母有读为 k^h、h、f 及零声母（有的学者写作 j、w，本书均用零声母 Ø 表示）四种情况。k^h应当是东莞粤语溪母早期的读音，现在还有部分字保留着舌根音声母的读法，如“区”“启”“亏”“缺”“坤”“却”等字在东莞粤语中普遍读为 k^h声母。在东莞有一镇名为“清溪”，其中“溪”字各地均读为 k^h声母，东莞之外粤方言地名中的“溪”（广州的泮溪、石溪、洛溪，中山的沙溪，佛山的金溪等）亦一律读作 k^h，地名一般读音稳定，较易保留早期读音。东莞粤语今读为h、f 的溪母字，在周边的其他粤方言中，仍能够找到 k^h的读法。如下所示①：

① 本书所引东莞以外粤语材料除另加说明之外，均引自《珠江三角洲方言字音对照》（广东人民出版社，1987）、《粤北十县市粤方言调查报告》（暨南大学出版社，1994）、《粤西十县市粤方言调查报告》（暨南大学出版社，1998）。为了对比和研究的需要，我们将广州粤语中所设的 j、w 声母均处理为零声母。

	东莞（莞城）	广州	增城（市区）	中山（石岐）	台山（台城）	怀集	连县（清水）
巧	hau^{35}	hau^{35}	k^{h}au^{35}	k^{h}au^{213}	k^{h}au^{55}	k^{h}ɛu^{53}	k^{h}iu^{55}
刻	hɐk^{5}	hɐk^{5}	hɐk^{5}	k^{h}ɐk^{5}	hak^{5}	hak^{5}	k^{h}ak^{5}
苦	fu^{35}	fu^{35}	fu^{35}	hu^{213}	fu^{55}	fu^{53}	k^{h}u^{55}
款	fu^{ɔ}n^{35}	fun^{35}	fun^{35}	k^{h}un^{213}	f^{u}ɔn^{55}	fun^{53}	k^{h}un^{55}
钦	hɐm^{132}	(j)iɐm^{55}	hɐm^{55}	k^{h}ɐm^{55}	him^{33}	(j)iɐm^{42}	k^{h}ɐn^{53}
丘	hau^{132}	(j)iɐu^{55}	(j)iɐu^{55}	iɐu^{55}	hiu^{33}	(j)iɐu^{42}	k^{h}ɐu^{53}

可见，东莞粤语早期溪母应该读为舌根声母 k^{h}，而h、f 及零声母等形式则是后起的变化。

在这一小节中我们主要探讨溪母今读为h声母的音变过程及机制。东莞粤语今读为h的溪母字主要是开口字（涉及一二三四等），此外还包括部分合口三四等字。例如：

	莞城	万江	望牛墩	厚街	麻涌	石龙	东坑	谢岗	塘厦
可	ho^{35}	ho^{35}	ho^{35}	ho^{35}	hɔ^{35}	ho^{35}	ho^{45}	hɔ^{55}	huɔ^{55}
气	hɐi^{332}	hɐi^{332}	hɐi^{24}	hɐi^{332}	hɛi^{44}	hɐi^{24}	hɐi^{13}	hɐi^{35}	hɐi^{13}
巧	hau^{35}	hau^{35}	hau^{35}	hiau^{35}	hau^{35}	hau^{35}	hɐu^{45}	hau^{35}	hiau^{55}
牵	hin^{132}	hin^{13}	h^{i}ɪn^{13}	hin^{13}	hin^{53}	hin^{32}	hen^{32}	hin^{32}	hin^{32}
康	hɔŋ^{132}	hɔŋ^{13}	hɔŋ^{13}	hɔŋ^{13}	hɔŋ^{53}	hɔŋ^{32}	hɔŋ^{32}	hɔŋ^{32}	huɔŋ^{32}
犬	hɵn^{35}	hɵn^{35}	hɵn^{35}	hin^{35}	hyn^{35}	hyn^{35}	hen^{45}	hin^{55}	hin^{55}
哭	hok^{5}	hok^{5}	hok^{5}	hok^{5}	hok^{5}	hok^{5}	hɤk^{5}	hok^{5}	hok^{5}

以上溪母字均发生了由 k^{h}到h的演变，这种演变几乎发生在所有的粤方言当中。王力、伍巍等先生从 k^{h}的送气特征出发来解释 k^{h}到h的演变，王力先生认为，“k‘也可以写成 k^{h}。这‘气’越来越强烈，影响到前面 k 的消失，于是h取代了 k‘”①，伍巍先生认为“深喉位置的强送气成分与塞音相结合，自然要引起塞音成阻部位的松动和后移，最终以同化来便于发音。又因为舌

① 王力：《汉语语音史》，北京：商务印书馆，2008 年，第675 页。

根部位的 k－与深喉h－的位置最近，这样，首先由 k^h－变为h－就是十分自然的趋势了”①。

我们赞同以上两位先生的观点，东莞粤语溪母 k^{h}到h的演变与其他粤语一样，是受强送气的影响，塞音脱落而产生的一种语音演变，这也符合一般的语音演变趋势，即塞音向擦音的演变。

这一部分溪母字发生 k^{h}到h的演变之后即与晓母合流。例如：

莞城：起＝喜hɐi^{35} ｜ 坑＝亨hiaŋ^{132} ｜ 客＝赫 hᴇ^{24}

又因为在东莞粤语中全浊声母匣母清化，大部分开口字和少数合口字（通摄合口字、个别山摄合口字）清化之后，直接演变为同部位的清擦音h，与晓母合流。例如：

莞城：河ho^{21} ｜ 下ha^{21} ｜ 鞋hai^{21} ｜ 豪hɔu^{21} ｜ 咸haŋ^{21} ｜ 痕hɐn^{21} ｜
杭hɔŋ^{21} ｜ 红hoŋ^{21}

这样一来，溪、晓、匣母大部分开口字、部分合口字声母合流，今读为清擦音h。其演变轨迹为（从南方方言晓、匣母的今读来考量，我们赞同董同龢先生晓母拟为h、匣母拟为ɦ的观点。另外，凡字母前加＊号的均为拟音，下文同）：

溪母（开口大部分、合口部分） k^h ↘
晓母h（开口大部分、合口部分）
匣母（开口洪音字、少数合口字）ɦ ↗

二、溪、晓、匣母的唇齿化

溪、晓、匣母的唇齿化（即 f 声母化）在东莞粤语中主要涉及溪、晓母合口字的唇齿化和蟹摄开口一等、山摄开口一等溪、晓、匣母字的唇齿化。下文拟逐个讨论。

（一）晓母合口字的唇齿化

我们先来看看晓母合口字的唇齿化。在东莞粤语中，晓母合口大部分字（主要为一二等字，极少数三等字）今读为 f 声母，如：

---

① 伍巍：《广州话溪母字读音研究》，《语文研究》1999 年第 4 期，第 47 页。

	莞城	万江	望牛墩	厚街	麻涌	石龙	东坑	塘厦	谢岗
花	fa^{132}	fa^{13}	fa^{13}	fa^{13}	fa^{53}	fa^{32}	fa^{32}	fa^{32}	fa^{32}
虎	fu^{35}	fu^{35}	fu^{35}	fu^{35}	fu^{35}	fu^{35}	fu^{45}	fu^{55}	fu^{55}
欢	fu^{ɔ}n^{132}	fun^{13}	fun^{13}	fuin^{13}	fun^{53}	foŋ^{32}	fɤŋ^{32}	fun^{32}	fun^{32}
训	fɐn^{332}	fɐn^{332}	fɐn^{24}	fɐn^{332}	fɐŋ^{44}	fɐn^{24}	fɐŋ^{13}	fɐn^{13}	fɐn^{33}

很显然，这些合口字在东莞粤语中均发生了h到 f 的演变。古合口字一般带有合口 u 成分，在h到 f 的演变中，这个合口 u 发挥着重要的作用。伍巍先生（1999）在解释广州话溪母字的唇齿化时曾对hu→fu 的演变作出解释，强调了 u 的重要性，他指出，“由于广州粤方言的 u 是一个带摩擦的前位扁唇 u，在送气成分h的作用下，使唇位的摩擦更加明显，实际上将hu 发成 ϕu。在粤语的听感上，这两个音的音色十分相近，也不存在音位上的对立，因此人们在语言心理上可以接受这一音变。当溪母合口字由hu 发展到 ϕu 时，即等于完成了由hu 向 fu 的过渡，与 ϕu 相比，发 fu 更方便、省力”①。庄初升先生（2004）在谈论到粤北土话晓组合口字的唇齿化时认为，“晓组h声母在合口字之前，由于 – u – 介音的影响，上齿和下唇得以接近而摩擦，便产生了 f 声母，这个过程就是唇化（笔者注：这里的唇化即本书所说的唇齿化）”②。

我们认为，以上诸位先生对相关声母唇齿化的理论解释同样适用于东莞粤语晓母合口字的唇齿化，在东莞粤语中这个 u 是非常靠前的，所以在进行严式记音时甚至可记成 v，其摩擦的成分非常明显。在带有强摩擦且舌位偏前的 u 的作用下，东莞粤语的晓母合口字如同大多数其他粤方言一样，发生了唇齿化演变，其演变的过程为：

晓母合口字　　h(u) →　ϕ（u）　→　f(u)

东莞粤语晓母的唇齿化，中间应该经历了 ϕ（u）声母的阶段，但 ϕ 只是一个音位变体，不曾独立成音位，在今天东莞江南话中还存在h/ϕ 变体，东坑话中还存在 ϕ/f 变体。

（二）溪母合口字的唇齿化

继晓母由h演变为 f 后，溪母合口字紧跟其后由 k^h 母演变为h母，开始了

① 伍巍：《广州话溪母字读音研究》，《语文研究》1999 年第 4 期，第 47 页。
② 庄初升：《粤北土话音韵研究》，北京：中国社会科学出版社，2004 年，第 163 页。

与晓母合口字同样的唇齿化演变。例如：

	莞城	万江	望牛墩	厚街	麻涌	石龙	东坑	谢岗	塘厦
课	fo^{332}	$fɔ^{332}$	$fɔ^{33}$	fo^{332}	$fɔ^{44}$	fo^{24}	fu^{13}	$fɔ^{35}$	$fuɔ^{13}$
苦	fu^{35}	fu^{35}	fu^{35}	fu^{35}	fu^{35}	fu^{35}	fu^{45}	fu^{55}	fu^{55}
快	fai^{332}	fai^{332}	fai^{33}	fai^{332}	fai^{44}	fai^{24}	fai^{13}	fai^{35}	fai^{13}
款	$fu^{ɔ}n^{35}$	fun^{35}	fun^{35}	$fuin^{35}$	fun^{35}	$foŋ^{35}$	$fɤŋ^{45}$	fun^{55}	fun^{55}

溪母合口字唇齿化，关键因素同样是舌位偏前且带摩擦的 u，但与晓母不同的是，溪母首先得由 k^h 母演变为h母，所以在演变的时间上应该比晓母稍晚。

需要说明的是，关于溪母今读中的 f 声母是由 k^h 直接演变而来还是经历了 k^h→h→f 的阶段，有所争议。王力先生（2008）曾经指出，“这应该是以［h］为过渡，即［k‘］→［h］→［f］”①。李新魁（1996）也认为粤语“溪、晓纽字有擦化及唇化的倾向，即［k→h→f，h→f］”②。董同龢（2001）也主张粤语的溪母合口音变 k^h→f 应该有个中间阶段h。伍巍（1999）则分析得更具体，认为是 k^h→h→ɸ→f 的演变过程。而侍建国（2007）则提出异议，主张“广州话溪母字今读 f 应该来自 k‘，不是h”，并且认为“莞宝片把广州话h读成 f，大概是为了纠正客家话影响而产生矫枉过正的现象”。③

我们认为侍建国先生（2007）的观点值得商榷，东莞粤语把广州话h读成 f，有很强的规律性，也正好是 k^h→h→f 演变的一个证据，并非受客家话之影响。这一演变过程，我们还能在东莞方言内部地理差异上找到它的演变轨迹，下面我们就来看看东莞这部分“把广州话h读成 f”的字，即蟹摄开口一等、山摄开口一等溪、晓、匣母的唇齿化。

（三）蟹摄开口一等、山摄开口一等溪、晓、匣母的唇齿化

在东莞粤语中，溪、晓、匣母的唇齿化，与广州话最大的不同就是蟹摄开口一等和山摄开口一等溪、晓、匣母也参与到h→f 的演变中。参看下列例字：

---

① 王力：《汉语语音史》，北京：商务印书馆，2008 年，第 676 页。

② 李新魁：《粤音与古音》，《学术研究》1996 年第 8 期。

③ 侍建国：《粤语溪母字历史音变》，《语言研究》2007 年第 2 期，第 42～45 页。

	广州	中堂江南	麻涌	莞城	厚街	望牛墩	石龙	东坑	塘厦	谢岗
开	hɔi^{55}	hʊi^{55}	hui^{53}	fi^{132}	fui^{13}	fɐi^{13}	fui^{32}	fui^{32}	fui^{32}	foi^{32}
看	hɔn^{33}	høŋ^{13}	hɔŋ^{44}	fuᵓn^{332}	fuin^{332}	fun^{33}	foŋ^{24}	fɤŋ^{13}	fun^{13}	fun^{35}
海	hɔi^{35}	hʊi^{35}	hui^{35}	fi^{35}	fui^{35}	fɐi^{35}	fui^{35}	fui^{45}	fui^{55}	foi^{55}
汉	hɔn^{33}	høŋ^{13}	hɔŋ^{44}	fuᵓn^{332}	fuin^{332}	fun^{33}	foŋ^{24}	fɤŋ^{13}	fun^{13}	fun^{33}
害	hɔi^{22}	hʊi^{32}	hui^{32}	fi^{332}	fui^{332}	fɐi^{33}	fui^{43}	fui^{33}	fui^{33}	foi^{33}
寒	hɔn^{21}	høŋ^{21}	hɔŋ^{21}	fuᵓn^{21}	fuin^{21}	fun^{21}	foŋ^{21}	fɤŋ^{21}	fun^{21}	fun^{21}

上面的例字除了在麻涌和中堂江南等地保持喉擦音 h 的读法（可能与广州话的影响有关，麻涌、江南位于东莞西面与广州的接界处）之外，在莞城、厚街、望牛墩、石龙、东坑、塘厦、谢岗等大部分地区均已读为 f 声母，显然在大部分东莞粤语中蟹摄开口一等、山摄开口一等都经历了h→f 的唇齿化演变。

我们在上文谈到晓母、溪母的唇齿化时都特别强调 u 的作用，而蟹摄开口一等字与山摄开口一等字古本无 u 成分，它又是如何加入到h→f 唇齿化演变中来的呢？其实，在东莞粤语中，蟹摄开口一等字与山摄开口一等字主元音普遍高化而使韵母带有了偏前的合口 u 成分。

蟹摄开口一等韵母在东莞方言中普遍发生了 ɔi→oi→ui 的演变，这在下一节中将详细论述。蟹摄开口一等主元音合口化之后，其溪、晓、匣母就有条件进一步演变为 f 声母。其演变轨迹可拟为：

晓　* hɑi　→　hɔi → hoi → hui → ɸui →fui（→fi）

溪　*kʰɑi →hɔi ↗

匣　* ɦɑi →hɔi ↗

现在以广州话为代表的多数粤语均停留在hɔi 的阶段，显然，东莞的hoi、hui也曾经历一个主元音为后低元音的阶段。中堂江南方言中，hui 与 ɸui 互为变体，在东坑方言中 ɸui 与 fui 为自由变体，很明显 ɸ 是h到 f 的过渡阶段，但无独立音位意义。东莞大部分方言目前处于 fui 阶段，只有莞城、万江等地方言 u 元音进一步被吞没，变为 fi。谢岗等少数方言点在hoi 的阶段时与声母拼合增生了合口 u 流音，变为hᵘoi，再唇化为 foi。望牛墩方言虽然"开""海"等字韵母为 ɐi，但从同韵的字"才 ʧʰoi^{21}""来 ŋoi^{21}"等可以看出，望牛墩方言也曾经经历高化阶段，ɐi 是后来的演变。

山摄开口一等（牙喉音字）在大部分方言点主元音也经历了与蟹摄开口一等同样的高化过程，在部分方言点中其演变轨迹为 ɔn→on→un，高化为合口 un，随即溪、晓、匣母发生唇齿化，其演变轨迹可拟为：

晓 *hɑn → hɔn → hon → hun → ɸun → fun（万江等地）
溪 *k^{h}ɑn → hɔn ↗
匣 * ɦɑn → hɔn ↗

而石龙 oŋ、东坑ɤŋ 等形式应该是 fun 唇齿化之后所产生的变化（1889 年石龙话的语料记载蟹开一、山开一为 ui/un）：

fun → fu^{o}n → f^{u}oŋ → foŋ （石龙）
fun → fu^{ɤ}n → f^{u}ɤŋ → fɤŋ （东坑）

同样的演变还发生在香港新界锦田、宝安沙井等地。例如：

	看溪	渴溪	鼾晓	汉晓	寒匣	汗匣
香港	fɔŋ^{232}	fɔk^{35}	fɔŋ^{21}	fɔŋ^{232}	fɔŋ^{21}	fɔŋ^{232}
宝安	fun^{24}	hɔ^{35}	fun^{21}	fun^{32}	fun^{21}	fun^{32}

唇齿化的演变不是突变，而是一个词汇扩散式的渐变过程。王力先生等在《东莞方音》（1949）一文中说，“溪母，在开口韵中，大都变成h－，但在哈泰两韵，因为原来的韵母是－ui，常从hu－变成 f－（即从hui→fi）”，“晓母，古代的开口都变成h－，合一二变成 f－，合三四则分为两类，一类是止臻两摄的字，与合一二相混，成为 f－，其他则变为h－，例外字山摄开一的‘汉’字，因为韵母变成－un，所以不能保存原来的声母h－而变成 f－”，在该文中记载“海”时为h声母。① 从这些记录我们可以看出，溪、晓母在各个韵摄中h→f 的演变时间并非完全一致，不是一个突变过程，而是一个逐渐演变的过程。《东莞方言》（1889—1890）就曾记录东莞石龙方言“开”“看”“喝”等字为 f 声母。可以得知，蟹开一、山开一溪晓匣母h→f 的演变至少在 19 世纪末距今 100 多年的时间里就开始了，而到 20 世纪 40 年代还未彻底完成这一演变。在本书调查的以莞城为中心的大多数方言都已经完成了h→f 的

① 王力、钱淞生：《东莞方音》，《岭南学报》1949 年第 10 卷第 1 期，第 119～150 页。

演变，较为稳定。而靠近广州的麻涌、中堂江南等地则与邻近的萝岗、新塘一样，蟹开一与山开一溪晓母暂未有h→f 的演变。

除了蟹开一、山开一溪晓母的唇齿化之外，东莞粤语唇齿化还有一处与广州话有别，即遇合一匣母字与同韵的溪、晓母一样发生了h→f 的演变。例如：

	广州	莞城	万江	望牛墩	厚街	麻涌	石龙	东坑	谢岗
湖	u^{21}	fu^{21}	fu^{21}	fu^{21}	fu^{21}	fu^{21}	fu^{21}	fu^{21}	fu^{21}
狐	u^{21}	fu^{21}	fu^{21}	fu^{21}	fu^{21}	fu^{21}	fu^{21}	fu^{21}	fu^{21}
互	u^{22}	fu^{332}	fu^{332}	fu^{33}	fu^{332}	fu^{32}	fu^{43}	fu^{33}	fu^{33}

遇合一匣母读为 f 声母的现象还广泛见于广州之外的珠三角地区，如香港锦田、宝安沙井、增城、南海、顺德、珠海前山以及四邑地区。广州郊区沙湾、大岗等地则更进一步，几乎所有的合口字都与晓母混同，读为 f 声母。例如：①

沙湾：和$fɔ^{42}$ | 禾$fɔ^{42}$ | 祸$fɔ^{22}$ | 胡fu^{42} | 湖fu^{42} | 狐fu^{42} | 壶fu^{42} | 葫fu^{42} | 户fu^{42} | 互fu^{22} | 护fu^{22} | 回fui^{42} | 汇fui^{22} | 换fun^{42} | 黄$fɔŋ^{42}$ | 皇$fɔŋ^{42}$ | 簧$fɔŋ^{42}$ | 镬$fɔk^{2}$ | 获$fɔk^{2}$

大岗：和$fɔ^{42}$ | 禾$fɔ^{42}$ | 胡fu^{42} | 湖fu^{42} | 狐fu^{42} | 壶fu^{42} | 葫fu^{42} | 户fu^{21} | 互fu^{21} | 护fu^{21} | 回fui^{42} | 汇fui^{21} | 换fun^{21} | 缓fun^{42} | 活fut^{2} | 黄$fɔŋ^{42}$ | 皇$fɔŋ^{42}$ | 簧$fɔŋ^{42}$ | 镬$fɔk^{2}$ | 获$fɔk^{2}$

这部分匣母字应该是清化为h之后，声母未脱落，而随晓母走上了h→f 的演变道路。

总的来说，溪、晓、匣母的唇齿化，均经历了h（u）→ɸ（u）→f（u）的演变过程，且其演变的关键前提是该韵摄要么为古合口字，要么其主要元音为 u（或曾经为 u 元音）。

声母唇齿 f 化与合口的 u 密切相关，这一现象还不只发生在溪、晓、匣母中，广州郊区的一些粤语如沙湾、大岗话，连云母合口也有类似的演变。例如：

---

① 书中广州郊区的如沙湾、大岗等地语料，均引自陈卫强：《广州地区粤方言语音研究》，暨南大学博士学位论文，2008 年。

沙湾：芋云 fu^{42} | 王云 $f\text{ɔ}\text{ŋ}^{42}$ | 往云 $f\text{ɔ}\text{ŋ}^{13}$ | 旺云 $f\text{ɔ}\text{ŋ}^{22}$

大岗：芋云 fu^{42} | 王云 $f\text{ɔ}\text{ŋ}^{42}$ | 旺云 $f\text{ɔ}\text{ŋ}^{21}$

如果再扩大一下考察面的话，这种演变涉及的声母就更多了。古代有重唇变轻唇的演变，与合口 u 密切相关。现代汉语方言中有知、照组字在合口呼条件下变为唇齿音的，如安徽阜阳方言（王琴，2009）“书 fu”“薯 fu”“所 fo”；涟源（蓝田、六亩塘一带）湘语“水 fu^{32}”“薯 fu^{13}”。①

我们认为，这些声母唇齿化演变都与 u 的语音特点密切相关。

三、溪、晓、匣母读为零声母的现象

（一）匣母、晓母合口字读为零声母的现象

在东莞粤语中匣母合口字一般读作以 u 开首的零声母，与广州话同，例如：

	莞城	万江	望牛墩	厚街	麻涌	石龙	东坑	谢岗
华	ua^{21}	ua^{21}	ua^{21}	ua^{21}	ua^{21}	ua^{21}	ua^{21}	ua^{21}
黄	$u\text{ɔ}\text{ŋ}^{21}$	$u\text{ɔ}\text{ŋ}^{21}$	$u\text{ɔ}\text{ŋ}^{21}$	$u\text{ɔ}\text{ŋ}^{21}$	$\text{ɔ}\text{ŋ}^{21}$	$u\text{ɔ}\text{ŋ}^{21}$	$u\text{ɔ}\text{ŋ}^{21}$	$u\text{ɔ}\text{ŋ}^{21}$
镬	$u\text{ɔ}k^{3}$	$u\text{ɔ}k^{3}$	$u\text{ɔ}k^{3}$	$u\text{ɔ}k^{3}$	ɔ^{32}	$u\text{ɔ}k^{3}$	$u\text{ɔ}k^{3}$	$u\text{ɔ}k^{3}$
横	$uia\text{ŋ}^{21}$	$uia\text{ŋ}^{21}$	$ui\text{ɛ}\text{ŋ}^{21}$	$uia\text{ŋ}^{21}$	$ua\text{ŋ}^{21}$	$ua\text{ŋ}^{21}$	$ua\text{ŋ}^{21}$	$ua\text{ŋ}^{21}$

这类字多为口语常用字（词），匣母合口浊声母清化而进一步脱落，演变为零声母，演变的时间应该相对久远。

此外，晓母合口少数字有读零声母的现象，如“毁”“浒”“唤”“焕”：

	广州	莞城	万江	望牛墩	厚街	麻涌	石龙	东坑
毁（w）	$u\text{ɐ}i^{35}$	$f\text{ɐ}i^{35}$	$f\text{ɐ}i^{35}$	$u\text{ɔ}i^{35}$	$f\text{ɐ}i^{35}$	$u\text{ɐ}i^{35}$	$f\text{ɐ}i^{35}$	$fu\text{ɐ}i^{45}$
浒（w）	u^{35}	fu^{35}	hu^{35}	u^{35}	u^{35}	fu^{35}	u^{35}	fu^{45}
唤（w）	un^{22}	fun^{332}	un^{332}	un^{33}	uin^{332}	un^{32}	$u\text{ɔ}\text{ŋ}^{43}$	$f\text{ɤ}\text{ŋ}^{45}$
焕（w）	un^{22}	un^{332}	un^{332}	un^{33}	uin^{332}	un^{32}	$f\text{ɔ}\text{ŋ}^{35}$	$f\text{ɤ}\text{ŋ}^{45}$

① 阜阳方言参考王琴：《安徽阜阳方言来自古照组的 f 声母》，《方言》2009 年第 4 期，第 314 ~ 316 页；涟源湘语为笔者母语，其语料为田野调查所得。

这些在广州话中读为零声母的晓母合口字在东莞各方言中表现并不一样，有的方言点全部赶上了h→f 的演变大潮，与溪母合口合流，如东坑方言，浒 = 虎 fu[45]；有的方言点则脱落了h声母，而与匣母合流。因为晓母h→f 的演变不是一夜促成的，所以个别字在未参与h→f 的演变之前就已经跟随着匣母发生了h→Ø 的演变。

（二）溪、晓、匣母开口字读为零声母的现象

1．晓母开口字读为零声母的现象

在广州话中，晓母开口读为零声母的只有“休”“欣”等字，而在部分东莞粤语中“休”“欣”仍保留着h的读法。如下所示：

	广州	莞城	万江	望牛墩	厚街	麻涌	石龙	东坑	谢岗
休	（j）iɐu[55]	hau[132]/iau[132]	iau[13]	iau[13]	iɐu[13]	iɐu[53]	hau[32]	hɔ[32]	iou[32]
欣	（j）iɐn[55]	hɐn[132]/iɐn[132]	hɐn[13]	hɐn[13]	iɐn[13]	iɐŋ[53]	hɐn[32]	iɐŋ[32]	iɐn[32]

从以上材料也可以看出，晓母读为Ø声母显然是后起的变化，并且这种变化跟三等的介音有关系。凡是今读为Ø声母的字都有i介音，i介音的摩擦获得显性位置，喉音h脱落。而保留喉音h读法的显然与之相反，我们看到，凡是保留h声母的字无介音i。在莞城、万江、东坑等地既有h的读法，又有Ø声母读法，我们认为h是较早的层次，而Ø声母的读法是晚近才产生的读音。

2．溪母开口字读为零声母的现象

溪母字今读为Ø声母一般只限于开口三等的少数字，如“丘”“钦”“泣”等。而在东莞各镇（区）方言中，并非每个点都有这种演变。在以莞城为代表的大多数东莞粤方言中“丘”“钦”读为h声母（“泣”则有边读现象，大多读为l声母），在靠近广州的麻涌、江南等地则有读为Ø声母的现象，与广州话同。例如：

	麻涌	中堂江南	莞城	万江	望牛墩	东坑	谢岗
丘	iɐu[53]	hɐu[55]	hau[132]	iau[13]	iau[13]	hɔ[32]	hou[32]
邱	iɐu[53]	hɐu[55]	hau[132]	hau[13]	—	hɔ[32]	hou[32]
钦	hɐŋ[53]	hɐm[13]	hɐm[132]	hɐm[13]	hɐm[13]	hʌŋ[32]	hɐm[32]
泣	iɐk[5]	iɐ[u]p[5]	lɐp[3]/iɔk[5]	—	ŋɔk[5]	lʌk[5]	lɐp[5]

可以说，在东莞粤语中，大多数方言点溪母的这部分细音字只走到了 k^h→h，并没有继续脱落h声母，只是在麻涌话中较为多见。从地理平面上，我们认为，麻涌等地这部分开口字读为零声母，应该经历了一个 k^h→h→∅ 的演变过程。

3．匣母开口字读为零声母的现象

东莞粤语匣母开口细音字一般读作以 i 开头的零声母，与广州话同。例如：

	莞城	万江	望牛墩	厚街	麻涌	石龙	东坑	谢岗
贤	in^{21}	in^{21}	^{i}ɪn^{21}	in^{21}	in^{21}	in^{21}	ien^{21}	in^{21}
形	iəŋ^{21}	iɤŋ^{21}	iɤŋ^{21}	iɤŋ^{21}	ieŋ^{21}	ieŋ^{21}	iɐŋ^{21}	iɤŋ^{21}

这一类字显然是经历了匣母浊音清化之后，在带强摩擦的后接元音 i 作用下，声母脱落，转变为零声母。其轨迹可以从暂未脱落的部分细音字中推理得出，如“嫌”“现”等匣母细音字在如今的东莞大多数方言中仍读为h声母。例如：

	广州	莞城	万江	望牛墩	厚街	麻涌	东坑
嫌	(j)im^{21}	hin^{21}	hin^{21}	h^{i}ɪn^{21}	hin^{21}	hin^{21}	hen^{21}
现	(j)in^{22}	hin^{332}	hin^{332}	h^{i}ɪn^{33}	hin^{332}	in^{32}	hen^{33}

四、溪、晓、匣母演变小结

总结溪、晓、匣母在以莞城为代表的绝大多数东莞粤语中的演变为：

溪（部分开合口）k^h （亏）→ k^h

溪（开口大部分、合口部分）k^h （可、空）→ h

晓（开口大部分）h （喜）→ h

匣（开口洪音字、少数合口字）*ɦ（河、红）→ h

溪（大多数合口、蟹开一、山开一）（课、开、看）k^h(u) → h(u) →ɸ(u) →f(u)

晓（合口字、蟹开一、山开一）（花、海、汉） h(u) → h(u) →ɸ(u) →f(u)

匣（蟹开一、山开一、遇合一）（害、寒、湖） *ɦ(u) → h(u) →ɸ(u) →f(u)

匣（大部分合口字）（黄）　　　　　　　　$^{*}ɦ(u) \longrightarrow h(u) \longrightarrow ø(u)$

匣　（细音字）（形）　　　　　　　　　　$^{*}ɦ(i) \longrightarrow h(i) \longrightarrow ø(i)$

东莞粤语溪、晓、匣母的演变总结为：①溪母除部分字保留 k^h 声母外，大部分都经历了 k^h 到h的演变，从而走上了与晓母同样的演变道路。②溪晓母合口字在偏前的 u 元音的作用下唇齿化，演变为 f 声母。③蟹开一、山开一主元音高化为 u（或产生 u 流音），其溪、晓、匣母字随即进入②的演变中。

第三节　阳声韵尾与入声韵尾的演变

本节我们要探讨的是东莞粤语阳声韵尾与入声韵尾的演变轨迹和机制。下文拟从历时纪实与共时地理平面语料两个方面来分析与论述。

一、阳声韵尾的演变

（一）阳声韵尾的历时纪实与分析

为了厘清东莞粤语阳声韵尾的纵向发展轨迹，我们不妨先看看历史文献中的相关记录，以便于历时的比较与分析。100 多年前刊行的《东莞方言》关于石龙话的阳声韵字韵尾情况归纳如下：①

表 3－3－1　石龙话 1889 年与 2009 年阳声韵尾情况对照表

石龙	咸			深	山			臻		宕、江	曾		梗		通
	一二		三四		一二		三四	其他	合一明母		一	三	二	三四	
	其他	一等见晓影			其他	一等端泥精									
1889 年	－m		－n	－m	－n		－n	－n		－ŋ	－n/－ŋ	－ŋ	－n	－ŋ	－ŋ
2009 年	－ŋ	－m	－n	－m	－ŋ	－n	－n	－n	－ŋ	－ŋ	－n	－ŋ	－ŋ	－ŋ	－ŋ

从上表我们可以看出，历史上东莞石龙话阳声韵尾有以下几个特点：

（1）咸摄细音字－m→－n 的演变在一百多年前就已经完成。如：兼 kín、念 nín、闪 shín、点 tín。

（2）曾开一－ŋ→－n 的演变在一百多年前正处于变化之中，《东莞方言》

① J. Dyer Ball，The Tung-kwun Dialect，1889－1890，*The China Review*，Vol. 18，pp. 284－299.

一书中既记有 -ŋ 尾，又记有 -n 尾。如：能 nang、僧 tsang，灯 tan、曾 tsan、层 ts'an，而在今天的石龙话中，这些字均读为 ɐn 韵母。

（3）在咸摄一二等、山摄一二等、梗摄二等大合流的演变中，我们可以看出早在一百多年前，梗摄二等已经与山摄一二等合流，梗摄字相对较少，在韵母简化的大潮中混入山摄。而咸摄一二等加入山摄一二等、梗摄二等的行列，应该是这一百多年来发生的变化。如：

	监平	间平	耕	蓝	栏	冷
1889 年	kám	kán	kán	lám	lán	lán
2009 年	kaŋ³²	kaŋ³²	kaŋ³²	laŋ²¹	laŋ²¹	laŋ²⁴

咸摄一二等应该是在山、梗摄从 -n 演变为 -ŋ 后才加入到其演变行列中，我们所记录的江南话以及彭小川先生《南海沙头话语音研究》（1987）所记录的南海沙头话山摄一二等、咸摄合口三等 -ŋ 化，但咸摄一二等却还是保留着 -m 尾，可以为证。

（4）山、臻摄一等合口唇音、牙喉音字由 -n 演变为 -ŋ。这一后鼻尾化过程显然也是这一百多年来才发生的。

	宽	官	门	本
1889 年	fún	kwún	mún	pún
2009 年	foŋ³²	kuoŋ³²	moŋ²¹	poŋ³⁵

从石龙话的历史语料中我们可以看到，中古 -m、-n 尾在东莞粤语中是朝着 -ŋ 化方向发展的，而中古曾、梗摄（文读）-ŋ 尾则多逆势发展为 -n 尾。

（二）阳声韵尾的平面纪实与分析

中古 -m、-n 尾在东莞粤语中是朝着 -ŋ 化方向发展的，而中古曾梗摄（文读）-ŋ 尾则多逆势发展为 -n 尾，这样一种历时演变规律，在东莞粤语的平面语料中是否也如此呢？下文我们将从东莞粤语平面材料出发，归纳阳声韵尾的演变规律。

1. 咸、深摄阳声韵尾的平面差异与演变

咸、深两摄中古收 -m 尾，这在东莞的历史文献与目前的广州话中均能得到印证。在今天的东莞粤语中除了与广州接近的中堂江南保留较为完整的 -m 尾外，其他方言点均发生了明显的变化，如表 3-3-2：

表 3－3－2　咸、深摄阳声韵尾今读情况表

摄	咸						深	备注
韵	开一谭谈	开一（见晓影）	开二咸衔	开三盐严	开四添	合三凡	开三侵	同一类型方言
莞城	－ŋ	－ŋ/－m	－ŋ	－n	－n	－ŋ	－m	万江、望牛墩、高埗、中堂、潢涌、虎门、石龙、石碣、常平、桥头石水口
大岭山	－ŋ	－ŋ/－m	－ŋ	－n	－n	－ŋ	－m/－ŋ	塘厦
东坑	－ŋ	－ŋ	－ŋ	－n	－n	－ŋ	－ŋ	麻涌、厚街、茶山、石排、企石、横沥、大朗
温塘	－ŋ	－ŋ	－ŋ	－ŋ	－ŋ	－ŋ	－ŋ	
长安	－ŋ	－ŋ/－n	－ŋ	－n	－n	－ŋ	－n	
沙田	－n	－n/－m	－n	－n	－n	－n	－n	
田新	－n	－n/－m	－n	－n	－n	－n	－m	
谢岗	－m/－n	－m	－m/－n	－n	－n	－n	－m	
江南	－m	－m	－m	－m	－m	－ŋ	－m	

说明：深摄“品”字在所有方言点都与臻摄演变一致，不保留－m 尾，我们暂不记入表中。

表 3－3－3　咸、深摄阳声韵尾今读例字表

摄	咸						深
韵	开一谭谈	开一（见晓影）	开二咸衔	开三盐严	开四添	合三凡	开三侵
例字	南/胆	感/含	咸/衫	尖/严	甜	犯	心/林
莞城	naŋ^{21}/taŋ^{35}	kaŋ^{35}/hɐm^{21}	haŋ^{21}/ʃaŋ^{35}	ʧin^{132}/in^{21}	t^{h}in^{21}	fiaŋ^{332}	ʃɐm^{132}/lɐm^{21}
大岭山	naŋ^{21}/taŋ^{35}	kaŋ^{35}/hɐm^{21}	haŋ^{21}/ʃaŋ^{55}	ʧin^{31}/in^{21}	t^{h}in^{21}	faŋ^{42}	ʃɐm^{55}/lɔŋ^{21}
东坑	naŋ^{21}/taŋ^{45}	kaŋ^{45}/hʌŋ^{21}	haŋ^{21}/ʃaŋ^{35}	ʧien^{32}/ien^{21}	t^{h}ien^{21}	faŋ^{33}	ʃʌŋ^{32}/lʌŋ^{21}
温塘	naŋ^{21}/taŋ^{35}	kaŋ^{35}/hɔŋ^{21}	haŋ^{21}/ʃaŋ^{55}	ʧɪŋ^{32}/iɪŋ^{21}	t^{h}ɪŋ^{21}	faŋ^{44}	ʃɔŋ^{32}/lɔŋ^{21}
长安	laŋ^{21}/taŋ^{35}	kaŋ^{35}/hɐn^{21}	haŋ^{21}/ʃaŋ^{55}	ʧin^{13}/in^{21}	t^{h}in^{21}	fiæŋ^{32}	ʃɐn^{13}/lɐn^{21}
沙田	lan^{21}/tan^{35}	kɐn^{35}/hɐm^{21}	han^{21}/san^{55}	tsin^{53}/in^{21}	t^{h}in^{21}	fan^{32}	sɐn^{55}/lɐn^{21}
田新	nan^{21}/tan^{55}	kan^{55}/hɐm^{21}	han^{21}/ʃan^{32}	ʧin^{32}/in^{21}	t^{h}in^{21}	fan^{443}	ɬɐm^{32}/lɐm^{21}
谢岗	nam^{21}/tam^{55}/贪 t^{h}an^{32}	kam^{55}/hɐm^{21}	ham^{21}/ʃam^{32}/赚 ʧ^{h}an^{33}	ʧin^{32}/in^{21}	t^{h}in^{21}	fan^{33}	ɬɐm^{32}/lɐm^{21}
江南	lam^{21}/tam^{35}	kɐm^{35}/hɐm^{21}	ham^{21}/ʃam^{55}	ʧim^{55}/im^{21}	t^{h}im^{21}	faŋ^{32}	ʃɐm^{55}

上表显示，东莞粤语咸、深摄－m尾的演变主要发生了以下变化：

咸摄洪音	－m→（－n）→－ŋ	（大多数方言点）	南 $naŋ^{21}$（莞城）
	－m→－n	（个别方言点）	南 lan^{21}（沙田）
咸摄细音	－m→－n	（大多数方言点）	尖 $ʧien^{32}$（东坑）
	－m→（－n）→－ŋ	（个别方言点）	尖 $ʧɪŋ^{32}$（温塘）
深摄	－m→（－n）→－ŋ	（部分方言点）	心 $ʃʌŋ^{32}$（东坑）
	－m→－n	（个别方言点）	心 $ʃɐn^{13}$（长安）

说明：在－m→（－n）→－ŋ的演变中，－m尾很快发展到后鼻－ŋ尾，－n尾只是一个过渡，并没有作为一种对立的音位出现。

平面纪实材料显示，东莞粤语咸、深摄－m尾的演变主要有以下几个特点：

（1）咸、深摄总的发展趋势是往后鼻尾发展。

（2）中古收－m尾的韵摄，演变最快的是凡韵，在所有方言点中均丢失－m尾，这与广州话一致，与声母的异化有关。

（3）咸摄细音字比洪音字先丢失－m尾。这一点在谢岗方言中可以验证，不仅如此，传教士1889年所记录的石龙话中亦是细音先变为－n尾，洪音仍保留－m尾。

（4）咸摄洪音字多由－m尾演变为－ŋ尾，所配主元音多为a、ɑ、ʌ、ɔ等舌位偏低、偏后的元音；细音字多由－m尾演变为－n尾，所配主元音多为i、ɪ、e等舌位偏高、偏前的元音（只有个别方言点细音字－n尾继续演变为－ŋ尾）。

（5）咸、深两摄相比，深摄演变较慢，到目前为止，还有十几个方言点较为完整地保留着－m尾。但在－m尾消失的大潮中，近半数方言点也完全丢失了－m尾。

（6）韵尾的演变具有词汇扩散性特点，在现在的部分东莞粤方言中，我们还能看到－m→－ŋ的过渡演变。如大岭山、塘厦粤语深摄部分保留－m尾，部分演变为－ŋ尾。例如大岭山话：

收－m尾字：心 $ʃɐm^{31}$ | 寻 $ʧ^hɐm^{21}$ | 森 $ʃɐm^{31}$ | 针 $ʧɐm^{31}$ | 深 $ʃɐm^{31}$ | 沈 $ʃɐm^{35}$ | 金 $kɐm^{31}$ | 锦 $kɐm^{35}$ | 琴 $k^hɐm^{21}$ | 阴 $iɐm^{31}$

收－ŋ尾字：林 $lɔŋ^{21}$ | 侵 $ʧ^hɔŋ^{31}$ | 浸 $ʧɔŋ^{42}$ | 寝 $ʧ^hɔŋ^{35}$

大岭山话“今”在发音人的读字音中为“$kɐm^{31}$”，但实际口语“今日”中的“今”则为“$kɔŋ^{55}$”。

又如塘厦话：

收 -m 尾字：侵 ʧʰɐm^{32} | 心 ɬɐm^{32} | 寻 ʧʰɐm^{21} | 针 ʧɐm^{32} | 深 ɬɐm^{32} |
沈 ʃɐm^{55} | 金 kɐm^{32} | 锦 kɐm^{55} | 琴 kʰɐm^{21} | 阴 iɐm^{32}

收 -ŋ 尾字：林 laŋ^{21} | 淋 laŋ^{21} | 森 ɬaŋ^{32} | 禁 kaŋ^{13}

在变与不变之中我们发现，保留 -m 尾的深摄字其主元音多为 ɐ，而演变为 -ŋ 尾的深摄字其主要元音也演变为 ɔ、ʌ、a（a 实际舌位偏央）等元音。

从咸、深摄阳声韵尾的演变现象与特点来看，我们认为，其演变的主要促成因素应该是主元音对于韵尾的牵制以及主元音与韵尾两者的和谐。咸摄洪音字多由 -m 尾演变为 -ŋ 尾，其所配主元音多为 a（偏央）、ɑ、ʌ、ɔ 等舌位偏低、偏后的元音，这些元音偏后（或偏央）的特点对咸摄阳声韵尾有不可避免的同化作用；细音字多由 -m 尾演变为 -n 尾，暂时还鲜有细音字演变为 -ŋ 尾的现象，也是因为其所配主元音多为 i、ɪ、e 等舌位偏高、偏前的元音，这些元音与 -n 尾拼合的动程小、便于发音，而与 -ŋ 尾拼合则更费力。深摄由 -m 尾演变为 -ŋ 尾时，其所配主元音多演变为 ɔ、ʌ、a（偏央），与咸摄洪音字同理。

2．山、臻摄阳声韵尾的平面差异与演变

山、臻两摄中古收 -n 尾，它们在今天的东莞粤语中的表现如下（“～”表示鼻尾已鼻化）：

表 3-3-4　山、臻摄阳声韵尾今读情况表

摄	山											臻				
韵	开一寒		开二山删	开三仙元	开四先	合一桓		合二山删	合三仙元		合四先	开一痕	开三真殷	合一魂		合三谆文
	见晓影	其他				帮见晓影	其他		元韵非组	其他				帮组	其他	
莞城	-n	-ŋ	-ŋ	-n	-n	-n	-n	-ŋ	-ŋ	-n	-n	-n	-n	-n	-n	-n
石龙	-ŋ	-ŋ	-ŋ	-n	-n	-ŋ	-n	-ŋ	-ŋ	-n	-n	-n	-n	-ŋ/-n	-n	-n
东坑	-ŋ	-ŋ	-ŋ	-n	-n	-ŋ	-n	-ŋ	-ŋ	-n	-n	-ŋ	-ŋ	-ŋ	-ŋ/-n	-ŋ/-n
麻涌	-ŋ/-n	-ŋ	-ŋ	-n	-n	-n	-n	-ŋ	-ŋ	-n	-n	-ŋ	-ŋ	-ŋ/-n	-ŋ/-n	-ŋ/-n
温塘	-ŋ	-ŋ	-ŋ	-ŋ	-ŋ	-ŋ	-ŋ	-ŋ	-ŋ	-ŋ	-ŋ	～	～	-ŋ	～/-ŋ	～/-ŋ

（续上表）

摄	山											臻				
韵	开一寒		开二山删	开三仙元	开四先	合一桓		合二山删	合三仙元		合四先	开一痕	开三真殷	合一魂		合三谆文
	见晓影	其他				帮见晓影	其他		元韵非组	其他				帮组	其他	
高埗	-ŋ/-n	-ŋ	-ŋ	-n	-n	-n	-ŋ	-ŋ	-ŋ	-ŋ/-n	-ŋ/-n	-m	-m	-ŋ	-m/-n	-m/-n
江南	-ŋ	-ŋ	-ŋ	-n/-ŋ	-n	-ŋ	-ŋ	-ŋ	-ŋ	-ŋ	-ŋ	-n	-n	-ŋ	-ŋ/-n	-ŋ/-n
谢岗	-n	-n	-n	-n	-n	-n	-n	-n	-n	-n	-n	-n	-n	-n	-n	-n
沙田	-ŋ	-n	-n	-n	-n	-ŋ	-n	-n	-n	-n	-n	-n	-n	-ŋ/-n	-n	-n

与莞城同一类型的方言点有万江、望牛墩、中堂潢涌、厚街、塘厦。与石龙同一类型的方言点有虎门、长安、大岭山、石碣、茶山、石排、横沥、企石、大朗。常平与石龙基本相同，但山摄洪音字-ŋ尾有鼻化倾向，实际音值为ṽ^{ŋ}。与谢岗同一类型的方言点有桥头田新。

表3-3-5　山摄阳声韵尾今读例字表

摄	山										
韵	开一寒		开二山删	开三仙元	开四先	合一桓		合二山删	合三仙元		合四先
	见晓影	其他				帮见晓影	其他		元韵非组	其他	
例字	安	兰	山	件/建	天	搬/官	短	关	饭	全	县
莞城	u^{ɔ}n^{132}	liaŋ^{21}	ʃiaŋ^{132}	kin^{332}/kɵn^{332}	t^{h}in^{132}	pu^{ɔ}n^{132}/ku^{ɔ}n^{132}	tɵn^{35}	kuiaŋ^{132}	fiaŋ^{332}	ʧ^{h}ɵn^{21}	yɵn^{332}
石龙	uoŋ^{32}	laŋ^{21}	ʃaŋ^{32}	kin^{43}/kyn^{24}	t^{h}in^{32}	poŋ^{32}/kuoŋ^{32}	tyn^{35}	kuaŋ^{32}	faŋ^{43}	ʧ^{h}yn^{21}	yn^{43}
东坑	uɤŋ^{32}	laŋ^{21}	ʃaŋ^{32}	kien^{33}/kien^{13}	t^{h}ien^{32}	pɤŋ^{32}/kuɤŋ^{32}	tien^{45}	kuaŋ^{32}	faŋ^{33}	ʧ^{h}ien^{21}	ien^{33}

（续上表）

摄	山										
韵	开一寒		开二山删	开三仙元	开四先	合一桓		合二山删	合三仙元		合四先
	见晓影	其他				帮见晓影	其他		元韵非组	其他	
例字	安	兰	山	件/建	天	搬/官	短	关	饭	全	县
麻涌	ɔŋ^{53} / 杆 kun^{35}	laŋ^{21}	ʃaŋ^{53}	kin^{32} / kin^{44}	t^{h}in^{53}	pun^{53} / kun^{53}	tyn^{35}	kuaŋ^{53}	faŋ^{32}	ʧ^{h}yn^{21}	yn^{32}
温塘	uɤŋ^{32}	laŋ^{21}	ʃaŋ^{32}	kɪŋ^{44} / kɪŋ^{44}	t^{h}ɪŋ^{32}	pɤŋ^{32} / kuɤŋ^{32}	tɪŋ^{35}	kuaŋ^{32}	faŋ^{44}	ʧ^{h}ɪŋ^{21}	iɪŋ^{44}
高埗	uoŋ^{13} / 杆 kun^{35}	ŋiaŋ^{21}	ʃiaŋ^{13}	kin^{332} / køn^{332}	t^{h}in^{13}	pun^{13} / kun^{13}	toŋ^{35}	kuiaŋ^{13}	fiaŋ^{332}	ʧ^{h}oŋ^{21} / 选 ʃøn^{35}	yøn^{332} / 犬 hoŋ^{35}
江南	øŋ^{55}	laŋ^{21}	ʃaŋ^{55}	kin^{32} / køŋ^{13}	t^{h}in^{55}	puŋ^{55} / kuŋ^{55}	tøŋ^{35}	kuaŋ^{55}	faŋ^{32}	ʧ^{h}øŋ^{21}	iøŋ^{32}
谢岗	un^{32}	lan^{21}	ʃan^{32}	k^{h}in^{33}	t^{h}in^{32}	pun^{32} / kun^{32}	tyn^{55}	kan^{32}	fan^{33}	ʧ^{h}yn^{21}	yn^{33}
沙田	ɔŋ^{53}	lan^{21}	san^{55}	kin^{32} / kin^{32}	t^{h}in^{53}	poŋ^{53} / koŋ^{55}	tyn^{35}	kuan^{53}	fan^{32}	ts^{h}yn^{21}	yn^{35}

表 3－3－6　臻摄阳声韵尾今读例字表

摄	臻				
韵	开一痕	开三真殷	合一魂		合三谆文
			帮组	其他	
例字	根	新	门	孙/温	春
莞城	kɐn^{132}	ʃɐn^{132}	mu^{ɔ}n^{21}	ʃɵn^{132} / uɐn^{132}	ʧ^{h}ɐn^{132}
石龙	kɐn^{32}	ʃɐn^{32}	moŋ^{21} / 奔 pɐn^{32}	ʃyn^{32} / uɐn^{32}	ʧ^{h}ɐn^{32}
东坑	kɐŋ^{32}	ʃɐŋ^{32}	mɤŋ^{21}	ʃien^{32} / uɐŋ^{32}	ʧ^{h}ɐŋ^{32} / 遵 ʧien^{32}
麻涌	kɐŋ^{53}	ʃɐŋ^{53}	mun^{21} / 奔 pɐŋ^{53}	ʃyn^{53} / uɐŋ^{53}	ʧ^{h}ɐŋ^{53} / 遵 ʧyn^{53}
温塘	kɔĩ^{32}	ʃɔĩ^{32}	mɤŋ^{21}	ʃɪŋ^{32} / uɔĩ^{32}	ʧ^{h}ɔĩ^{32} / 遵 ʧɪŋ^{32}

（续上表）

摄	臻				
韵	开一痕	开三真殷	合一魂		合三谆文
			帮组	其他	
例字	根	新	门	孙/温	春
高埗	kam^{13}	ʃam^{13}	moŋ^{21}	ʃøn^{13} /uam^{13}	ʧʰam^{13} /遵 ʧøn^{13}
江南	kɐn^{55}	ʃɐn^{55}	muŋ^{21}	ʃøŋ^{55} /uɐn^{55}	ʧʰoŋ^{55} /云 uɐn^{21}
谢岗	kɐn^{32}	ɬɐn^{32}	mun^{21}	ɬyn^{32} /uɐn^{32}	ʧʰɐn^{32}
沙田	kɐn^{55}	sɐn^{55}	moŋ^{21} /奔 pɐn^{53}	syn^{55} /uɐn^{55}	tsʰɐn^{55}

从上表可以看出，山、臻摄 -n 尾发生演变的情况大致归纳如下：

山摄洪音	-n→-ŋ	（大多数方言点）	山 ʃaŋ^{32} （石龙）
山摄细音	-n→-ŋ	（个别方言点）	件 kɪŋ^{44} （温塘）
臻摄	-n→-ŋ	（部分方言点）	根 kɐŋ^{53} （麻涌）
	-n→-ĩ	（个别方言点）	根 kɔĩ^{32} （温塘）
	-n→-m	（个别方言点）	根 kam^{13} （高埗）

东莞 -n 尾的演变以莞城型和石龙型为主。莞城型和石龙型的共同特点是臻摄基本上较为完整地保留 -n 尾；山摄洪音演变为 -ŋ 尾，细音仍保留 -n尾。这两种类型的区别在于山摄一等帮见晓影组字和臻摄合口一等帮组字，这些字在莞城型粤语中均保留 -n 尾，其所配主元音为 u（u 舌位靠前），而在石龙型粤语中这些字均演变为 -ŋ 尾，其所配主元音也随之演变为舌位稍后稍低的 o（ʊ）或ɤ。例如：

	杆	寒	管	唤	门
莞城	kuᵓn^{35}	fuᵓn^{21}	kuᵓn^{35}	fuᵓn^{332}	muᵓn^{21}
石龙	kuoŋ^{35}	foŋ^{21}	kuoŋ^{35}	uoŋ^{43}	moŋ^{21}
大岭山	kɤŋ^{35}	fɤŋ^{21}	kɤŋ^{35}	uɤŋ^{42}	mɤŋ^{21}

麻涌与莞城型山摄基本一致，部分山开一见晓影组字演变为 -ŋ 尾，部分保留 -n 尾，可视为莞城型到石龙型的过渡类型。例如：

	肝	赶	鼾	看（看见）	寒	安
莞城	kuᵓn^{132}	kuᵓn^{35}	fuᵓn^{132}	fuᵓn^{332}	fuᵓn^{21}	uᵓn^{132}

麻涌	kun^{53}	kun^{35}	hun^{21}	hɔŋ^{44}		hɔŋ^{21}	ɔŋ^{53}
石龙	kuoŋ^{32}	kuoŋ^{35}	foŋ^{32}	foŋ^{24}		foŋ^{21}	uoŋ^{32}

江南话山摄开口字与麻涌相同，但合口字却比麻涌更进一步，已经演变为 -ŋ 尾，所配元音为 ø，例如：全 ʧ^{h}øŋ^{21}、元 iøŋ^{21}；臻摄与山摄一样，合口部分字演变为 -ŋ 尾，与山摄合流。高埗也有部分山摄合口三四等字演变为 -ŋ 尾，例如：泉 ʧ^{h}oŋ^{21}、劝 hoŋ^{24}、悬 hoŋ^{21}。高埗方言臻摄却与深摄合流，合流之后读为 -m 尾，这是比较少见的，我们调查时也反复地问发音人，但他认可的是 -m 尾。东坑话山摄与石龙型一致，而臻摄则已经由 -n 尾演变为 -ŋ尾，少数合口字与山摄细音字合流，保持 -n 尾。山、臻摄 -n 尾在谢岗和桥头田新等地保存完整，至今无变化。变化最快的是温塘话，臻摄已经丢失 -n 尾，变为鼻化韵。

总结山、臻摄 -n 尾的演变，有如下特点：

（1）山、臻摄总的发展趋势是往后鼻尾发展。

（2）山摄洪音字普遍比细音字演变要快，一二等大部分方言已经演变为 -ŋ 尾，与咸摄洪音字一致。

（3）臻摄在大部分方言中仍保留 -n 尾，且主元音多为 ɐ。但在鼻尾演变的大潮中，部分方言点演变为 -ŋ 尾，这是韵尾后鼻尾化大潮趋势所致。个别方言点取直接弱化的方式，演变为鼻化韵，体现出大潮中的个性差异演变。

（4）韵尾演变具有词汇扩散性特点，如上文所说的山摄一等牙喉音字，从 -n 尾到 -ŋ 尾并非一朝一夕之事，而是经历了一个渐变的过程。

山、臻摄阳声韵演变的促成因素与咸、深摄一致，同样与主元音有着密切的联系。山摄洪音字主元音与咸摄较为一致，多为 a（偏央）、ɔ、o、ɤ等与 -ŋ尾和谐的元音，所以 -n→ -ŋ 的演变主要发生在洪音字中，细音字中很少见 -n→ -ŋ 的演变，即使个别点存在细音字 -n→ -ŋ 的演变，也比洪音字 -n→ -ŋ 的演变要慢，这很显然与主元音舌位的前后、高低对阳声韵尾的牵制有关。臻摄主元音多为 ɐ，ɐ 在东莞粤语中实际上舌位是比较偏前的，个别方言点的臻摄主元音都已经演变为 a，可见这个带有偏前特点的 ɐ，到 -n 的动程比到 -ŋ 的动程小，故臻摄保持 -n 的方言占绝大多数。当然在阳声韵尾往舌根后方向发展的大潮中，难免也有个别方言点臻摄由 -n 演变为 -ŋ，这与音系自身的调节有关。

3. 宕、江、曾、梗、通摄阳声韵尾的平面差异与演变

宕、江、曾、梗、通摄在中古时收 -ŋ 尾，它们在东莞粤语中亦存在或多或少的演变，其演变情况和例字如下表所示（表中“0”表示韵尾已脱落）：

表3-3-7　宕、江、曾、梗、通摄阳声韵尾今读情况表

摄	曾		梗					宕、江	通	备注
韵	开一登	开三蒸	开二庚耕	开三庚清	开四青	合二庚耕	合三四庚清青			同一类型方言
麻涌	-ŋ	-ŋ	-ŋ	-ŋ	-ŋ	-ŋ	-ŋ	-ŋ	-ŋ	温塘、桥头、谢岗、东坑
莞城	-n	-ŋ	-ŋ/-n	-ŋ	-ŋ	-ŋ	-ŋ	-ŋ	-ŋ	万江、厚街、虎门、长安、石龙、石碣、中堂潢涌、塘厦
茶山	-ŋ	-ŋ	-ŋ/-n	-ŋ	-ŋ	-ŋ	-ŋ	-ŋ	-ŋ	
望牛墩	-n	-ŋ	-ŋ/-n	-ŋ/0	-ŋ/0	-ŋ	-ŋ	-ŋ/0	-ŋ	洪梅、道滘、高埗横滘头及欧邓等地
高埗	-m	-ŋ	-ŋ/-n	-ŋ	-ŋ	-ŋ	-ŋ	-ŋ	-ŋ	
横沥	-n	-n	-ŋ/-n	-n/-ŋ白读	-n/-ŋ白读	-ŋ	-n	-ŋ	-ŋ	石排、企石、大朗、常平、中堂江南
大岭山	-ŋ/-n	-n	-ŋ/-n	-n/-ŋ白读	-n/-ŋ白读	-ŋ	-n	-ŋ	-ŋ	
沙田	-n	-n	-n	-n/-ŋ白读	-n/-ŋ白读	-n	-n	-ŋ	-ŋ	

说明：①登韵“朋”字在所有方言点都收-ŋ尾，混入梗二，暂不记入上表。此外，登韵“弘”和耕韵“宏”口语不常用，有部分方言点未调查到具体读音，暂不记入。②曾开三“孕”字在多数方言中读为-n，不记入表中。“橙”均读入梗二，不记入表中。③东坑方言韵摄合并的方式与横沥型一致，但因为东坑臻、曾开一、梗摄合并之后ɐn已演变为ɐŋ，所以表面上与麻涌等一致。

表3－3－8　宕、江、曾、梗、通摄阳声韵尾今读例字表

摄	曾		梗					宕、江	通
韵	开一登	开三蒸	开二庚耕	开三庚清	开四青	合二庚耕	合三四庚清青		
例字	增	升	生/更去/幸	兵/井	零/听	横	荣	糖/张	东
麻涌	ʧɐŋ^{53}	ʃeŋ^{53}	ʃaŋ^{53}/kɐŋ^{44}/hɐŋ^{32}	peŋ^{53}/ʧiaŋ^{35}	leŋ^{21}/t^{h}iaŋ^{53}	uaŋ^{21}	ieŋ^{21}	t^{h}ɔŋ^{21}/ʧiœŋ^{53}	toŋ^{53}
东坑	ʧɐŋ^{32}	ʃɐŋ^{32}	ʃaŋ^{32}/kɐŋ^{13}/hɐŋ^{33}	pɐŋ^{32}/ʧiɛŋ^{45}	lɐŋ^{21}/t^{h}iɛŋ^{32}	uaŋ^{21}	iɐŋ^{21}	t^{h}ɔŋ^{21}/ʧiœŋ^{32}	t ɤŋ^{32}
莞城	ʧɐn^{132}	ʃəŋ^{132}	ʃiaŋ^{132}/kəŋ^{332}/hɐn^{332}	pəŋ^{132}/ʧiøŋ^{35}	ləŋ^{21}/t^{h}iøŋ^{132}	uiaŋ^{21}	iəŋ^{21}	t^{h}ɔŋ^{21}/ʧiøŋ^{132}	toŋ^{132}
茶山	ʧœŋ^{32}	ʃəŋ^{32}	ʃaŋ^{32}/k^{u}ɔn^{13}/h^{u}ɔn^{33}	pəŋ^{32}/ʧiɛŋ^{35}	ləŋ^{21}/t^{h}iɛŋ^{32}	uaŋ^{21}	iəŋ^{21}	t^{h}oŋ^{21}/ʧiɛŋ^{32}	t ɤŋ^{32}
望牛墩	ʧɐn^{13}	ʃ ɤŋ^{13}	ʃiɛŋ^{13}/ kɐn^{33}/hɐn^{33}	p ɤŋ^{13}/ʧœu^{35}	ŋ ɤŋ^{21}/t^{h}œu^{13}	uiɛŋ^{21}	i ɤŋ^{21}	t^{h}ɔŋ^{21}/ʧœu^{13}	toŋ^{13}
高埗	ʧam^{13}	ʃe ɤŋ^{13}	ʃiaŋ^{13}/ke ɤŋ^{332}/ham^{332}	pe ɤŋ^{13}/ʧiaŋ^{35}	ŋe ɤŋ^{21}/t^{h}iaŋ^{13}	uiaŋ^{21}	ie ɤŋ^{21}	t^{h}ɔŋ^{21}/ʧiœŋ^{13}	toŋ^{13}
横沥	ʧɐn^{32}	ʃɐn^{32}	ʃaŋ^{32}/kɐn^{443}/hɐn^{443}	pɐn^{32}/ʧiœŋ^{35}	lɐn^{21}/t^{h}iœŋ^{32}	uaŋ^{21}	iɐn^{21}	t^{h}ɔŋ^{21}/ʧiœŋ^{32}	toŋ^{32}
大岭山	ʧɐn^{31}/登 tɔŋ^{31}	ʃɐn^{31}	ʃaŋ^{31}/kɐn^{42}/hɐn^{42}	pɐn^{55}/ʧøŋ^{35}	lɐn^{21}/ t^{h}øŋ^{31}	uaŋ^{21}	iɐn^{21}	t^{h}ɔŋ^{21}/ʧøŋ^{31}	t ɤŋ^{31}
沙田	tsɐn^{55}	sen^{53}	san^{55}	pen^{53}/tsɛŋ^{35}	len^{21}/t^{h}ɛŋ^{53}	uan^{21}	uen^{21}	t^{h}ɔŋ^{21}/tsɔŋ^{55}	toŋ^{55}

从上表我们可以看出，中古收－ŋ 尾的韵摄主要发生了以下变化：

曾一	－ŋ→－n	（大多数方言点）	增 ʧɐn^{13}（望牛墩）
曾三	－ŋ→－n	（部分方言点）	升 ʃɐn^{32}（横沥）
梗二	－ŋ→－n	（大多数方言点的部分字）	幸 hɐn^{332}（莞城）
梗三四	－ŋ→－n	（部分方言点的部分字）	零 lɐn^{21}（大岭山）
宕江	－ŋ→0	（少数方言点）	张 ʧœu^{13}（望牛墩）

宕、江、曾、梗、通五摄在东莞方言中演变情况比较简单。变化最快的是曾一登韵字，在大多数方言点都已经由－ŋ 尾演变为－n 尾，与臻摄合流。曾一登韵与臻摄合流之后，紧接着梗摄部分字（文读）也与臻摄合流。在横沥

型、大岭山型粤语中，若梗摄字有文白异读，往往是文读演变为 – n 尾，白读保留 – ŋ 尾。举大岭山话为例：命 mɐn^{42}文 | miɛŋ^{42}白，听 t^{h}ɐn^{31}文 | t^{h}iɛŋ^{31}白。

从上表中，我们还发现曾、梗摄（文读）– ŋ→ – n 的演变在麻涌—莞城—横沥之间构成了一个逐步演变的过程。例如：

	等	增	幸	兵	声	定	形
麻涌	tɐŋ^{35}	ʧɐŋ^{53}	hɐŋ^{32}	peŋ^{53}	ʃeŋ^{53}	teŋ^{32}	ieŋ^{21}
莞城	tɐn^{35}	ʧɐn^{132}	hɐn^{332}	pəŋ^{132}	ʃəŋ^{132}	təŋ^{332}	iəŋ^{21}
横沥	tɐn^{35}	ʧɐn^{32}	hɐn^{443}	pɐn^{32}	ʃɐn^{32}	tɐn^{443}	iɐn^{21}

望牛墩、高埗曾梗摄演变类型与莞城一致，高埗稍不同的是曾摄登韵与臻、深摄合流为 – m 尾。沙田曾、梗摄在韵摄合流分化上与莞城型一致，但与莞城型对应的曾三、梗三四等字已由 eŋ 演变为 en，仅一部分梗摄三四等字保留 – ŋ 尾（多为白读字，主元音为较开的 ɛ）。

宕、江摄在大多数方言中均保留 – ŋ 尾，但比较有意思的是在望牛墩、洪梅、道滘、高埗部分地方，其 – ŋ 尾丢失，转化为元音韵尾，如洪梅话：张 = 焦 ʧiu^{13}、双 = 萧 ʃiu^{13}。通摄在所有方言中很稳固地保留着 – ŋ 尾。

中古收 – ŋ 尾的宕、江、曾、梗、通五摄阳声韵尾，其演变的最大特点是曾、梗摄存在 – ŋ→ – n 的逆势演变。已发生 – ŋ→ – n 演变的曾、梗摄字，往往与臻摄相混，其主元音也多为 ɐ 元音。– ŋ→ – n 的演变显然与韵摄之间的合流相关，但曾、梗、臻摄合流之后韵尾为 – ŋ 还是演变为 – n，关键因素在于韵尾与主元音的协调。前文已经说到，ɐ 在东莞粤语中实际上是比较偏前的，这个带有偏前特点的 ɐ，到 – n 的动程比到 – ŋ 的动程小，故曾、梗摄与臻摄合流之后多发生了 – ŋ→ – n 的演变。

综合中古 – m/ – n/ – ŋ 尾的演变，我们发现，中古咸摄 – m 尾消变最快，在东莞方言中只有部分方言点还保留深摄及少数咸摄字读 – m 尾的现象；中古 – n 尾次之，山摄洪音字 – n 尾演变较快，在绝大多数方言中都已经演变为 – ŋ 尾，与咸摄洪音字同变，而细音字 in/ɪn/en 等和臻摄 ɐn 韵最能保持 – n尾的读音，至今在绝大多数方言点中不变；中古 – ŋ 尾的宕、江、通摄在绝大多数方言中都保存得很好，而曾、梗摄在部分方言中取 – ŋ→ – n 的逆势演变。总结东莞粤语鼻音韵尾最主要的、涉及范围较大的变化有以下几条：①咸、山摄洪音字 – ŋ 化。②咸摄细音字 – n 化。③深摄 – ŋ 化。④山臻摄合口唇音、牙喉音字 – ŋ 化。⑤曾摄开口一等 – n 化。⑥曾摄开口三等、梗摄（主要为三四等文读）– n 化。

以莞城为中心的大多数方言点总的演变规律是中古 – m、– n 朝着 – ŋ 化方向发展，而中古曾、梗摄（文读）-ŋ 则逆势发展为 -n，即 -m→-n→-ŋ和 -ŋ→-n 的演变，为主流演变形式；鼻音韵尾的演变总体来说具有渐变性特点。当然，一个地区的方言肯定有相对保守的，也有相对开放的。像中堂江南、桥头、谢岗等地处于东莞的边缘，在韵尾演变上相对保守。而少数点则较前卫，如温塘的臻摄变为鼻化韵，望牛墩、洪梅、道滘、高埗等地宕、江摄阳声韵转入阴声韵等现象。

从东莞石龙话的历时纪实与东莞各镇（区）粤语平面的对比分析，我们得知，东莞粤语阳声韵尾经历了（或正在经历着）中古咸深山臻摄 -m、-n 向 -ŋ的发展演变，中古曾、梗摄（文读）-ŋ 则多逆势演变为 -n。其演变的主要促成因素是主元音对韵尾的牵制及两者的和谐。

二、入声韵尾的演变

（一）入声韵尾的历时纪实与分析

东莞粤语入声演变经历了一个历时的演变过程。下文我们据早期王力先生的语料记载以及早期石龙方言的文献记载和我们目前调查到的材料，作一个历时的考察与分析。

1. 莞城粤语入声的历时演变

莞城粤语作为东莞粤语的代表点，早已有学者研究。据王力先生等（1949）所记莞城话，其舒化部分的韵摄，主要有：合盍洽狎（a）、乏（ɛ）、曷黠鎋（ɛ）、月（ɛ）、铎（ɔ）、觉（ɔ）、德合口（wɔ）、陌麦开口（ɛ），调值记为 224，称之为变入。除舒化部分外，咸山摄洪音字收 -k 尾，细音字收 -ȶ 尾，深摄为 -p 尾，臻摄为 -t 尾，宕江通收 -k 尾，曾梗大部分收 -k 尾，少部分主元音为 -ɐ 的字收 -t 尾。

时隔近 40 年，陈晓锦先生（1987）所记莞城话已有所变化，舒化的韵摄主要涉及以下几个韵摄：合盍洽狎（a）、乏（ɛ）、曷黠鎋（ɛ）、月（ɛ）、铎（ɔ）、药（ø）、觉（ɔ、ø）、德合口（wɔ）、陌麦（ɛ）、昔锡（ø），其调值亦记为 224，独立为变入调。王氏与陈氏所记，两者之间主要差别在于入声舒化多了药、昔、锡韵字，其主要元音均为 ø。其实在《东莞方音》一文中也曾记载药、昔、锡韵字舒化的现象，但因为只是个别字，所以当时处理为例外，如觉韵例外字“桌 ʧœ”、昔韵例外字“尺 $ʧ^{h}ɛ$”，① 而例外字正给我们提供了演变的信息，几十年之后，例外成了一条规律。此外，陈氏所记咸、山摄部分字多变为喉塞尾；有的甚至变为开尾，加入变入行列，或者派入去声。深摄由 -p 尾变 -k 尾，这些都是在 1949 年记载之后的几十年内新起的变化。

---

① 王力、钱淞生：《东莞方音》，《岭南学报》1949 年第 10 卷第 1 期，第 119～150 页。

目前我们调查到的情况又有所变化，舒化的韵摄与陈晓锦先生所记的在调值上有所变化，部分舒化字并未独立成类，而是派入阳上 24 调，这一问题有关人士也已经注意到（王许乐，2007）。除此之外，本书所记臻摄塞尾为 -k，臻摄 -t→ -k 的变化基本完成。（莞城话第一发音人 70 多岁，深摄收 -p尾；第二发音人 40 多岁，深摄收 -k 尾。可见 -p→ -k 的变化也是在这几十年内发生的。）

从不同时间段记录的语料，我们可以看到莞城粤语入声演变的发展情况，主要体现在以下方面：①塞尾呈明显顺势发展趋向，即由 -p 或 -t 演变为 -k，由 -k 演变为 -ʔ，最后舒化。②舒化范围有所扩大并正在扩大，从一二等字扩展到三四等字；且调值上有所变化，逐步与舒声调合流。

2. *石龙话入声的历时演变*

对照 100 多年前的文献《东莞方言》（实为石龙话）与今天的石龙方言，具体情况如下表所示：[①]

表 3-3-9　石龙话 1889 年与 2009 年入声韵尾情况对照表

	咸			深	山		臻		宕、江	曾			梗		通
三四	一二		三四		一二	三四	其他	合一明母		一	三		二		
	大部分	押									大部分	个别			
1889 年	-p	-t	-t	-p	-t	-t	-t		-k	-t	-k	-t	-t	-k	-k
2009 年	-k/-ʔ/-p（个别）		-k	-p	-k/-ʔ	-k	-t	-k	-k/-ʔ	-t	-k	-t	-k/-ʔ/-t	-k/-ʔ	-k

根据不同时期的记录，我们整理出石龙话 100 多年来入声演变的特点：

（1）咸摄一二等 -p 尾部分演变为 -k 尾，部分演变为喉塞尾；山摄一二等、梗摄二等入声由 -t 尾变为 -k 尾或喉塞尾，咸摄一二（合三）等、山摄一二等、梗摄二等合流。例如：

	鸭	塔	鸽	合	押
1889 年	áp	tʻáp	káp	háp	át
2009 年	ŋaʔ^{24}	t^haʔ^{24}	kaʔ^{24}	hak^{3}	ŋaʔ^{24}

① J. Dyer Ball, The Tung-kwun Dialect, 1889-1890, *The China Review*, Vol. 18, pp. 284-299.

	八	擦	察、册	杀	活
1889 年	pát	ts‘ át	ch‘ át	shát	wút/út
2009 年	paʔ $^{\underline{24}}$	ʧʰaʔ $^{\underline{24}}$	ʧʰaʔ $^{\underline{24}}$	ʃaʔ $^{\underline{24}}$	uok^{3}

（2）咸摄三四等字在 100 多年前就已经丢失 －p 尾，与山摄三四等合流为 －t 尾，这 100 多年来又由 －t 尾演变为 －k 尾。例如：

	接节	妾切	劫洁	猎列	绝	雪	血
1889 年	tsít	ts‘ ít	kít	lít	tsüt	süt	hüt
2009 年	ʧik $^{\underline{24}}$	ʧʰik $^{\underline{24}}$	kik $^{\underline{24}}$	lik^{3}	ʧyk^{3}	ʃyk $^{\underline{24}}$	hyk $^{\underline{24}}$

（3）宕江摄部分字由 －k 尾变为喉塞尾，主要为下阴入（清入）字。例如：

	各	确	脚	却
1889 年	kok	k‘ ok	kök	k‘ ök
2009 年	kɔʔ $^{\underline{24}}$	kʰɔʔ $^{\underline{24}}$	kiɔʔ $^{\underline{24}}$	kʰiɔʔ $^{\underline{24}}$

（4）梗摄三四等部分字由 －k 尾变为喉塞尾。例如：尺 ch‘ ek（1889 年）— ʧʰiᴇʔ $^{\underline{24}}$(2009 年)、只（隻）chek（1889 年）— ʧiᴇʔ $^{\underline{24}}$(2009 年)。

从石龙话的历时纪实材料，我们可以看出东莞粤语塞尾大范围的 －k 尾化或喉塞化应该是最近 100 多年的事情。

结合莞城、石龙话的历时纪实与分析，我们可以看出东莞粤语塞尾往舌根 －k 尾化、喉塞化甚至舒化发展的演变方向与趋势。

（二）入声韵尾的平面纪实与分析

今天的东莞粤语入声演变如同阳声韵尾一样，演变分化很大。与其他粤方言点有相同之处，又有自己的独特之处，内部方言之间有差异，异彩纷呈，地理平面上的不同表现显示出历时的、动态的演变特点。

1. 咸、深摄入声韵尾的平面差异与演变

咸、深两摄中古收 －p 尾，广州话如此，而在东莞粤语中这两个摄的入声韵尾发生了较大的变化，尤其以咸摄为甚，如下表所示（“拉”等诸如此类的字各地大多读入阴声韵，另有原因，暂且不算在入声演变统计之中。“0”表示入声已舒化）：

表3－3－10　咸、深摄入声韵尾今读情况表

摄	咸					深
韵	开一合盍	开二洽狎	开三叶业	开四帖	合三乏	开三缉
中堂江南	－p/ －k（个别）	－p/ －k（个别）	－p	－p	－k	－p
谢岗	－p/－k	－p/－k	－k	－k	－k	－p
桥头田新	－t	－t	－t	－t	－t	－p
沙田	－k/－t	－k/－t	－t	－t	－t	－t/－p
莞城	－k/－ʔ/0	－ʔ/－k/0	－t	－t	－k/0	－p
石碣	－k/0	－k/0	－t	－t/－k	－k/0	－p
高埗	－k/0	－k/0	－t/－k	－t/－k	－k/0	－k
石龙	－k/－ʔ	－ʔ/ －p（个别）	－k	－k	－k/－ʔ	－p
虎门赤岗	－ʔ/0/－k	－ʔ/0	－k	－k	－k/0	－p
塘厦	－k/－ʔ/－t	－k/－ʔ	－k	－k	－k/－ʔ	－p/－k
常平白石岗	－ʔ/$^{-ʔ}$/－k	－ʔ	－k	－k	－ʔ/$^{-ʔ}$	－k（－p）
长安	－k/－ʔ	－ʔ/－k	－k	－k	－k	－k
东坑	－k/－ʔ	－k/－ʔ	－k/－ʔ	－k/－ʔ	－k/－ʔ	－k
厚街、万江	－k/－ʔ/0	－k/－ʔ/0	－k	－k	－k/0	－k
石排	－k/－ʔ/0	－ʔ/0	－k	－k	－ʔ/0	－k
大岭山	－k/－ʔ/0	－k/－ʔ	－k/－ʔ	－k/－ʔ	－k/－ʔ	－k
望牛墩 中堂潢涌 茶山粟边	－k/0	－k/0	－k	－k	－k/0	－k
大朗	－k/$^{-ʔ}$/0	－k/$^{-ʔ}$/0	－k	－k	$^{-ʔ}$/－k	－k
温塘	－k/0	－k/0	－k/－ʔ	－k/－ʔ	－k/0	－k
横沥	－ʔ/0	－ʔ/0	－k	－k	－ʔ/0	－k
麻涌	－ʔ/0	－ʔ/0	－k/0	－0	－ʔ/0	－k

说明：①沙田话缉韵大多收－t尾，个别字收－p尾，如：粒 $lɐp^5$。②莞城话第一发音人（70多岁），深摄收－p尾；第二发音人（40多岁），深摄收－k尾。这里暂用第一发音人的发音。③常平白石岗粤语深摄读字时收－p尾，但实际口语中已经演变为－k尾。④大朗话 $a^ʔ$ 个别字与阴声韵已经开始相混，如“鸽”虽听感上有弱 $^{-ʔ}$ 尾，但发音人认为与“假”同音，而同样的字“格 $ka^ʔ$”发音人认为不同“价”。说明 $^{-ʔ}$ 尾向舒化的演变正在进行中，发音人有时前后不一。

表 3－3－11　咸、深摄入声韵尾今读例字表

摄	咸					深
韵	开一合盍	开二洽狎	开三叶业	开四帖	合三乏	开三缉
例字	纳/鸽	夹/插	接/业	叠/协	乏/法	十/急
中堂 江南	lɐ^{u}p^{3}/ kɐ^{u}p^{3}/ 喝 hyk^{3}	kɐ^{u}p^{3}/ ʧ^{h}ɐ^{u}p^{3}/ 压 ak^{3}	ʧi^{u}p^{3}/i^{u}p^{3}	ti^{u}p^{3}/hi^{u}p^{3}	fak^{3}/fak^{3}	ʃɐ^{u}p^{3}/kɐ^{u}p^{5}
谢岗	nak^{3}/kɐp^{5}	kɐp^{3}/ʧ^{h}ak^{3}	ʧik^{3}/ik^{3}	t^{h}ik^{3}/hik^{3}	uak^{3}/fak^{3}	ʃɐp^{3}/kɐp^{5}
桥头田新	nat^{3}/kat^{3}	kat^{3}/ ʧ^{h}at^{3}	ʧit^{3}/it^{3}	t^{h}it^{3}/hit^{3}	fat^{3}/fat^{3}	ʃɐp^{3}/kɐp^{5}
沙田	lak^{2}/kak^{3}/ 合 hɐt^{3}	kak^{3}/ts^{h}ak^{3}/ 恰hɐt^{5}	tsit^{3}/it^{2}	tit^{2}/hit^{3}	fat^{2}/fat^{3}	sɐt^{2}/kɐt^{5}/ 粒 lɐp^{5}
莞城	nak^{3}/ka^{332}/ 合 haʔ^{3}	ka^{332}/ʧ^{h}a^{332}/ 峡 haʔ^{3}/ 闸 ʧak^{3}	ʧit^{3}/ it^{3}	tit^{3}/hit^{3}	fɛk^{3}/fɛ^{24}	ʃɐp^{3}/kɐp^{5}
石碣	nak^{3}/kak^{3}/ 甲 ka^{24}	kak^{3}/ʧ^{h}a^{24}	ʧit^{3}/it^{3}	tit^{3}/hik^{3}	fak^{3}/fa^{24}	ʃɐp^{3}/kɐp^{5}
高埗	nak^{3}/kak^{3}/ 甲 ka^{24}	kak^{3}/ʧ^{h}a^{24}	ʧit^{3}/it^{3}/ 捷 ʧik^{3}	tit^{3}/hik^{3}	f^{i}ɛk^{3}/f^{i}ɛ^{24}	ʃɔk^{3}/kɔk^{5}
石龙	nak^{3}/kaʔ $\underline{24}$	kaʔ $\underline{24}$/ ʧ^{h}aʔ $\underline{24}$/ 恰 hɐp^{5}	ʧik^{3}/ik^{3}	tik^{3}/hik^{3}	fak^{3}/faʔ $\underline{24}$	ʃɐp^{3}/kɐp^{5}
虎门 赤岗	laʔ^{3}/ka^{24}/ 喝 hok $\underline{24}$	kaʔ^{3}/ʧ^{h}a^{24}	ʧ^{e}ik $\underline{24}$/i^{e}ik^{3}	t^{e}ik^{3}/ h^{e}ik $\underline{24}$	f^{i}ɛk^{3}/f^{i}ɛ^{24}	ʃɐp^{3}/kɐp^{5}
塘厦	nak^{3}/kak^{3}/ 甲 kaʔ $\underline{13}$/ 喝 hut $\underline{13}$	kak^{3}/ʧ^{h}aʔ $\underline{13}$	ʧik $\underline{13}$/ik^{3}	tik^{3}/hik $\underline{13}$	fiæ^{a}k^{3}/ fiæ^{a}ʔ $\underline{13}$	ɬɐp^{3}/kɐp^{5}/ 笠 lak^{3}
常平 白石岗	nɑʔ^{3}/kɑ^{ʔ}$\underline{24}$/ 喝 fok $\underline{24}$	kɑʔ^{3}/ʧ^{h}ɑʔ^{5}	ʧɪk^{5}/iɪk^{3}	tɪk^{3}/hɪk $\underline{24}$	fɑʔ^{3}/fɑ^{ʔ}$\underline{24}$	ʃʌp^{3}/kʌp^{5}

（续上表）

摄	咸					深
韵	开一合盍	开二洽狎	开三叶业	开四帖	合三乏	开三缉
例字	纳/鸽	夹/插	接/业	叠/协	乏/法	十/急
长安	lɐk^{3}/kɐʔ$^{\underline{13}}$	kɐʔ$^{\underline{13}}$/ʧʰɐʔ$^{\underline{13}}$/恰 hɐk^{5}	ʧik$^{\underline{13}}$/ik^{3}	tik^{3}/hik$^{\underline{13}}$	fⁱɛk^{3}/fⁱɛk^{3}	ʃɐk^{3}/kɐk^{5}
东坑	nak^{3}/kaʔ$^{\underline{23}}$	kaʔ$^{\underline{23}}$/ʧʰaʔ$^{\underline{23}}$/狭 hak^{3}	ʧeʔ$^{\underline{23}}$/iek^{3}	tek^{3}/hek^{3}/跌 teʔ$^{\underline{23}}$	fak^{3}/faʔ$^{\underline{23}}$	ʃʌk^{3}/kʌk^{5}
厚街	lak^{3}/ka^{332}/合 haʔ^{3}	kaʔ^{3}/ʧʰa^{332}/闸 ʧak^{3}	ʧik^{3}/ik^{3}	tik^{3}/hik^{3}	fɛk^{3}/fɛ^{332}	ʃɔk^{3}/kɔk^{5}
石排	naʔ^{3}/ka^{24}/喝 fɤk^{24}	ka^{24}/ʧʰa^{24}/闸 ʧaʔ^{3}	ʧeik^{3}/ieik^{3}	teik^{3}/heik$^{\underline{24}}$	faʔ^{3}/ fa^{24}	ʃɔk^{3}/kɔk^{5}
大岭山	nak^{3}/ka^{13}/喝 fɤʔ$^{\underline{13}}$	kaʔ$^{\underline{13}}$/ʧʰaʔ$^{\underline{13}}$	ʧeiʔ$^{\underline{13}}$/iek^{3}	tek^{3}/heiʔ$^{\underline{13}}$	fak^{3}/faʔ$^{\underline{13}}$	ʃɔk^{3}/kɔk^{5}
望牛墩	nak^{3}/ka^{24}	ka^{24}/ʧʰa^{24}/闸 ʧak^{3}	ʧɪik^{3}/iɪik^{3}	tɪik^{3}/hɪik^{3}	fɛk^{3}/fɛ^{24}	ʃɔk^{3}/kɔk^{5}
大朗	nak^{3}/ka^{13}/答 taˀ$^{\underline{13}}$	kaˀ$^{\underline{13}}$/ʧʰaˀ$^{\underline{13}}$/狭 hak^{3}/甲 ka^{13}	ʧek$^{\underline{13}}$/iek^{3}	tek^{3}/hek$^{\underline{13}}$	fak^{3}/faˀ$^{\underline{13}}$	ʃʌk^{3}/kʌk^{5}
温塘	nak^{3}/ka^{24}	ka^{24}/ʧʰa^{24}/闸 ʧak^{3}	ʧɪʔ$^{\underline{24}}$/ɪk^{3}	tɪk^{3}/hɪk^{3}/跌 tɪʔ$^{\underline{24}}$	fak^{3}/fa^{24}	ʃɔk^{3}/kɔk^{5}
横沥	naʔ^{3}/ka^{24}	ka^{24}/ʧʰa^{24}/闸 ʧaʔ^{3}	ʧeik$^{\underline{24}}$/ieik^{3}	teik^{3}/heik$^{\underline{24}}$	faʔ^{3}/fa^{24}	ʃɔk^{3}/kɔk^{5}
麻涌	laʔ^{3}/ka^{24}	ka^{24}/闸 ʧaʔ^{3}	ʧi^{24}/i^{32}/猎 lik^{3}	ti^{32}/hi^{24}	faʔ^{3}/fa^{24}	ʃɐk^{3}/kɐk^{5}

归纳东莞粤语咸、深摄 -p 尾的演变如下：

咸摄洪音字	-p→-t→（-k）	（个别方言点）	合 $hɐt^3$、鸽 kak^3（沙田）
	-p→-k→-ʔ→$^{-ʔ}$	（少数方言点）	答 $ta^{ʔ\ \underline{13}}$（大朗）
	-p→-k→-ʔ→$^{-ʔ}$→0	（多数方言点）	鸽 ka^{24}（横沥）
咸摄细音字	-p→-t	（少数方言点）	接 $ʧit^3$（桥头）
	-p→-k	（多数方言点）	接 $ʧik^3$（厚街）
	-p→-k→-ʔ	（少数方言点）	接 $ʧɪʔ^{\underline{24}}$（温塘）
	-p→-k→-ʔ→0	（个别方言点）	接 $ʧi^{24}$（麻涌）
深摄	-p→-k	（部分方言点）	十 $ʃɔk^3$（望牛墩）
	-p→-t	（个别方言点）	十 $sɐt^2$（沙田）

说明：我们认为咸摄洪音字和深摄-p→-k的演变中间可能有一个-t尾的短暂过渡，但并没有形成具有对立意义的音位。据我们的调查，有好几个方言点都存在着保留-p尾口型，却认为那是-k尾的现象，如白石岗、石排、谢岗。

东莞绝大多数方言点咸摄-p尾丢失，出现了多种变化，-p、-t、-k、-ʔ都有，还有一部分已经和阴声韵合流。深摄部分方言点保留-p尾，半数以上方言点演变为-k尾。总结咸、深摄古-p尾的演变特点有以下几点：

（1）就咸摄而言，洪音字比细音字演变要快。如细音字在中堂江南完整保留-p尾，而洪音字部分字开始了-p→-k的演变；又如莞城、沙田、石碣、高埗等地，细音字还只发生了-p→-t的演变，洪音字已经-k尾化，甚至喉塞化或舒化。但细音字也不是铁板一块，如莞城这部分细音字的-t尾，也有向-k尾发展的趋势，其实际音值发音部位靠后。

（2）咸摄发生舒化的入声字在绝大多数方言中为咸摄一二等和合口三等与广州话对应的下阴入字，而古全浊声母字相对而言较少舒化。咸摄三四等也存在与广州话对应的下阴入字，但因为其主元音一般为舌位较高的i、ɪ、e，所以多保留塞尾，只有在个别方言点（麻涌话）中这部分字开始了开尾化。

（3）深摄相对而言演变较咸摄慢，没有出现舒化现象。这应该与深摄无下阴入字有一定关系。

在东莞粤语中咸、深摄入声韵尾的演变主要取-p→-k→-ʔ→$^{-ʔ}$→0的演变途径，各个方言点处在不同的演变阶段，所以呈现出或多或少的区别，但整体来说发音部位都是朝着舌根、喉这一方向发展，这与阳声韵尾的演变是一致的。

咸、深摄入声韵尾的演变机制大体一致，其演变的主要促成因素是主元音对塞尾的牵制及两者的协调。咸摄一二等入声字比三四等入声字先出现-p尾到-k尾的演变，因咸摄一二等所配主元音多为a（偏央）、ɑ、o、ɤ等舌位偏低或偏后的元音，三四等多为 i、ɪ、e 等舌位偏高、偏前的元音。咸摄出现舒化现象亦多发生在一二等字，因为其主元音时值相对而言较长；而三四等较少出现舒化现象，因为其主元音时值相对而言较短（i 元音在东莞粤语中实际发音也是比较短的），抑制了塞尾的舒化。深摄由 -p 尾演变为 -k尾时，其所配主元音亦多演变为 ɔ、ʌ 等后列元音，其演变与咸摄洪音入声字同理。

2．山、臻摄入声韵尾的平面差异与演变

山臻两摄中古收 -t 尾，我们先来看看山摄入声的现状，如下表所示（“0”表示入声已舒化）：

表 3-3-12　山摄入声韵尾今读情况表

摄	山									
韵	开一曷	开二黠鎋	开三薛	开三月	开四屑	合一末	合二黠鎋	合三薛	合三月	合四屑
沙田	-t/-k	-t	-t	-t	-t	-k/-t	-t	-t	-t	-t
桥头田新	-t	-t/k	-t	-t	-t	-t	-t	-t	-t	-t
莞城	0/-k/-t	0/-k	-t	-t	-t/-k	-t	0/-k	-t	0/-k/-t	-t
高埗	0/-k	0/-k	-t/-k	-t	-t/-k	-k/-t	0/-k	-k	0/-k	-k
石碣	0/-k	0/-k	-t	-t	-t	-k/-t	0/-k	-t	0/-k/-t	-t
谢岗	-k/-t	-k	-k	-k	-k	-t	-k	-t	-k/-t	-t
中堂江南	-k	-k/-p	-k	-k	-k	-k	-k	-k	-k	-k
塘厦	-ʔ/-k/-t	-ʔ/-k	-k	-k	-k	-t/-k	-k/-ʔ	-k	-k/-ʔ	-k
大岭山	-k/-ʔ	-k/-ʔ	-k/-ʔ	-ʔ	-k/-ʔ	-k	-k/-ʔ	-k/-ʔ	-k/-ʔ	-k/-ʔ
石龙	-k/-ʔ	-k/-ʔ	-k	-k	-k	-k	-k/-ʔ	-k	-k/-ʔ	-k
东坑	-k/-ʔ	-k/-ʔ	-k	-ʔ	-k/-ʔ	-k	-k/-ʔ	-k/-ʔ	-k/-ʔ	-k/-ʔ
常平白石岗	-k/-ʔ	-ʔ	-k	-k	-k	-k	-ʔ	-k	$^{-ʔ}$/-ʔ/-k	-k
大朗	$^{-ʔ}$/-k	$^{-ʔ}$/-k	-k	-k	-k	-k	$^{-ʔ}$/-k	-k	-k/$^{-ʔ}$	-k
万江、望牛墩、中堂潢涌、厚街、长安、虎门赤岗、茶山粟边	0/-k	0/-k	-k	-k	-k	-k	0/-k	-k	0/-k	-k
石排	0/-ʔ	-ʔ/0	-k	-k	-k	-k	-ʔ/0	-k	0/-k	-k

（续上表）

摄	山									
韵	开一曷	开二黠鎋	开三薛	开三月	开四屑	合一末	合二黠鎋	合三薛	合三月	合四屑
温塘	0/－k	0/－k	－k/－ʔ	－ʔ	－ʔ/－k	－k	0/－k	－k	0/－k	－k
横沥	－ʔ/0	0	－k	—	－k	－k	－ʔ/0	－k	0/－ʔ/－k	－k
麻涌	－ʔ/0	－ʔ/0	－k/0	0	0/－k	－ʔ/0	－ʔ/0	－ʔ/0	－ʔ/0	0

表3－3－13　山摄入声韵尾今读例字表

摄	山									
韵	开一曷	开二黠鎋	开三薛	开三月	开四屑	合一末	合二黠鎋	合三薛	合三月	合四屑
例字	辣/萨	八/拔	灭	揭	节	末	挖/滑	雪	月/发	缺
沙田	lat^{2}/sat^{3}/割 kɔk^{3}	pat^{3}/pat^{2}	mit^{2}	k^{h}it^{3}	tsit^{3}	mok^{2}/脱 t^{h}yt^{3}	uat^{3}/uat^{2}	syt^{3}	yt^{2}/fat^{3}	k^{h}yt^{3}
桥头田新	lat^{3}/ɬat^{5}	pat^{3}/p^{h}ak^{3}	mit^{3}	k^{h}it^{3}	ʧit^{3}	mut^{3}	uat^{3}/uat^{3}	ɬit^{3}	yt^{3}/fat^{3}	k^{h}yt^{3}
莞城	lᴇk^{3}/ʃᴇ^{24}/割 kuit^{3}	pᴇ^{24}/pᴇk^{3}	mit^{3}	k^{h}it^{3}	ʧit^{3}/结 kik^{3}	muit^{3}	uᴇ^{24}/uᴇk^{3}	ʃɵt^{3}	yɵt^{3}/fᴇ^{24}/罚 fᴇk^{3}	k^{h}ɵt^{3}
高埗	ŋ^{i}ᴇk^{3}/ʃ^{i}ᴇ^{24}	p^{i}ᴇ^{24}/p^{i}ᴇk^{3}	mit^{3}/舌 ʃik^{3}	k^{h}it^{3}	ʧit^{3}/截 ʧik^{3}	mok^{3}/脱 t^{h}yt^{3}	uᴇ^{24}/uᴇk^{3}	ʃok^{3}	iok^{3}/f^{i}ᴇ^{24}	k^{h}ok^{3}
石碣	lak^{3}/ʃa^{24}	pa^{24}/pak^{3}	mit^{3}	k^{h}it^{3}	ʧit^{3}	mok^{3}/脱 t^{h}øt^{3}	ua^{24}/uak^{3}	ʃøt^{3}	yøt^{3}/fa^{24}/罚 fak^{3}	k^{h}øt^{3}
谢岗	lak^{3}/ʃak^{5}/割 kut^{3}	pak^{5}/p^{h}ak^{3}	mik^{3}	k^{h}ik^{3}	ʧik^{3}	mut^{3}	uak^{3}/uak^{3}	ʃyt^{3}	yt^{3}/fak^{3}	k^{h}yt^{3}
中堂江南	lak^{3}/ʃak^{3}	pak^{3}/pak^{3}	mik^{3}	k^{h}ik^{3}	ʧik^{3}	mu^{e}k^{3}	uak^{3}/uak^{3}	ʃyk^{3}	yk^{3}/fak^{3}	k^{h}yk^{3}
塘厦	lak^{3}/ɬiæ^{a}ʔ $\underline{13}$/割 kut^{3}	piæ^{a}ʔ $\underline{13}$/—/瞎 hak^{3}	mik^{3}	k^{h}ik $\underline{13}$	ʧik $\underline{13}$	mut^{3}/脱 t^{h}ik $\underline{13}$	uiæ^{a}k^{5}/uiæ^{a}k^{3}/刷 ʧ^{h}iæ^{a}ʔ $\underline{13}$	ʃik $\underline{13}$	ik^{3}/fiæ^{a}ʔ $\underline{13}$	k^{h}ik $\underline{13}$

（续上表）

摄	山									
韵	开一曷	开二黠鎋	开三薛	开三月	开四屑	合一末	合二黠鎋	合三薛	合三月	合四屑
例字	辣/萨	八/拔	灭	揭	节	末	挖/滑	雪	月/发	缺
大岭山	lak^{3}/ʃaʔ$^{\underline{13}}$	paʔ$^{\underline{13}}$/pak^{3}	mek^{3}/哲 ʧeiʔ$^{\underline{13}}$	k^{h}eiʔ$^{\underline{13}}$	ʧeiʔ$^{\underline{13}}$/蔑 mek^{3}	m ɤk^{3}	uaʔ$^{\underline{13}}$/uak^{3}	ʃeiʔ$^{\underline{13}}$/劣 lek^{3}	iek^{3}/faʔ$^{\underline{13}}$	k^{h}eiʔ$^{\underline{13}}$/穴 iek^{3}
石龙	lak^{3}/ʃaʔ$^{\underline{24}}$	paʔ$^{\underline{24}}$/pak^{3}	mik^{3}	k^{h}ik$^{\underline{24}}$	ʧik$^{\underline{24}}$	mok^{3}	uaʔ$^{\underline{24}}$/uak^{3}	ʃyk$^{\underline{24}}$	yk^{3}/faʔ$^{\underline{24}}$	k^{h}yk$^{\underline{24}}$
东坑	lak^{3}/ʃaʔ$^{\underline{23}}$	paʔ^{3}/pak^{3}	mek^{3}	k^{h}eʔ$^{\underline{23}}$	ʧeʔ$^{\underline{23}}$/蔑 mek^{3}	m ɤk^{3}	uaʔ$^{\underline{23}}$/uak^{3}	ʃeʔ$^{\underline{23}}$/悦 iek^{3}	iek^{3}/faʔ$^{\underline{23}}$	k^{h}eʔ$^{\underline{23}}$/穴 iek^{3}
常平白石岗	lɑʔ^{3}/ɬɑʔ^{3}/割 kok^{3}	pɑʔ$^{\underline{24}}$/pɑʔ^{3}	mɪk^{3}	k^{h}ɪk^{3}	ʧɪk^{3}	mok^{3}	uɑʔ^{5}/uɑʔ^{3}	ɬɪt^{3}	iɪk^{3}/fɑʔ$^{\underline{24}}$/罚 fɑʔ^{3}	k^{h}ɪt^{3}
大朗	lak^{3}/ɬa^{ʔ} $^{\underline{13}}$	pa^{ʔ} $^{\underline{13}}$/pak^{3}	mek^{3}	k^{h}ek$^{\underline{13}}$	ʧek$^{\underline{13}}$	m ɤk^{3}	ua^{ʔ} $^{\underline{13}}$/uak^{3}	ʃek$^{\underline{13}}$	iek^{3}/fa^{ʔ} $^{\underline{13}}$	k^{h}ek$^{\underline{13}}$
万江	ŋᴇk^{3}/ʃᴇ^{24}	pᴇ^{24}/pᴇk^{3}	mik^{3}	k^{h}ik^{3}	ʧik^{3}	muik^{3}	uᴇ^{24}/uᴇk^{3}	ʃøk^{3}	yøk^{3}/f ᴇ^{24}	k^{h}øk^{3}
石排	laʔ^{3}/ʃa^{24}	pa^{24}/paʔ^{3}	meik^{3}	k^{h}eik$^{\underline{24}}$	ʧeik$^{\underline{24}}$	m ɤk^{3}	ua^{24}/uaʔ^{3}	ʃeik$^{\underline{24}}$	ieik^{3}/fa^{24}	k^{h}eik$^{\underline{24}}$
温塘	lak^{3}/ʃa^{24}	pa^{24}/pak^{3}	mɪk^{3}/哲 ʧɪʔ$^{\underline{24}}$	k^{h}ɪʔ$^{\underline{24}}$	ʧɪʔ$^{\underline{24}}$/蔑 mɪk^{3}	m ɤk^{3}	ua^{24}/uak^{3}	ʃɪk$^{\underline{24}}$/悦 iɪk^{3}	iɪk^{3}/fa^{24}	k^{h}ɪʔ$^{\underline{24}}$/穴 iɪk^{3}
横沥	laʔ^{3}/ʃa^{24}	pa^{24}/pa^{24}	meik^{3}	—	ʧeik$^{\underline{24}}$	m ɤk^{3}	ua^{24}/uaʔ^{3}	ʃeik$^{\underline{24}}$	ieik^{3}/fa^{24}	k^{h}eik$^{\underline{24}}$
麻涌	laʔ^{3}/ʃa^{24}	pa^{24}/paʔ^{3}	mik^{3}/哲 ʧi^{24}	k^{h}i^{24}	ʧi^{24}/蔑 mik^{3}	muʔ^{3}/活 u^{32}	ua^{24}/uaʔ^{3}	ʃy^{24}/劣 lyʔ^{3}	y^{32}/罚 faʔ^{3}	k^{h}y^{24}

归纳山摄 -t 尾的演变，如下所示：

山摄洪音字　-t→-k　（部分方言点）　萨 ʃak^{5}（谢岗）

-t→-k→-ʔ　（近半数方言点）　萨 ʃaʔ$^{\underline{23}}$（东坑）

-t→-k→-ʔ→$^{-ʔ}$→0（半数以上方言点）萨 ʃa^{24}（麻涌）

山摄细音字　－t→－k　（多数方言点）　节 ʧik³ （谢岗）
－t→－k→－ʔ　（少数方言点）　节 ʧɪʔ²⁴（温塘）
－t→－k→－ʔ→⁻ˀ→0（个别方言点）　节 ʧi²⁴ （麻涌）

山摄的情况与咸摄相似，同样呈现出以下几个特点：

（1）洪音字比细音字演变要快。凡是其细音字有－t→－k 或－ʔ→0 的演变，则其相应的洪音字也有－t→－k 或－ʔ→0 的演变。

（2）山摄发生舒化的入声字在绝大多数方言中为一二等和合口三等（与广州话对应的下阴入字），而古全浊声母字相对而言较少舒化。山摄三四等也存在与广州话对应的下阴入字，但因为其主元音一般为舌位较高的 i、ɪ、e，所以多保留塞尾。

从以上各个方言点入声韵尾的对比，我们可以看到山摄从－t→－k→－ʔ→⁻ˀ→0 的各个演变阶段。塞尾往舌根或喉位置发展是其总体趋势。

再来看看臻摄入声韵尾的演变情况。如下表所示（“0”表示入声已舒化）：

表 3－3－14　臻摄入声韵尾今读情况表

摄	臻			
韵	开三质迄	合一没	合三术	合三物
塘厦	－t	－t	－t	－t
桥头田新	－t	－t	－t	－t/－k
虎门赤岗、沙田、石龙	－t	－t/－k	－t	－t
石碣	－t	－t/－k	－t	－t
莞城、温塘、万江、望牛墩、中堂、厚街、长安、大岭山、茶山、石排、横沥、东坑、大朗、谢岗	－k	－k	－k	－k
高埗	－k/－p	－k/－p	－k	－k
常平白石岗	－ʔ	－ʔ/－k	－ʔ	－ʔ
麻涌	－k	－k/－ʔ/0	－k	－k

表 3－3－15　臻摄入声韵尾今读例字表

摄	臻			
韵	开三质迄	合一没	合三术	合三物
例字	质	突	出	物
塘厦	ʧɐt^{5}	tɐt^{3}	ʧ^{h}ɐt^{5}	mɐt^{3}
桥头田新	ʧɐt^{5}	t^{h}ɐt^{3}	ʧ^{h}ɐt^{5}	mɐt^{3}／倔 uɐk^{3}
虎门赤岗	ʧɐt^{5}	tɐt^{3}／没 mok^{3}	ʧ^{h}ɐt^{5}	mɐt^{3}
石碣	ʧɐt^{5}	t^{h}ɐt^{3}／没 mok^{3}	ʧ^{h}ɐt^{5}	mɐt^{3}
莞城	ʧak^{5}	t^{h}ak^{3}	ʧ^{h}ak^{5}	mak^{3}
高埗	ʧak^{5}／笔 pap^{5}	t^{h}ak^{3}／不 pap^{5}	ʧ^{h}ak^{5}	mak^{3}
常平白石岗	ʧaʔ^{5}	taʔ^{3}／没 mok^{3}	ʧ^{h}aʔ^{5}	maʔ^{3}
麻涌	ʧɐk^{5}	tɐʔ^{3}／没 mu^{32}／忽 fɐk^{5}	ʧ^{h}ɐk^{5}	mɐk^{3}

归纳臻摄－t 尾的演变，如下所示：

臻摄	－t→－k	（多数方言点）	质 ʧɐk^{5}（麻涌）
	－t→－k→－ʔ	（个别方言点）	质 ʧaʔ^{5}（白石岗）
	－t→－k→－ʔ→$^{-ʔ}$→0	（个别方言点）	没 mu^{32}（麻涌）
	－t→－p	（个别方言点）	笔 pap^{5}（高埗）

与山摄相对，臻摄演变要稍滞后，喉塞化和舒化还只是在个别点出现，部分方言点较好地保留了－t 尾。但半数以上的方言点发生了－t→－k 的演变，这是其主流演变方向。

在东莞粤语中，山、臻摄入声韵尾的演变主要取－p→－k→－ʔ→$^{-ʔ}$→0 的演变途径，各个方言点处在不同的演变阶段，所以呈现出地理平面上的差异，但整体来说发音部位都是朝着舌根、喉这一方向发展，这与阳声韵尾的演变是一致的。

山摄入声韵尾－p→－k→－ʔ→$^{-ʔ}$→0 的演变促成因素与咸摄同理，主要是主元音对塞尾的牵制及两者的协调。山摄出现舒化现象亦多发生在一二等字，因为其主元音时值相对而言较长；而三四等较少出现舒化现象，则其主元音时值相对而言较短，抑制了塞尾的舒化速度。当然在山摄塞尾舒化的大潮中，也有个别方言点三四等开始了舒化的进程。此外，山摄部分入声字的舒化与音系的空位拉动亦相关。臻摄主元音多为 ɐ，其发音时值相对而言较短，制约其塞尾，暂时未见有舒化现象。

3. 宕、江、曾、梗、通摄入声韵尾的平面差异与演变

我们先来看看宕、江、通摄塞尾情况，如下表所示（“0”表示入声已舒化）。

表 3－3－16　宕、江、通摄入声韵尾今读情况表

摄	宕			江	通	
韵	开一铎	开三药	合一铎	开二觉	合一屋沃	合三屋烛
中堂江南、谢岗、沙田	－k	－k	－k	－k	－k	－k
茶山粟边	－k	－k	－k	－k/0	－k	－k
桥头田新	－k	－k	－k	－k/－t	－k	－k
塘厦	－k/－ʔ	－k	－ʔ/－k	－k/－ʔ	－k	－k
石龙、东坑、大岭山	－k/－ʔ	－k/－ʔ	－ʔ/－k	－k/－ʔ	－k	－k
常平白石岗	－k/－ʔ	－k	－ʔ/－k	－k/－ʔ/$^{-ʔ}$	－k	－k
长安、大朗	－k/－ʔ	－k/－ʔ	－ʔ/－k	－k/－ʔ/0	－k	－k
温塘	－k/$^{-ʔ}$	－k/0	$^{-ʔ}$/－k	－k/$^{-ʔ}$/0	－k	－k
石排	－k/$^{-ʔ}$	－k/$^{-ʔ}$	$^{-ʔ}$/－k	－k/$^{-ʔ}$	－k	－k
莞城、万江、望牛墩、高埗、中堂潢涌、厚街、虎门赤岗、石碣、横沥	－k/0	－k/0	0/－k	－k/0	－k	－k
麻涌	－ʔ/0	－ʔ/0	0	－k/－ʔ/0	－k	－k

表 3－3－17　宕、江、通摄入声韵尾今读例字表

摄	宕			江	通	
韵	开一铎	开三药	合一铎	开二觉	合一屋沃	合三屋烛
例字	落/各	略/脚	郭/镬	岳/觉	屋	六
中堂江南	lɔk^{3}/kɔk^{3}	lyɔk^{3}/kyɔk^{3}	kɔk^{3}/uɔk^{3}	ɔk^{3}/kɔk^{3}	ok^{5}	lok^{3}
茶山粟边	lok^{3}/kok$^{\underline{13}}$	liɛk^{3}/kiɛk^{3}	kok$^{\underline{13}}$/uok^{3}	ŋok^{3}/kok$^{\underline{13}}$/握 a^{13}	ɤk^{5}	lɤk^{3}
桥头田新	lok^{3}/kok^{3}	lok^{3}/kiɔk^{3}	kok^{3}/uok^{3}	ŋok^{3}/kok^{3}/握 at^{5}	ok^{5}	lok^{3}
塘厦	luɔk^{3}/kuɔʔ$^{\underline{13}}$	lio^{u}k^{3}/kio^{u}k^{5}	kuɔʔ$^{\underline{13}}$/uɔk^{3}	ŋuɔk^{3}/kuɔʔ$^{\underline{13}}$	ok^{5}	lok^{3}
石龙	lɔk^{3}/kɔʔ$^{\underline{24}}$	liɔk^{3}/kiɔʔ$^{\underline{24}}$	kɔʔ$^{\underline{24}}$/uɔk^{3}	ŋɔk^{3}/kɔʔ$^{\underline{24}}$	ok^{5}	lok^{3}

（续上表）

摄	宕			江	通	
韵	开一铎	开三药	合一铎	开二觉	合一屋沃	合三屋烛
例字	落/各	略/脚	郭/镬	岳/觉	屋	六
常平白石岗	lɔk^{3}/kɔʔ$^{\underline{24}}$	liɔk^{3}/kiɔk^{5}/雀 ʧiɔʔ$^{\underline{24}}$	koʔ$^{\underline{24}}$/uɔk^{3}	ŋɔk^{3}/kɔʔ$^{\underline{24}}$/握 ɑ^{ʔ3}	ok^{5}	lok^{3}
长安	lɔk^{3}/kɔʔ$^{\underline{13}}$	liœk^{3}/kiœʔ$^{\underline{13}}$	kɔʔ$^{\underline{13}}$/uɔk^{3}	ŋɔk^{3}/kɔʔ$^{\underline{13}}$/握^{i}ᴇ^{13}	ok^{5}	lok^{3}
温塘	lok^{3}/ko$^{ʔ\underline{24}}$	liɛ^{ɐ}k^{3}/kiɛ^{ɐ24}	kuo$^{ʔ\underline{24}}$/uok^{3}	ŋok^{3}/ko$^{ʔ\underline{24}}$/握 a^{24}	ɤk^{5}	lɤk^{3}
石排	lɔk^{3}/kɔ$^{ʔ\underline{24}}$	liœk^{3}/kiœ$^{ʔ\underline{13}}$	kɔ$^{ʔ\underline{24}}$/uɔk^{3}	ŋɔk^{3}/kɔ$^{ʔ\underline{24}}$	ɤk^{5}	lɤk^{3}
莞城	lɔk^{3}/ko^{24}	løk^{3}/kø^{24}	kuo^{24}/uɔk^{3}	lɔk^{3}/ko^{24}	ŋok^{5}	lok^{3}
麻涌	lɔ^{24}/kɔ^{24}/鄂 ɔʔ^{3}	lyɔʔ^{3}/kyɔ^{24}	kɔ^{24}/ɔ^{32}	ŋɔʔ^{3}/kɔ^{24}/捉 ʧok^{5}	ok^{5}	lok^{3}

归纳宕、江摄的演变，主要有：

宕、江摄　－k→－ʔ　（部分方言点）　各 kɔʔ$^{\underline{13}}$（长安）

　　　　　－k→－ʔ→$^{-ʔ}$　（少数方言点）　各 kɔ$^{ʔ\underline{24}}$（石排）

　　　　　－k→－ʔ→$^{-ʔ}$→0　（近半数方言点）　各 ko^{24}（莞城）

宕、江摄唯有少数方言点保留了较为完整的－k 尾，大多数方言点宕、江摄和该方言的咸、山摄洪音字（主要为下阴入字）一样，发生了喉塞化演变，其中又有大半方言点存在舒化现象。从上表我们可以看到宕、江摄在地理平面上呈现出－k→－ ʔ→$^{-ʔ}$→0 的演变轨迹。通摄则基本上均保留－k 尾。

曾、梗摄古－k 尾演变的方式有所不同，如下表所示（“0”表示入声已舒化）：

表 3－3－18　曾、梗入声韵尾今读情况表

摄	曾			梗				
韵	开一德	开三职	合一德/合三职	开二陌麦	开三陌昔	开四锡	合二麦	合三昔
桥头田新	－k	－k	－k	－k	－k	－k	－k	－k
谢岗	－k	－k	－k	－k	－k	－k	－k	－k
塘厦	－k	－k	－k/－ʔ	－k	－k	－k	－k	－k

（续上表）

摄	曾			梗				
韵	开一德	开三职	合一德/合三职	开二陌麦	开三陌昔	开四锡	合二麦	合三昔
中堂江南	-k	-k	-k	-k	-k	-k	-k	-k
东坑	-k	-k	-k/-ʔ	-k/-ʔ	-k/-ʔ	-k/-ʔ	-k	-k
常平白石岗	-ʔ	-ʔ	-k/-ʔ	-k/-ʔ	-k/-ʔ	-k/-ʔ	-k	-ʔ
温塘	-k	-k	-k/-ˀ	-k/0	-k/0	-k/0	-k	-k
茶山粟边	-k	-k	-k	-k/0	-k	-k/0	-k	-k
莞城、万江、望牛墩、高埗、中堂潢涌、厚街	-k	-k	-k/0	-k/0	-k/0	-k/0	-k	-k
麻涌	-k	-k	-k/0	-ʔ/0/-k	-k/0	-k/0	-ʔ	-k
长安	-k	-k	-k/-ʔ	-k/0	-k/0	-k/0	-k	-k
石排	-k	-k	-ʔ/-ˀ	-ʔ/0/-k	-k/-ˀ/0	-k/-ˀ/0	-k/-ʔ	-k
横沥	-k	-k	-ʔ/0	-ʔ/0	-k/0	-k/0	-k/-ʔ	-k
大朗	-k	-k	-k/-ʔ	-k/0	-k/-ʔ	-k/-ʔ	-k	-k
大岭山	-k	-k	-k/-ʔ	-k/-ʔ	-k/0	-k/0	-k	-k
沙田	-t	-t	-k/-t	-t/-k	-t/-k	-t/-k	-k/-t	-k
虎门赤岗	-t	-k/-t	-k/0	-k/0/-t	-k/0	-k/0	-k	-k
石龙	-t	-k/-t	-k/-ʔ	-k/-ʔ/-t	-k/-ʔ	-k/-ʔ	-k	-k
石碣	-t	-k/-t	-k/0	-k/0/-t	-k/0	-k/0	-k	-k

表3-3-19　曾、梗入声韵尾今读例字表

摄	曾			梗				
韵	开一德	开三职	合一德/合三职	开二陌麦	开三陌昔	开四锡	合二麦	合三昔
例字	北	逼	或/国	白/百	尺/剧	壁/踢	获	疫
桥头田新	pɐk^{5}	pɐk^{5}	uiɛk^{3}/kok^{3}	p^{h}iɛk^{3}/piɛk^{3}	ʧ^{h}iɛk^{5}/k^{h}iɛk^{3}	pɐk^{5}/t^{h}iɛk^{3}	uok^{3}	iɐk^{3}

（续上表）

摄	曾			梗				
韵	开一德	开三职	合一德/合三职	开二陌麦	开三陌昔	开四锡	合二麦	合三昔
例字	北	逼	或/国	白/百	尺/剧	壁/踢	获	疫
谢岗	p ɤk^{5}	p ɤk^{5}	uak^{3}/kɔk^{3}	pʰak^{3}/ pak^{5}	ʧʰɛk^{3}/ kʰɛk^{3}	p ɤk^{5}/ tʰɛk^{3}	uɔk^{3}	i ɤk^{3}
塘厦	pək^{5}	pək^{5}	uiæᵃk^{3}/ kuɔʔ$^{\underline{13}}$	piæᵃk^{3}/ piæᵃk^{5}	ʧʰiək^{5}/ kʰiək^{3}	pək^{5}/ tʰiək^{5}	uɔk^{3}	iək^{3}
中堂江南	pɛk^{5}	pek^{5}	uak^{3}/kɔk^{3}	pak^{3}/pak^{3}	ʧʰiak^{3}/ kʰiak^{3}	pek^{5}/ tʰ iak^{3}	uɔk^{3}	iek^{3}
东坑	pɐk^{5}	pɐk^{5}	uak^{3}/kɔʔ$^{\underline{23}}$	pak^{3}/ paʔ$^{\underline{23}}$	ʧʰiɛʔ$^{\underline{23}}$/ kʰiɛk^{3}	pɐk^{5}/ tʰiɛʔ$^{\underline{23}}$	uak^{3}	iɐk^{3}
常平白石岗	paʔ^{5}	paʔ^{5}	uiek^{3}/koʔ$^{\underline{24}}$	pʰiek^{3}/ pieʔ$^{\underline{24}}$	ʧʰiek^{5}/ kʰiek^{3}/ 斥 ʧʰieʔ$^{\underline{24}}$	paʔ^{5}/ tʰiek^{5}	uɔk^{3}	iaʔ^{3}
温塘	pɔk^{5}	pɐk^{5}	uak^{3}/ kuo$^{ʔ\underline{24}}$	pak^{3}/pa^{24}	ʧʰiɛᵄ^{24}/ kʰiɛᵃk^{3}	pɐk^{5}/ tʰiɛᵄ^{24}	uok^{3}	iɐk^{3}
茶山粟边	pœk^{5}	pək^{5}	uak^{3}/kok$^{\underline{13}}$	pak^{3}/pa^{13}	ʧʰiɛk$^{\underline{13}}$/ kʰiɛk^{3}	pək^{5}/ tʰiɛk^{3}/ 锡 ʃiᴇ^{13}	uok^{3}	iək^{3}
莞城	pak^{5}	pək^{5}	uᴇk^{3}/ kuo^{24}	pᴇk^{3}/ pᴇ^{24}	ʧʰø^{24}/ kʰᴇk^{3}	pək^{5}/ tʰø^{24}	uɔk^{3}	iək^{3}
麻涌	pɐk^{5}	pek^{5}	uɐk^{3}/kuɔ^{24}	paʔ^{3}/pa^{24}/ 脉 mɐk^{3}	ʧʰia^{24}/ kʰiak^{3}	pek^{5}/ tʰia^{24}	ɔʔ^{3}	iek^{3}
长安	pɐk^{5}	p ɤk^{5}	u ᴇk^{3}/ kuɔʔ$^{\underline{13}}$	pⁱ ᴇk^{3}/ pⁱ ᴇ^{13}	ʧʰⁱᴇ^{13}/ kʰⁱᴇk^{3}	p ɤk^{5}/ tʰⁱᴇ^{24}	uɔk^{3}	i ɤk^{3}
石排	pɐk^{5}	pɐk^{5}	uaʔ^{3}/kɔ$^{ʔ\underline{24}}$	paʔ^{3}/pa^{24}/ 脉 mɐk^{3}	ʧʰᴇ^{24}/ kʰᴇk^{3}/ 只 ʧiɔ$^{ʔ\underline{24}}$	pɐk^{5}/ tʰiɔ$^{ʔ\underline{24}}$/ 锡 ʃ ᴇ^{24}	uɔk^{3}/ 划 uaʔ^{3}	iɐk^{3}

（续上表）

摄	曾			梗				
韵	开一德	开三职	合一德/合三职	开二陌麦	开三陌昔	开四锡	合二麦	合三昔
例字	北	逼	或/国	白/百	尺/剧	壁/踢	获	疫
横沥	pɐk^{5}	pɐk^{5}	uaʔ^{3}/kɔ^{24}	paʔ^{3}/pa^{24}	ʧ^{h}iᴇ^{24}/k^{h}iᴇk^{3}	pɐk^{5}/t^{h}iᴇ^{24}	uɔk^{3}/划 uaʔ^{3}	iɐk^{3}
大朗	pɐk^{5}	pɐk^{5}	uak^{3}/kɔʔ$^{\underline{13}}$	pak^{3}/pa^{13}	ʧ^{h}iɛʔ$^{\underline{13}}$/k^{h}iɛk^{3}	pɐk^{5}/t^{h}iɛʔ$^{\underline{13}}$	uɔk^{3}	iɐk^{3}
大岭山	pɐk^{5}	pɐk^{5}	uak^{3}/kɔʔ$^{\underline{13}}$	pak^{3}/paʔ$^{\underline{13}}$	ʧ^{h}ᴇ^{13}/k^{h}ᴇk^{3}	p^{h}ɐk^{5}/t^{h}ᴇ^{13}	uɔk^{3}	iɐk^{3}
沙田	pɐt^{5}	pet^{5}	uat^{2}/kuɔk^{3}	pat^{2}/pat^{3}/额 ak^{3}	ts^{h}ɛk^{3}/k^{h}ɛk^{2}/益 iet^{5}	pet^{5}/t^{h}ɛk^{3}	uɔk^{2}/划 uat^{2}	iek^{2}
虎门赤岗	pɐt^{5}	pɤk^{5}/侧 ʧɐt^{5}	uᴇk^{3}/kɔ^{24}	p^{i}ᴇk^{3}/p^{i}ᴇ^{24}/脉 mɐt^{3}	ʧ^{hi}ᴇ^{24}/k^{hi}ᴇk^{3}	pɤk^{5}/t^{hi}ᴇ^{24}	uɔk^{3}	iɤk^{3}
石龙	pɐt^{5}	pek^{5}/侧 ʧɐt^{5}	uak^{3}/kɔʔ$^{\underline{24}}$	pak^{3}/paʔ$^{\underline{24}}$/脉 mɐt^{3}	ʧ^{h}iᴇʔ$^{\underline{24}}$/k^{h}iᴇk^{3}	pek^{5}/t^{h}iᴇʔ$^{\underline{24}}$	uɔk^{3}	iɤk^{3}
石碣	pɐt^{5}	pɤk^{5}/侧 ʧɐt^{5}	uak^{3}/kuɔ^{24}	pak^{3}/pa^{24}/脉 mɐt^{3}	ʧ^{hi}ᴇ^{24}/k^{hi}ᴇk^{3}	pɤk^{5}/t^{hi}ᴇ^{24}	uɔk^{3}	iɤk^{3}

归纳曾、梗两摄-k尾的演变：

曾开一三　-k→-t　（部分方言点）　北 pɐt^{5}（虎门赤岗）

　　　　　-k→-ʔ　（个别方言点）　北 paʔ^{5}（白石岗）

曾合一三　-k→-ʔ　（部分方言点）　国 kuɔʔ$^{\underline{13}}$（塘厦）

　　　　　-k→-ʔ→$^{-ʔ}$　（少数方言点）　国 kɔ$^{\underline{ʔ24}}$（石排）

　　　　　-k→-ʔ→$^{-ʔ}$→0　（部分方言点）　国 kuo^{24}（莞城）

梗　　　　-k→-ʔ　（部分方言点）　百 paʔ$^{\underline{24}}$、踢 t^{h}iᴇʔ$^{\underline{24}}$（石龙）

　　　　　-k→-ʔ→$^{-ʔ}$　（少数方言点）　（一）只 ʧiɔ$^{\underline{ʔ24}}$（石排）

　　　　　-k→-ʔ→0　（大半数方言点）　百 pa^{24}、尺 ʧ^{hi}ᴇ^{24}（石碣）

　　　　　-k→-t　（部分方言点）　脉 mɐt^{3}（石龙）、

　　　　　　　　　　　　　　　　　百 pat^{3}（沙田）

曾摄总的来说较多地保存了 -k 尾，曾摄一等在部分方言点演变为 -t 尾，多数点合一德韵有舒化或者喉塞化现象，而我们知道这个小韵总共字表上就只有“国”“或”“惑”三个字，而通常情况下“国”字与宕摄主元音相同，取相同的塞尾演变方式。梗摄除少数方言点部分字演变为 -t 尾（文读字，与阳声韵尾一致）外，大多保留 -k 尾或发生 -k→ -ʔ→0 的演变，这些发生 -k→ -ʔ→0 演变的方言点我们大致可以看出一条规律：梗摄二等与山摄洪音字合流，所以取同样的演变方式，多喉塞化或舒化；三、四等发生舒化或喉塞化的字大多是白读音。

曾梗两摄总的来说，出现了一点分化，多数方言点呈顺势发展，即 -k→ -ʔ 或 0，部分字呈逆势发展（文读字），即 -k→ -t。[①] 这与阳声韵尾的演变是一致的。

-k→ -ʔ 的演变或舒化演变，其促成因素与咸、山摄洪音字同理，关键在于主元音对塞尾的牵制及两者的协调。-k→ -t 尾的演变与韵摄合流相关，曾、梗摄部分入声字混入臻摄，其塞尾也演变为 -t 尾，但在塞尾舌根化、舒化的大潮中，大多数方言点曾、梗摄这部分入声字随臻摄发生 -k→ -t 演变之后，又继续向舌根后发展，但因其主元音为发音时值相对较短的 ɐ，所以制约了其塞尾的开尾化，暂时未见 ɐ 后的塞尾有开尾化现象。

总体来说，东莞粤语入声韵尾咸、山、宕、江、梗演变速度较快，舒化也主要发生在这几个韵摄（多与广州话对应的下阴入字），曾、深、臻、通摄演变速度则相对较慢；一二等字或有一二等的韵摄演变较快，三四等字演变较慢。总结东莞入声韵尾最主要且涉及范围较大的变化有以下几条：①咸、山摄一二等（合口三等）入声 -k 尾化，部分方言点喉塞化或舒化。②咸摄三四等丢失 -p 尾，少数方言点 -t 尾化，多数方言点与山摄三四等入声一起 -k 尾化。③深摄部分方言点 -k 尾化。④臻摄大部分方言点 -k 尾化。⑤曾、梗摄部分字在部分方言点 -t 尾化。⑥宕、江、梗摄部分入声字（主要为下阴入字）在部分方言点舒化。

舒化是东莞粤语入声演变的一个重要特点，共时平面的不同类型往往能体现历时的层次，捕捉到动态的演变。东莞各地入声的差异就给我们提供了很好的考察线索。例如：

---

① 陈晓锦：《广东粤语的鼻音韵尾和入声韵尾》，《方言》2001 年第 2 期，第 171～177 页。该文将 m→n→y→Ø 及 p→t→k→i→0 的演变途径称为“顺势变化”，反之则为“反势”或“逆向”变化，我们参考该文，将韵尾的演变称为“顺势”或“逆势”。

	-p、-t、-k →	-ʔ →	^{ʔ} →	0
鸽	kɐ^{u}p^{3}（江南） kak^{3}（沙田）	kaʔ$^{\underline{24}}$（石龙）	kɑ$^{ʔ\underline{24}}$（白石岗）	ka^{24}（横沥）
接	ʧi^{u}p^{3}（江南） ʧit^{3}（石碣） ʧik$^{\underline{24}}$（石龙）	ʧeiʔ$^{\underline{13}}$（大岭山）		ʧi^{24}（麻涌）
各	kɔk^{3}（江南）	kɔʔ$^{\underline{24}}$（石龙）	kɔ$^{ʔ\underline{24}}$（石排）	kɔ^{24}（麻涌）
百	piɛk^{3}（桥头）	pieʔ$^{\underline{24}}$（白石岗）		pᴇ^{24}（莞城）

有些方言点 -k 尾与 -ʔ 尾存在两读的现象，如："结"读为kek^{3}/keʔ$^{\underline{24}}$（常平），这种中间状态也是东莞粤语入声韵尾动态演变过程的重要证据。喉塞尾一旦调值的时长得到延伸，则很容易演变为舒声调。

东莞粤语入声发展总的规律与方向是喉塞化、舒化，即 -p→ -k→ -ʔ→0或者 -t→ -k→ -ʔ→0 或 -k→ -ʔ→0，部分方言点有逆势发展的情况，即 -k→ -t；且入声韵尾的这样一种演变具有动态渐变性特点。其演变的主要促成因素为主元音对塞尾的牵制及两者的协调。东莞粤语入声平面地理演变与上文莞城话、石龙话历时演变一致。

三、阳声韵尾与入声韵尾的演变关系

东莞粤语阳声韵尾与入声韵尾均发生了较大的演变，两者有一致的地方也有不同之处。从上文的描写与分析，我们可以总结出以下几点：

（1）不论是阳声韵还是入声韵，韵尾整体来说都是往后朝着舌根甚至更后的方向发展，即使有 -ŋ/ -k→ -n/ -t 演变的方言里，在韵尾舌根化的大潮中，-n/ -t 也出现继续往后走的现象。

（2）东莞多数粤语方言点都存在着韵尾 -n/ -t 到 -ŋ/ -k 的过渡阶段，所以有时难以辨认前后鼻尾，只有通过让发音人反复辨认才能确定。这种现象《东莞方音》就已经发现，且记录为 -ȵ / -ȶ，实际上就是一种不前不后的过渡阶段。

（3）在绝大多数东莞方言中，入声韵比阳声韵走得更快，入声韵尾的演变带动了阳声韵尾的演变。比如厚街方言，曾摄入声字与臻摄合流，但阳声韵字则部分合流，部分可分：栗 = 力 lɐk^{3} 、邻 lɐn^{21} ≠ 凌 lɐŋ^{21} 、墩 = 登 tɐn^{13}；又比如万江等地方言，深摄字入声已经全部发生了 -p→ -k 的演变，而阳声韵尾还处于 -m 尾状态；大岭山方言，深摄字入声已经全部发生了 -p→ -k 的演变，阳声韵尾则处于 -m→ -ŋ 的变化中，一部分保留 -m 尾，一部分演

变为 -ŋ 尾。从这不同的演变阶段，我们完全可以看出入声韵尾引领阳声韵尾逐步演变的轨迹。

四、阳声韵尾与入声韵尾演变机制小结

对于阳声韵尾或入声韵尾的演变及其机制，很多学者都有过探讨，如黄家教（1997）、陈晓锦（2001）、杨蔚（2002）、余霭芹（2002）、邵慧君（2003）、钟奇（2003）、孙玉卿（2003）、侯兴泉（2005）等先生先后描写并揭示了粤语（或广州话）入声的演变状态及其演变模式和机制，值得参考。

我们在上文行文中已经对各韵摄中阳声韵尾与入声韵尾的演变促成因素作了相关的阐释，下文总结、归纳东莞粤语阳声韵尾和入声韵尾的演变因素与机制，其主要演变因素与次要演变因素如下：

（一）以主元音对韵尾的制约及两者的协调为主

邵慧君先生在探讨粤语阳声韵尾与入声韵尾分化的语音条件时，提出了元音与辅音韵尾的和谐论，这一点在东莞粤语韵尾的演变中同样重要。主元音的舌位往往与辅音韵尾协调，当一方起变化时往往另一方也跟着演变。[①]

在东莞粤语阳声韵尾与入声韵尾的演变中，主元音的特点及格局演变是导致韵尾变化的关键因素。

阳声韵尾 -m、-n→-ŋ 的演变主要发生在洪音字（一二等），因其所配主元音多为 a（偏央）、ɑ、ʌ、ɔ、ɤ等舌位偏低、偏后的元音，这些元音偏后（或偏央）的特点对阳声韵尾有不可避免的同化作用；深摄部分方言点由 -m 尾演变为 -ŋ 尾时，其所配主元音亦多演变为 ɔ、ʌ、a（偏央）。主元音偏央、偏后的特点是 -m、-n→-ŋ 演变的主要促成因素。咸山摄细音字暂时还少见演变为 -ŋ 尾的现象，是因为其所配主元音多为 i、ɪ、e 等舌位偏高、偏前的元音，这些元音与 -n 尾拼合的动程小、便于发音，而与 -ŋ 尾拼合则更费力。存在 -ŋ→-n 演变的曾梗摄字，往往与臻摄相混，其主元音多为 ɐ 元音，曾梗臻摄合流之后韵尾为 -ŋ 还是演变为 -n，主要在于韵尾与主元音的和谐。ɐ 在东莞粤语中实际上是比较偏前的，这个带有偏前特点的 ɐ，到 -n的动程比到 -ŋ 的动程小，故曾梗摄与臻摄合流之后多发生 -ŋ→-n 尾的演变。

入声韵尾的演变也与主元音密切相关。咸山摄一二等入声字比三四等入声字先出现 -p 尾到 -k 尾的演变，因咸山摄一二等所配主元音多为 a（偏央）、ɑ、o、ɤ等舌位相对而言偏低或偏后的元音，三四等多为 i、ɪ、e 等舌位偏高、偏前的元音。入声塞尾是否发生舒化，跟元音时值的长短密切相关，舒化的演变主要出现在咸、山、梗、宕、江摄洪音字，因为其主元音时值相

---

① 邵慧君、甘于恩：《广东方言与文化探论》，广州：中山大学出版社，2007 年，第 66 页。

对而言较长，而三四等较少出现舒化现象，因为其主元音时值相对而言较短，抑制了塞尾舒化的进程。臻摄主元音多为ɐ，其发音时值相对而言较短，制约其塞尾，暂时未见有舒化现象。

（二）以自身音系的调节为辅

1. 韵摄的合流及同化

东莞粤语韵母总体来说是朝着简化的方向发展，所以存在着大面积韵摄的合流，在中古很多韵摄主元音一致，而靠韵尾来区别，音系的简化只需要韵尾的演变即可以做到，这也是音系格局的发展必然导致韵尾演变的原因之一。当大面积的韵摄合流之后，在东莞绝大多数方言中，-ŋ与-n尾无对立，处于一种互补的分布状态。在这种状态之下，无论是-ŋ→-n还是-n→-ŋ的演变都不会产生大量同音字，不会造成音系混乱。

2. 各韵摄演变速度的相互制约

入声塞尾的消变与各韵摄演变的速度也有一定的关系。东莞粤语深、臻、曾、通摄基本上很少出现喉塞化和舒化的现象，属于滞后型韵摄。比如大岭山方言，深摄主元音演变为ɔ，与宕江摄（部分字主元音亦为ɔ）合流，但深摄入声所有字都为-k尾，不喉塞化或舒化，而宕江摄则出现了喉塞化，如：立=落 $lɔk^{3}$、急 $kɔk^{5}$、各=角 $kɔʔ^{\underline{13}}$。主要元音相同的韵摄不能一窝蜂地喉塞化，须有一个演变的先后顺序，才不至于使整个音系系统混乱。

3. 音系的空位拉动

东莞粤语语音系统本身存在一些空位，而舒化部分的古入声字很多都钻了音系的"空子"。如：假开三麻韵，缺帮、非、见组字，故一些主元音与之相同的入声韵舒化后刚好填补其空白，不会造成混乱及同音字大范围地增多。又如厚街话：发 fE^{332}、八 pE^{332}、格 kE^{332}，与假摄三等字姐 $ʧE^{35}$、社 $ʃE^{13}$合流，刚好填补了厚街话假摄三等无帮、非、见组字的空位。

此外，声调时值的长短对于入声韵尾的舒化有一定的影响。东莞粤语的下阴入字其调值多为低升（或中升）调，时值相对较长，所以比上阴入、阳入更易发生舒化演变。

东莞粤语阳声韵尾和入声韵尾的演变因素与机制以主元音对韵尾的制约为主，音系自身调节为辅。东莞粤语阳声韵尾和入声韵尾的这种演变途径及机制，在东莞周边的粤语中也可以看到，如深圳、香港新界、粤北仁化等地阳声韵尾和入声韵尾的演变与东莞粤语较相似。

我们可以尝试把东莞粤语韵尾的演变放到整个广东的语言环境下去考察。从地理特点上我们发现，粤东地带韵尾演变较厉害，不仅粤语如此，周边的闽语也如此。但奇怪的是，分布在东江中上游一带与东莞粤语相连的这一片土语（刘叔新等认为是粤语）却比较完整地保留了中古时的韵尾（部分曾梗

摄字有 -ŋ→ -n 的演变)。东莞粤语中靠近惠州的谢岗、桥头等地也是如此，韵尾反而演变得要慢些。而东莞的大部分方言点韵尾都有较大的合流演变，东莞往南到沙井等地，同样韵尾分化演变严重，跳过惠东而与粤东潮汕地区韵尾 -ŋ 化相似。这其中有无关系，难以下定论。历史上确有潮人来莞的记载，如陈伯陶《东莞县志》记载："……三十里外土音不同，大约近城之声，轻清远城之声，重浊其尤异者，如涌口之民间为东语（闽泉乡语），七都所操亦杂鹤音。"[①] 据《东莞市志》记载，在1987年姓氏调查中，全市共有285姓，这些姓氏不少是历史上从外地迁入的。一路是从江西越过大庾岭，聚南雄珠玑巷后迁莞的；另一路是从福建的莆田、泉州、福州、同安等地前来的。

东莞粤语韵尾的变化是否受客家话影响还有待商榷。但不可否认，在广东的有些地方，韵尾的演变分化受了客家话或其他语言的影响。然而，东莞粤语的情况有所不同。据《东莞方言说略》一书记录，东莞清溪客家话较完整地保留了中古入声韵尾，而我们调查到的清溪粤语入声韵尾却发生了喉塞化甚至舒化，此其一。其二，我们所调查的发音人基本上都不会讲客家话，东莞除东南几个大多数为客家人的镇之外，其他镇区基本通行粤语，而讲粤语的人较少会讲客家话。其三，上文也说到，东江中上游一带应该是客家话的大地盘，但其土语相对而言却保留了较为完整的中古韵尾，这一现象恐怕也难以解释为什么处于客家话腹地的土语没有受客家话影响而分化，反而是较远的东莞粤语受了客家话的影响。基于以上现实与疑虑，我们不太赞成用客家话对粤语的影响来解释东莞粤语入声的演变分化。

五、阳声韵尾与入声韵尾演变小结

总的来说，东莞粤语入声韵尾和阳声韵尾的历时演变与平面地理演变互相印证。东莞粤语阳声韵尾演变总的规律与方向是古咸深山臻摄 -m、-n 向 -ŋ 的发展演变，中古曾、梗摄（文读）-ŋ 则多逆势演变为 -n；入声韵尾整体来说发音部位都是朝着舌根、喉这一方向发展，即 -p→ -k→ -ʔ→0 或 -t→ -k→ -ʔ→0 或 -k→ -ʔ→0，部分方言点有逆势发展的情况，即 -k→ -t。阳声韵尾与入声韵尾的演变均具有渐变性特点。东莞粤语阳声韵尾与入声韵尾的演变应该是其语音自身发展演变的结果，演变的原因与机制以主元音对韵尾的制约为主，音系自身调节为辅。

① 陈伯陶编:《东莞县志》(据1927年铅印本影印)，台北：成文出版社，1967年，第85页。

第四节　蟹、止摄元音的链移演变

元音的演变在音系格局中占有重要意义，对于元音的演变研究历来备受重视，早期的元音大转移之说，到现代汉语方言中的主元音连锁演变等，人们对于汉语方言中的元音演变逐渐关注起来，如陈立中《论湘语、吴语及周边方言蟹假果遇摄字主要元音的连锁变化现象》（2005）、刘镇发《温州方言在过去一世纪的元音推移》（2006）、朱晓农《元音大转移和元音高化链移》（2005）、彭建国《吴语、湘语主元音链变类型比较》（2009）。在讨论到元音的链变推移时，多数讨论的是湘语、吴语、湘南土话、粤北土话、北部平话、徽语、东北部闽语、闽西客家话、沅陵乡话等方言，只有少数文章涉及粤语的元音推移，其实元音的链移在东莞粤语中也有很明显的表现。下文我们拟探讨东莞粤语蟹摄（蟹一、蟹三四）与止摄（帮非泥精庄见组字）之间的链移演变。

蟹摄在粤语中一般呈蟹摄开口一等、二等、三四等、合口一等有别的状态，如广州话蟹摄开口一等、二等、三四等、合口一等保持着 ɔi/ai/ɐi/ui（œy）的分野。止摄“支脂之微”诸韵在现代粤语中已经合流，且根据声母的不同，韵母也有所分化，一般是帮见晓组（部分舌齿音字）与舌齿音影组韵母有别，合口见晓组与蟹三四合流，舌齿音则与蟹合口一等合流。

东莞粤语蟹、止摄的分合在类型上与广州话稍有不同：即蟹开一普遍高化，而与蟹合一合流（多读为 oi、ui 等复元音）。蟹、止摄其他韵在分合类型上与广州话一致，而在音质上有所区别：即蟹摄三四等主元音普遍后化（多读为 ɔi 或 ɔe 等复元音），止摄（帮非精庄见晓组字）韵母则多读为 ɐi。联系蟹摄和止摄的演变，我们发现东莞粤语蟹摄（蟹一、蟹三四）与止摄（帮非泥精庄见组字）之间形成了一种链移关系。下文我们拟阐释蟹摄主元音的演变与止摄主元音的演变，以及两摄之间的元音链变关系。

一、蟹摄主元音的高化与止摄主元音的 ɐ 化

（一）蟹摄主元音的演变

1. 蟹摄一等主元音的高化演变

东莞大多数方言中蟹摄开口一等咍泰韵与合口一等灰韵合流，主要有 ui、oi 两种形式。此外，稍有不同的是莞城、万江话见、晓、影组字读为 ui（或 i），非见、晓、影组字则多变读为 ɵ；望牛墩话有少数字读为 ɐi。东莞其他方言点蟹摄一等基本上不论舌齿音还是唇音、牙喉音，韵母均相同（当然与广州话等其他粤语一样，东莞粤语中蟹摄一等也有如“带”“戴”“态”“赖”等

读为 ai 的字）。例如：

	广州	莞城	万江	望牛墩	谢岗	厚街	石龙	麻涌	东坑
才	ts^{h}ɔi^{21}	ʧ^{h}ɵ^{21}	ʧ^{h}ɵ^{21}	ʧ^{h}oi^{21}	ʧ^{h}oi^{21}	ʧ^{h}ui^{21}	ʧ^{h}ui^{21}	ʧ^{h}ui^{21}	ʧ^{h}ui^{21}
海	hɔi^{35}	fi^{35}	fi^{35}	fɐi^{35}	foi^{55}	fui^{35}	fui^{35}	hui^{35}	fui^{45}
盖	kɔi^{33}	k^{h}ui^{332}	k^{h}ui^{332}	k^{h}ɐi^{24}	k^{h}oi^{33}	k^{h}ui^{332}	k^{h}ui^{24}	k^{h}ui^{44}	k^{h}ui^{13}
雷	lœy^{21}	lɵ^{21}	ŋɵ^{21}	ŋoi^{21}	loi^{21}	lui^{21}	lui^{21}	lui^{21}	lui^{21}
最	tsœy^{33}	ʧɵ^{332}	ʧɵ^{332}	ʧoi^{24}	ʧoi^{35}	ʧui^{332}	ʧui^{24}	ʧui^{44}	ʧui^{13}

由上可知，东莞的蟹摄一等字相对于广州话来说主元音舌位更高，而各镇区语音平面之间 oi、ui 的差异显示了一种高化演变过程。

王力先生认为在隋唐时期咍泰韵已经合流，且将它们归为咍部，开口字拟音为 *ɑi，合口字拟音为 *uɑi。① 在粤语现实的语音平面上，我们也发现以广州话为代表的大多数粤方言蟹摄一等主元音为后列的元音 ɔ，这说明粤语多数方言点蟹摄一等主元音是从后低元音发展而来的。我们从东莞现实的语音平面也认为东莞粤语蟹摄一等经历了以下从后低到高的演变过程：

蟹开一　*ɑi→ɔi→oi→ui（→ɵ）

蟹合一　*uɑi→uɔi→uoi→ui（→ɵ）

蟹摄一等主元音的高化演变应该很早就已经开始了。《东莞方言》记载当时的东莞石龙话蟹开一、合一已经合流为 uí（ui），如“灰、开”记为 fuí，“在、醉”记为 tsuí。②

蟹摄一等的高化演变不仅在东莞如此，在广州江村、钟落潭、黄埔及佛山高明等地也存在同样的 ɔi→oi→ui 高化现象，可参看李新魁先生《广东的方言》（1994）、陈卫强《广州地区粤方言语音研究》（2008）。

2. 蟹摄三、四等元音后化演变

蟹摄三、四等在东莞粤方言中有 ɔi（ɔe）、ɐi（uɐi、uɛ）、ai、ᴇi 几种形式，而以读为 ɔi 最为常见。例如：

---

① 参考王力：《汉语语音史》，北京：商务印书馆，2008 年。

② J. Dyer Ball, The Tung-kwun Dialect, 1889 – 1890, *The China Review*, vol. 18, pp. 284 – 299.

	莞城	万江	望牛墩	石龙	厚街	麻涌	东坑	虎门	谢岗
世	ʃɔi332	ʃɔi332	ʃɔi24	ʃɔi24	ʃɔi332	ʃɐi44	ʃuɐi13	ʃai44	ʃEi33
西	ʃɔi132	ʃɔi13	ʃɔi13	ʃɔi32	ʃɔi13	ʃɐi53	ʃuɐi32	ʃai13	ɬEi32
鸡	kɔi132	kɔi13	kɔi13	kɔi32	kɔi13	kɐi55	ʃuɐi32	kai13	kEi32
惠	uɔi332	uɔi332	uɔi33	uɔi43	uɐi332	uɐi32	uɐi33	uai332	uEi33

参照汉语语音发展史，蟹摄三、四等在唐代已经合流，王力先生将其合为齐稽韵，拟音为 *æi。① 这时蟹摄三、四等可能的演变途径有高化、低化或后化，但在音系格局中蟹摄二等这时已经占据了 ai 的位置，蟹摄三、四等主元音在东莞粤语中往后走的发展空间更大。在今天的东莞粤语中，蟹三、四等也主要表现为 ɔi、ɐi 等读音形式，与蟹摄一、二等有别；只有极少数方言选择了低化为 ai，与蟹摄二等合流，如虎门话；谢岗选择了高化为Ei（与古音较近）。我们据东莞粤语平面的材料，推断蟹摄三、四等在莞城、万江、望牛墩、石龙、厚街等多数方言点中的演变过程为：

蟹摄三、四等 *æi→ɐi→ɔi（大多数东莞粤语，为主流演变形式）

东莞粤语蟹摄三、四等主元音的后高化也是比较早的，《东莞方言》记载当时的东莞石龙话蟹摄三、四等已经为 oí（ɔi），如：泥 noí、洗 soí。②

（二）止摄开口主元音的 ɐ 化

我们再来看看与蟹摄有着密切关系的止摄的情况，止摄同样是以 i 为韵尾的韵摄，所以在演变上似乎总与蟹摄有着某种关联。

在东莞粤语中，止摄不同的声母所辖的字读音有别，开口字读音一分为二：帮组、泥来母、精庄组、见组一般读为一类音，其语音形式有 ɐi、Ei、ei、e 几种形式，以 ɐi 为主（详见下文举例）；知章组、疑影喻母字为一类音，均读为 i，如：纸 ʧi35、迟 ʧʰi21、二 i332、移 i21（莞城）等。止摄合口三分：非组为一类，读音形式有 ɐi、Ei、ei、e 几种形式，以 ɐi 为主；舌齿声母字为一类，读音形式同蟹摄一等，读为 ui、oi、ɵ 等几种；牙喉声母字为一类，带有合口 u 介音，与蟹摄三、四等合口合流，一般为 uɐi 或 uɔi。在这里我们主要讨论止摄开口三等帮组、泥来母、精庄组、见组、合口三等非组这一类音的演变及其与蟹摄之间的关系（暂时不展开讨论止摄开口知章组、疑影喻母这些读为 i 韵母的字以及不属于非组合口的字）。

---

① 参考王力：《汉语语音史》，北京：商务印书馆，2008 年。

② J. Dyer Ball, The Tung-Kwun Dialect, 1889－1890, *The China Review*, Vol. 18, pp. 284－299.

对于帮组（合口非组）、泥来母、精庄组、见组读为ɐi、ᴇi、ei、e的现象，我们举例如下：

	莞城	万江	望牛墩	厚街	石龙	东坑	谢岗	麻涌	中堂江南
皮	pʰɐi^{21}	pʰɐi^{21}	pʰɐi^{21}	pʰɐi^{21}	pʰɐi^{21}	pʰɐi^{21}	pʰɐi^{21}	pʰᴇi^{21}	pʰe^{21}
梨	lɐi^{21}	lɐi^{21}	lɐi^{21}	lɐi^{21}	lɐi^{21}	lɐi^{21}	lɐi^{21}	lᴇi^{21}	le^{21}
狮	ʃɐi^{132}	ʃɐi^{13}	ʃɐi^{13}	ʃɐi^{13}	ʃɐi^{55}	ʃɐi^{32}	ʃi^{32}	ʃᴇi^{55}	ʃe^{55}
字	ʧɐi^{332}	ʧɐi^{332}	ʧɐi^{33}	ʧɐi^{332}	ʧɐi^{43}	ʧɐi^{33}	ʧɐi^{33}	ʧᴇi^{32}	ʧe^{32}
寄	kɐi^{332}	kɐi^{332}	kɐi^{24}	kɐi^{332}	kɐi^{24}	kɐi^{13}	kɐi^{35}	kᴇi^{44}	ke^{13}
希	hɐi^{132}	hɐi^{13}	hɐi^{13}	hɐi^{13}	hɐi^{32}	hɐi^{32}	hɐi^{32}	hᴇi^{53}	he^{55}
尾	mɐi^{24}	mɐi^{24}	mɐi^{24}	mɐi^{13}	mɐi^{24}	mɐi^{13}	mɐi^{13}	mᴇi^{24}	me^{13}
飞	fɐi^{132}	fɐi^{13}	fɐi^{13}	fɐi^{13}	fɐi^{32}	fɐi^{32}	fɐi^{32}	fᴇi^{53}	fe^{55}

参照《汉语语音史》，在隋唐时期，止摄支脂之韵已经合为一部，而且开口韵与合口韵在反切中可以互用，在唐诗中也可通押，王力先生将其归为脂部，拟音为*i；且认为隋中唐的脂微两部，到晚唐合并为一部，拟音为*i。① 从东莞各方言点知章组、疑影喻母字均读为i的现象可以看出，i是一种早期语音形式，而ɐi、ᴇi 、ei、e等语音形式均是后起的变化。

《东莞方言》记载当时的东莞石龙话止摄比较复杂，除去知庄章影等组读为i的之外，韵尾为i的韵母记有两种，大体为：精组记为aí（ɐi），帮非见组和泥来母记为éí（ei）［“披”等个别字韵母也记为aí（ɐi）］。② 很显然，在一百多年前的石龙话中éí（ei）→aí（ɐi）的演变正在进行中。而我们2009年调查的石龙话（详见下文举例），止摄开口三等帮非见组、泥来母字与精组同，都已经由ei演变为ɐi。

	字	慈	非	喜	理	尾
1889年	tsaí	tsʻaí	féí	héí	léí	méí
2009年	ʧɐi^{43}	ʧʰɐi^{21}	fɐi^{32}	hɐi^{35}	lɐi^{24}	mɐi^{24}

结合历史语料和现实平面的语料，我们可以看到东莞粤语这部分字（帮非泥精庄见组字）的裂变过程应该为：

① 参考王力：《汉语语音史》，北京：商务印书馆，2008年。

② J. Dyer Ball, The Tung-kwun Dialect, 1889－1890, *The China Review*, Vol. 18, pp. 284－299.

止开三 i→ei→ɛi→ɐi（以莞城、石龙为代表的大多数方言点）
↓
e（江南等少数方言点 i 韵尾脱落）

二、蟹一、蟹三四、止开（牙喉音除外）之间的链变

我们把上文总结的演变过程放到一起来看：

蟹开一 *ɑi→ ɔi→ oi→ ui（→ɵ）
蟹合一 *uɑi→uɔi→uoi→ui（→ɵ）
蟹三四 *æi→ɐi→ɔi（大多数东莞粤语，为主流演变形式）
止开三 i→ei→ɛi→ɐi（以莞城、石龙为代表的大多数方言点）
↓
e（江南等少数方言点 i 韵尾脱落）

从上表中我们可以看出，蟹摄一等的高化、蟹三四的 ɔi 后化、止摄开三的 ɐi 化在东莞粤语中是主流演变方式。我们现在要讨论的链移变化就发生在这大多数东莞粤语的演变过程中，剔除江南、虎门、谢岗等少数方言点的其他演变途径，我们再来看下例：

蟹开一 *ɑi（uɑi）→ [ɔi（uɔi）] →oi（uoi）→ ui（主流形式）
蟹三四 *æi → [ɐi] → ɔi（主流形式）
止三 i→ei→ɛi→ ɐi（主流形式）

蟹摄一等的高化、止摄开三的 ɐi 化以及蟹摄三四等的后化在莞城、温塘、石龙、望牛墩、高埗、厚街、大岭山、横沥、茶山、中堂潢涌等大多数东莞粤语中形成 ei、ɐi、ɔi、oi（ui）的链移演变。蟹摄一等高化为 oi（ui），留下空位，吸引蟹摄三四等演变；蟹摄三四等后化为 ɔi，留下空位，吸引止摄裂变之后再低化。上文已经说到，在石龙话的历史语料中，蟹开一的高化与蟹三四的后化在 1889 年（或之前）就已经完成，而止摄 éí（ei）→aí（ɐi）的低化当时还在演变中（现在石龙话止摄这部分字均已读为 ɐi）。据此，我们认为 ei、ɐi、ɔi、oi（ui）之间的链移演变应该先由蟹一的高化而启动，从而吸引蟹摄三四等后化和止摄三等的 ɐi 化。

陈立中（2004）认为，汉语元音的主要演变方式是反时针方向。东莞粤语止蟹摄的链变也是一个例证。当然并不是东莞粤语所有的方言点都参与这种推移演变。比如麻涌，蟹摄一等高化之后，也未引起蟹三四的后高化；又如虎门，虽蟹一高化留出 ɔi 的空间，但蟹三四并未填补这一空位，而是选择与蟹二合流。这些都是个别方言点的不同表现。

第五节　浊上归阴去探讨

浊上归去在绝大多数方言中都存在，也是历史上很早就开始了的一种语音演变。广州话虽然有独立的阳上调，但全浊上部分字也同其他方言一样归入了阳去。而在东莞粤语中，大部分方言点存在着次浊上和部分全浊上归阴去的现象，与广州等地粤语明显不同。本节尝试探讨这一现象的演变类型与成因。

一、东莞各镇（区）浊上（包括次浊全浊）归阴去的现象

在东莞各镇（区）方言中均有浊上归去的现象，但归去的方式有几种类型。我们首先把全浊上字分成两类，即如辛世彪先生《东南方言声调比较研究》一文分为 A、B 两类：A 类为书面语用字，如“惰、祸、下、厦、部、杜、户、序、巨、父、竖、待、在、弟、罪、汇、是、技、妓、巳、士、柿、跪、道、稻、皂、浩、鲍、赵、兆、绍、后、妇、受、渐、犯、甚、诞、旱、限、辨、辩、践、善、件、拌、伴、肾、混、愤、荡、象、像、橡、丈、仗、上、项、杏、幸、静、并、锭、动、奉”等；B 类为口语用字，如“坐、社、肚、倍、被、似、市、抱、造、厚、舅、淡、断、近、艇、重”等（B 类部分字常常有文白读）。在东莞粤语中次浊上与全浊上归去的类型主要有以下几种：

第一，次浊上、全浊上 B 类独立为阳上，全浊上 A 类归入阳去（去声分阴阳）或去声（去声不分阴阳）。

（1）次浊上、全浊上 B 类独立为阳上，全浊上 A 类归入阳去（去声分阴阳），这一小类包括虎门（赤岗）、谢岗、麻涌等方言。例如：

	次浊上/阳上		全浊上 B 类/阳上		全浊上 A 类/阳去		清去/阴去		浊去/阳去	
	老	网	柱	坐	父	件	嫁	试	共	树
赤岗	lou^{24}	mɔŋ^{24}	ʧʰy^{24}	ʧʰo^{24}	fu^{332}	kin^{332}	ka^{44}	ʃi^{44}	koŋ^{332}	ʃy^{332}
谢岗	lau^{13}	mɔŋ^{13}	ʧʰy^{13}	ʧʰɔ^{13}	fu^{33}	kʰin^{33}	ka^{35}	ʃi^{35}	kʰoŋ^{33}	ʃi^{33}
麻涌	lou^{24}	mɔŋ^{24}	ʧʰy^{24}	ʧʰɔ^{24}	fu^{32}	kin^{32}	ka^{44}	ʃi^{24}	koŋ^{32}	ʃy^{32}

说明：谢岗方言中另有部分清去归阳去，例如：次 = 自 ʧʰɐi^{33}、孝 = 效 hau^{33}；麻涌有少数清去字混入阳上，如：吓 ha^{24}、恶 ɔ^{24}、寓 y^{24}、奋 fɐŋ^{24}、训 fɐŋ^{24}、逛 kʰɔŋ^{24}。

列示意图如下：

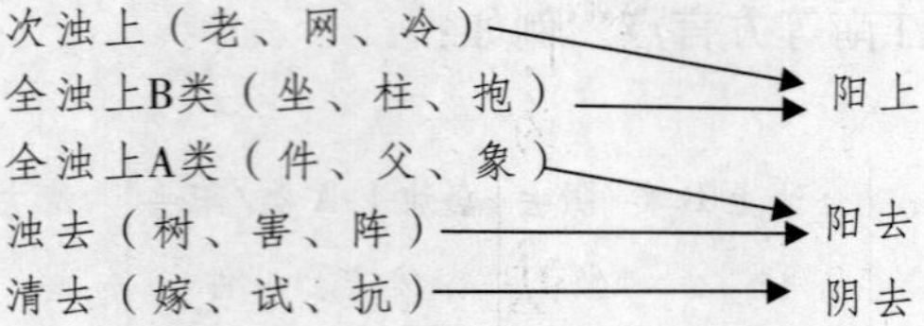

（2）次浊上、全浊上 B 类独立为阳上，全浊上 A 类归入去声（去声不分阴阳）。这一类包括莞城、万江、道滘等地方言。例如：

	次浊上/阳上		全浊上 B 类/阳上		全浊上 A 类/去声		清去/去声		浊去/去声	
	老	网	柱	坐	父	件	嫁	试	共	树
莞城	lɔu^{24}	mɔŋ^{24}	ʧʰy^{24}	ʧʰo^{24}	fu^{332}	kin^{332}	ka^{332}	ʃi^{332}	koŋ^{332}	ʃy^{332}
万江	ŋɐu^{24}	mɔŋ^{24}	ʧʰi^{24}	ʧʰɔ^{24}	fu^{332}	kin^{332}	ka^{332}	ʃi^{332}	koŋ^{332}	ʃi^{332}

说明：在这类方言中，个别去声字也读入阳上，如：盖、预 i^{24}。

列示意图如下：

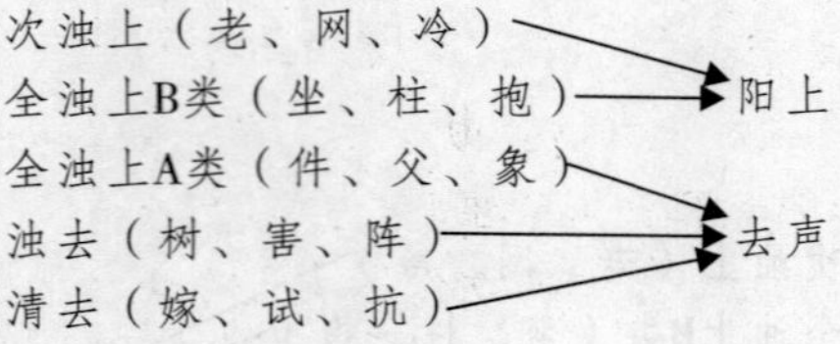

厚街话在合流形势上是次浊上、全浊上 B 类与阴平合流，极少数古去声字也与之合流归入阴平，如：亚＝鸦 a^{13}、冀 kʰɐi^{13}、泛＝范 fiaŋ^{13}、浸 ʧɔŋ^{13}、雁 ŋiaŋ^{13}等字。全浊上 A 类归入去声（去声不分阴阳）。例如：

	次浊上/阴平		全浊 B 类/阴平		全浊 A 类/去声		清去/阴平或去声		清去浊去/去声		
	老	网	柱	坐	父	件	亚	嫁	试	共	树
厚街	lou^{13}	mɔŋ^{13}	ʧʰi^{13}	ʧʰo^{13}	fu^{332}	kin^{332}	a^{13}	ka^{332}	ʃi^{332}	koŋ^{332}	ʃi^{332}

第二，次浊上、全浊上 B 类归入阴去，全浊上 A 类归入阳去。这一类根

据阴去与阳去的分合情况，我们又可以分为以下类型：

（1）次浊上、全浊上B类与整个清去合流为阴去，浊去独立为阳去。属于这一类型的方言有东城温塘、茶山粟边、石龙、石排、东坑、大朗、横沥、常平、塘厦、中堂江南等方言点。例如：

	次浊上/阴去		全浊上B类/阴去		全浊上A类/阳去		清去/阴去		浊去/阳去	
	老	网	柱	坐	父	件	嫁	试	共	树
温塘	lɐu^{24}	moŋ^{24}	ʧ^{h}iː^{24}	ʧ^{h}o^{24}	fu^{44}	kɪŋ^{44}	ka^{24}	ʃiː^{24}	kɤŋ^{44}	ʃiː^{44}
粟边	lou^{13}	mɔŋ^{13}	ʧ^{h}iː^{13}	ʧ^{h}o^{13}	fu^{33}	kin^{33}	ka^{13}	ʃi^{13}	kɤŋ^{33}	ʃi^{33}
石龙	lou^{24}	mɔŋ^{24}	ʧ^{h}y^{24}	ʧ^{h}o^{24}	fu^{43}	kin^{43}	ka^{24}	ʃi^{24}	koŋ^{43}	ʃy^{43}
石排	lou^{24}	mɔŋ^{24}	ʧ^{h}iː^{24}	ʧ^{h}o^{24}	fu^{44}	k^{i}ɪn^{44}	ka^{24}	ʃiː^{24}	kɤŋ^{44}	ʃiː^{44}
东坑	lou^{13}	mɔŋ^{13}	ʧ^{h}iː^{13}	ʧ^{h}o^{13}	fu^{33}	ken^{33}	ka^{13}	ʃi^{13}	kɤŋ^{33}	ʃi^{33}
大朗	lou^{13}	mɔŋ^{13}	ʧ^{h}iː^{13}	ʧ^{h}o^{13}	fu^{33}	kin^{33}	ka^{13}	ʃi^{13}	kɤŋ^{33}	ʃi^{33}
横沥	lɐu^{24}	mɔŋ^{24}	ʧ^{h}iː^{24}	ʧ^{h}o^{24}	fu^{443}	ken^{443}	ka^{24}	ʃiː^{24}	kɤŋ^{443}	ʃi^{443}
常平	lɐu^{24}	mɔŋ^{24}	ʧ^{h}iː^{24}	ʧ^{h}o^{24}	fu^{43}	kɪn^{43}	ka^{24}	ʃiː^{24}	koŋ^{43}	ʃi^{43}
塘厦	lou^{13}	muɔŋ^{13}	ʧ^{h}iː^{13}	ʧ^{h}uɔ^{13}	fu^{33}	kin^{33}	ka^{13}	ʃi^{13}	koŋ^{33}	ʃi^{33}
江南	lo^{u13}	mɔŋ^{13}	ʧ^{h}y^{13}	ʧ^{h}ɔ^{13}	fu^{32}	kin^{32}	ka^{13}	ʃi^{13}	koŋ^{32}	ʃy^{32}

说明：江南话中有个别清去字归阳去，如：暗 ɐm^{33}。横沥话中有个别清去字变读为35调，如“爱、变”等，与上声同。

列示意图如下：

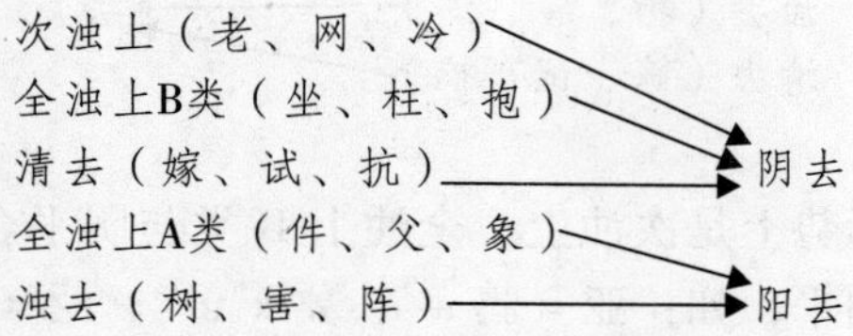

（2）次浊上、全浊上B类与部分清去合流为阴去，部分清去归阳去。属于这一类型的方言点有：望牛墩、高埗、石碣、中堂潢涌等地。例如：

	次浊上/阴去		全浊上B类/阴去		全浊上A类/阳去		清去/阴去		清去浊去/阳去	
	老	网	柱	坐	父	件	嫁	试	放	共
望牛墩	ŋou^{24}	mɔŋ^{24}	ʧ^{h}i^{24}	ʧ^{h}o^{24}	fu^{33}	k^{i}ɪn^{33}	ka^{24}	ʃi^{24}	fɔŋ^{33}	koŋ^{33}

	次浊上/阴去		全浊上 B 类/阴去		全浊上 A 类/阳去		清去/阴去		清去浊去/阳去	
	老	网	柱	坐	父	件	嫁	试	放	共
高埗	ŋɐu^{24}	mɔŋ^{24}	ʧʰi^{24}	ʧʰo^{24}	fu^{332}	kin^{332}	ka^{24}	ʃi^{24}	fɔŋ^{332}	koŋ^{332}
石碣	lɔu^{24}	mɔŋ^{24}	ʧʰy^{24}	ʧʰo^{24}	fu^{43}	kin^{43}	ka^{24}	ʃi^{24}	fɔŋ^{43}	koŋ^{43}
潢涌	ŋou^{24}	mɔŋ^{24}	ʧʰi^{24}	ʧʰo^{24}	fu^{32}	kin^{32}	ka^{24}	ʃi^{24}	fɔŋ^{32}	koŋ^{32}

说明：这部分方言点的清去只有一小部分字归入阳去，如中堂潢涌的大多数清去归阴去，少数清去如“副、欠、店、建、放、变、爱”等字归阳去，看不出明显的规律。但这一类型的方言次浊上、全浊上 B 类与清去合流的事实与第二类的第一小类是一致的。

列示意图如下：

次浊上（老、网、冷）→ 阴去
全浊上B类（坐、柱、抱）→ 阴去
清去（嫁、试）→ 阴去
清去（放）→ 阳去
全浊上A类（件、父、象）→ 阳去
浊去（树、害、阵）→ 阳去

其他还有企石、桥头等地也有次浊上、全浊上 B 类与清去合流的现象，企石为次浊上、全浊上 B 类与部分清去合流为阴去，部分清去另为一调，调值是35，应该为变调，如企石：

	次浊上/阴去1		全浊上 B 类/阴去1		全浊上 A 类/阳去		清去/阴去1		清去/阴去2		浊去/阳去	
	老	网	柱	坐	父	件	嫁	试	怕	送	共	树
企石	lou^{13}	mɔŋ^{13}	ʧʰi^{13}	ʧʰo^{13}	fu^{33}	ken^{33}	ka^{13}	ʃi^{13}	pʰa^{35}	ʃɤŋ^{35}	kɤŋ^{33}	ʃi^{33}

桥头次浊上少数字如“五、老”归上声，次浊上大部分、全浊上 B 类归入阴去，全浊上 A 类归入阳去。清去部分字为阴去，部分字读为35 变调，部分字与浊去归阳去。如：

	次浊上/上声阴去1		全浊上 B 类/阴去1		全浊上 A 类/阳去		清去/阴去1		清去/阴去2		清去浊去/阳去	
	老	网	柱	坐	父	件	嫁	试	对	变	副	共
田新	lɐu^{55}	moŋ^{13}	ʧʰy^{13}	ʧʰo^{13}	fu^{443}	kin^{443}	ka^{13}	ʃi^{13}	tui^{35}	pin^{35}	fu^{443}	koŋ^{443}

从以上我们的描写归纳可以看出，在东莞各镇（区）方言中，存在次浊上、全浊上与清去合流这一现象的方言分布非常之广，包括第二类中所有的方言点。

需要说明的是，全浊上 B 类如“坐、倍、似、舅、淡、断、近、重”等字有文白异读，白读音为送气音，其演变类型如上文所述；而文读音则读为不送气音，跟随全浊上 A 类一同演变。

二、东莞各镇（区）浊上（包括次浊全浊）归阴去的性质

汉语方言的阳上调是相对不稳定的一个调类，在现代汉语方言中保留阳上调的为数不多，大部分方言浊上字都归到其他调类当中去了。粤语是为数不多的保留阳上调的汉语方言，我们全面考察各地粤方言，发现这个特点还是比较一致的，在广州、顺德、中山、斗门、云浮、廉江、台山、德庆、怀集、郁南等地均有阳上调。然而，我们在粤语的其他少数地方也发现了浊上归阴去的现象，据辛世彪先生《东南方言声调比较研究》介绍，① 从化、清远、高明、佛冈等地浊上 A 类字归阳去，B 类字归阴去，与东莞东部各镇一致。香港新界 B 类字归阴去后再同阴去字一同归阳平，鹤山部分 B 类字归阴平，也可能是先归阴去然后与阴去字一同归阴平的。除此之外，据刘叔新先生《东江中上游土语群研究：粤语惠河系探考》介绍，东江中上游一带也有浊上归阴去的现象，“去声分阴阳的土语，古阳上调的字大部分归入阴去调，如‘有’‘染’‘坐’‘抱’‘似’‘灸’‘引’‘远’‘晚’‘社’‘网’‘眼’‘舅’等”②，这些土语包括惠州话、博罗话、水口话、横沥话、平陵话、古竹话、河源话。辛世彪先生《东南方言声调比较研究》一书也说到，少数客方言如惠州、河源、大余全浊上 A 类字归阳去，B 类字归阴去。③

总结广东粤语浊上归阴去这一现象，其实主要集中在东江一带，其他地方偶有零星的分布。邵宜先生等的《吉隆坡现代粤语阳上变阴去现象解因》揭示海外吉隆坡的粤语中同样也存在浊上归阴去的现象，并认为吉隆坡粤语的这一特点是受客家话影响（母语迁移）产生的调类变化。④ 东莞粤语与吉隆坡粤语浊上归阴去的现象一致，但阴去调调值则表现各异，且两地的语言背景也不一样。东莞粤语浊上归阴去的现象是属于自身音系的整合，还是外

---

① 辛世彪：《东南方言声调比较研究》，上海：上海教育出版社，2004 年，第 50 页。

② 刘叔新：《东江中上游土语群研究：粤语惠河系探考》，北京：中国社会出版社，2007 年，第 38 页。

③ 辛世彪：《东南方言声调比较研究》，上海：上海教育出版社，2004 年，第 49 页。

④ 邵宜、冼伟国：《吉隆坡现代粤语阳上变阴去现象解因》，《广州大学学报》（社会科学版）2004 年第 10 期；亦收录于《首届海外汉语方言国际研讨会文集》，广州：暨南大学出版社，2009 年，第 100 ~ 106 页。

来方言的影响，值得探讨。我们拟从东莞粤语内部地理差异与类型、调值的变化以及与周边方言的比较来探讨这一现象的性质与成因。

（一）地理类型考察

我们把上文分析的类型整理成以下顺序：

（1）次浊上、全浊上B类独立为阳上，清去独立为阴去，全浊上A类与浊去归入阳去（去声分阴阳）。

（2）次浊上、全浊上B类与整个清去合流为阴去，全浊上A类与浊去归为阳去。

（3）次浊上、全浊上B类与部分清去合流为阴去，全浊上A类、部分清去与浊去归阳去。

（4）次浊上、全浊上B类独立为阳上，全浊上A类、清去和浊去归入去声（去声不分阴阳）。

从以上几种类型来看，显然第（1）类是最早的，存在古阳上调，且去声亦按清浊分为阴阳两类，只有全浊上A类并入阳去。第（2）、（3）、（4）类中蕴含着两条演变规律：一条是次浊上、全浊上B类归阴去；一条是清去与浊去合流。第（2）类的方言在清去与浊去还没有合流之前，次浊上、全浊上B类即已归阴去；第（4）类型的方言清去与浊去合流，而与次浊上、全浊上对立。第（3）类的方言则受两条规律的影响，在阴去还没有与次浊上、全浊上B类完全合流之前，受清去与浊去合流规律的影响，一部分清去字归入阳去。第（3）类可以说是第（2）类和第（4）类的中间过渡状态。从东莞粤语各方言点类型上的差异，我们可以看出清去与次浊上、全浊上B类合流经历了一个渐变的过程，这符合语音音系自身的演变规律。

（二）调值变化的考察

我们抛开表面的合流现象来看看东莞粤语古阳上、阴去的调值也能找到一些线索。

在东莞各镇（区）粤语中，凡有阳上调的方言，其阳上调值均为24（或13），阴去往往为44，或去声为332。从这里我们大致可以看出，在阳上没有和阴去合流之前，阳上应该为一个中升调24（或13），阴去应该为类似44或者33的中平调。而阳上与阴去合流之前，阴去调的调值应该发生了变化，变成与阳上一致或接近的调值。在现在的东莞粤方言中，我们还能看到$\underline{33}\to\underline{13}$（33→13）演变的例子。我们常说粤语是九声六调，也就是说，入声的三个调实际上与阴平、阴去、阳去处于同一调型及高度，只是长短不同。在东莞粤语中，我们发现，在有清去与次浊上、全浊上B类合流的方言中，相对应地，下阴入调也变成了一个升调（$\underline{24}$或$\underline{13}$），与阴去调调形保持一致，只是时值长短不同。此外，在一些方言点中虽然阴去字与下阴入字单念已经变成24/$\underline{24}$

(或 13/$\underline{13}$)，但在连读或词语中却还可以看到其原来的面貌。例如虎门话：铁 $t^{he}ik^{3}$桥，炼铁 $t^{he}ik^{24}$；国 $kɔ^{ʔ3}$庆，爱国 $kɔ^{24}$。白石岗话：客 $hiek^{3}$/$hiek^{\underline{13}}$(自由变体)。虽然这种变化不多，但已经能说明 33（44）与 13（24）之间的演变关系了。

根据以上调值变化的考察与分析，我们认为，东莞粤语阳上与阴去合流的性质只是调值演变导致的合并现象。

（三）与周边方言的比较

我们拿有浊上归阴去的东莞粤语（以江南、大朗两个点为代表）、东江中上游土语（惠州话）与广州话及东莞清溪客家话、惠阳客家话①作一个简单的比较。如下所示：

	广州	江南	大朗	惠州话	清溪客家话	惠阳客家话
清平	阴平 55/53	阴平 55	阴平 43	阴平 33	阴平 33	阴平 44
浊平	阳平 21/11	阳平 21	阳平 21	阳平 11	阳平 11	阳平 11
清上	阴上 35	上声 35	上声 55	上声 35	上声 21	上声 31
次浊上	阳上 13	阴去 13	阴去 13	上声 35/阴去 13	阴平 33	上声 31/阴平 44
全浊上 B 类	阳上 13	阴去 13	阴去 13	阴去 13	去声 42	去声 53/阴平 44
清去	阴去 33	阴去 13	阴去 13	阴去 13	去声 42	去声 53
全浊上 A 类	阳去 22	阳去 33	阳去 33	阳去 21	上声 21	去声 53/阴平 44
浊去	阳去 22	阳去 33	阳去 33	阳去 21	去声 42/上声 21	去声 53
清入	上阴入 5	阴入 5	阴入 5	阴入 5	阴入 22	阴入 1
	下阴入 3	阳入 3	下阴入 $\underline{13}$	阴入 5	阴入 22	阴入 1
浊入	阳入 2	阳入 3	阳入 3	阳入 2	阳入 55	阳入 5

从上文可以看出，东莞的粤语和惠州土语在调值及古今声调的对应上还是与广州话更近，与客家话较远。阳上字不多，就算阳上与阴去合流，也不会造成同音字的大量增多。我们认为，东莞粤语阳上归阴去应该说是声调的一种合理简化，与客家话的影响无关。在东莞，无论是粤客杂处之地（如塘厦、桥头）还是纯粤镇（如石龙、常平等），都有浊上归阴去的现象，当然在粤客杂处之地也有浊上不归阴去的现象，如谢岗话，次浊上、全浊上 B 类独

① 惠阳客家话参考周日健：《广东省惠阳客家话音系》，《方言》1987 年第 3 期，第 232 ~ 237 页。

立为阳上，不与清去混同。

刘叔新在《东江中上游土语群研究：粤语惠河系探考》一书中，拿本地土语与广州话进行比较之后，也说到“惠河博（笔者注：指惠州、河源、博罗等土语）等地方虽然阳上调消失，但是相当一部分原阳上调字仍带着原低升调值 13——是以与今广州阳上完全一致的调值——进入阴去调，并且这自身的 13 调值又进而成为所有阴去调字的调值”①。

综合东莞各地粤语浊上与清去合流类型的差异、调值的变化以及与周边方言的比较，我们认为，浊上归清去只是这一带粤语方言语音音系的自然演变，是声调简化的一种合理演变。

① 刘叔新：《东江中上游土语群研究：粤语惠河系探考》，北京：中国社会出版社，2007 年，第 47～48 页。

结 语

一、总结

东莞粤语与其他粤语一样，具备粤语语音的基本特点。但由于历史与地域、文化背景的差异，与广州话相比，东莞粤语有着自己鲜明的个性特征，比如蟹开一、山开一溪晓匣母字今均读 f 声母，发生了唇齿化演变；中古咸山摄开口三四等普遍合流，山摄一二等多与梗摄二等合流（部分方言点咸摄一二等也与之合流）；多数方言点入声韵舒化等。

东莞粤语除了这些一致的共性表现之外，因为语言演变的不平衡、地理的阻隔以及居民的迁移等，又使得内部各镇（区）方言语音面貌各具特色、互有差异。我们从语音上归纳各镇（区）的特点，尝试将东莞粤语分成五个小片：城区片（独特之处为假摄三等主元音读为圆唇的 ø）、水乡片（独特之处为来母读为 ŋ）、盐田片（泥母均混入来母，读为 l）、丘陵片（咸摄一二等、山摄一二等、梗摄二等合流，阴平调调值为降调，且多数点存在流摄单元化现象）、山区片（均有边擦音 ɬ），片与片之间并非截然分开的，中间过渡段呈现出你中有我、我中有你的特点，这也是各地语言接触、交流的必然结果。

东莞粤语语音所呈现出的地理空间上的差异，为我们提供了探究该地区粤语语音历时发展的线索。我们立足于东莞粤语现实的语音平面，对其进行深入细致的描写与分析，总结其一致性与差异性，归纳出不同的语音分合类型，同时利用东莞的历史材料，参考其他地区粤方言的材料和历史文献，对东莞粤语声、韵、调几个重要的问题进行了专题研究，得出的主要结论如下：

（1）东莞粤语精庄知章组声母在合流之前基本上是精组声母与知章组声母两分，精组声母的音值应为 ts、ts^h、s，知章组声母的音值应为 ʧ、$ʧ^h$、ʃ，庄组字则游移于两者之间。东莞 20 世纪初中期（1929 年）的语料，精、庄、知、章还存在两套齿音声母，说明东莞粤语精、庄、知、章声母的合流到现在也不过才几十年。结合东莞的历史语料和平面语料，我们认为，东莞粤语近百年来精、庄、知、章声母的演变轨迹为：精庄部分—知章庄部分两分→精庄知章合流。

（2）东莞粤语溪晓匣母均发生了不同程度的演变：溪母除部分字保留 k^h

声母外，大部分都经历了 k^h→h 的演变，从而走上了与晓母同样的演变道路。溪晓母合口字在偏前的 u 元音的作用下唇齿化，演变为 f 声母；而与广州话不同的是，蟹开一山开一主元音高化为 u（或产生 u 流音），其溪晓匣母字随即进入 h→f 的演变中。我们认为，在东莞粤语唇齿化演变中，偏前的 u 是促成声母演变的关键因素。

（3）东莞粤语阳声韵尾演变总的规律与方向是古咸深山臻摄 -m、-n 向 -ŋ 的发展演变，中古曾、梗摄（文读） -ŋ 尾则多逆势演变为 -n；入声韵尾整体来说发音部位都是朝着舌根、喉这一方向发展，即 -p→ -k→ -ʔ→ $^{-ʔ}$ →0 或 -t→ -k→ -ʔ→ $^{-ʔ}$→0 或 -k→ -ʔ→ $^{-ʔ}$→0，部分方言点有逆势发展的情况，即 -k→ -t。阳声韵尾与入声韵尾的演变均具有渐变性特点。东莞粤语阳声韵尾与入声韵尾的演变是其语音自身发展演变的结果，演变的原因与机制以主元音对于韵尾的制约为主，音系自身调节为辅。

（4）东莞大多数粤语蟹摄、止摄形成 ei、ɐi、ɔi、oi（ui）的链移演变。蟹摄一等高化为 oi（ui），留下空位，吸引蟹摄三四等演变；蟹摄三四等后化为 ɔi，留下空位，吸引止摄裂变之后再低化。据历史材料的记载，我们认为 ei、ɐi、ɔi、oi（ui）之间的链移演变应该先由蟹一的高化而启动。

（5）浊上归阴去是大多数东莞粤语的客观事实，从地理平面类型的比较、与周边方言的比较以及东莞粤语中的变调考察，我们认为，浊上归清去是东莞大多数粤方言语音音系的自然演变，是声调简化的一种合理演变。

二、余论

本书对东莞各镇（区）粤语进行了深入的调查和描写，较全面地揭示了东莞粤语语音的整体面貌，并专题探讨了几个大问题的发展演变规律与成因，这些研究有一定的学术价值。但受本人能力、时间等的制约，本书仍存有不足，譬如，由于田野调查主要以字表形式进行，在词汇、语法上表现出来的语音特点往往容易遗漏；由于调查点比较多，对不同年龄层次差异的比较没有深入；有些难点问题仍未能找到很好的证据与解释，如东莞水乡片粤语来母读为 ŋ 的问题，李新魁先生《广东的方言》（1994）认为："这是因为中古的一部分［l］声母字在本方言中与［n］声母混读，由［l］读成了［n］，这个［n］的发音部位后移，混入了［ŋ］声母。"据这一逻辑推理，既然来母与泥母混读，两个声母都属于次浊声母，其调类亦应相同，也就是说，来泥母曾经合流，那么当来母由 l→n→ŋ 演变时，泥母应该会发生n→ŋ的演变。然而，在我们所调查到的东莞粤语中未见有泥母读为 ŋ 的现象，东莞水乡片粤语中，泥来母不混，泥母仍保留 n 的读法，这个来母读为 ŋ 的现象究竟是如何来的，还需要更多语料与证据才能揭开其庐山真面目。这些都有待我们在今后的调查与研究中予以补充与关注。

附录　东莞粤语 23 个方言点音系[1]

一、莞城粤语音系

（一）声母（16 个，包括零声母）

p 巴病八	p^h爬抱匹	m 棉尾木		f 飞花火汗
t 多洞毒	t^h体甜铁	n 拿女糯	l 来老立	
ʧ 资字主	$ʧ^h$车茶七			ʃ 丝船十
k 歌急共	k^h溪奇跨	ŋ 牛眼亚		h 河气好
ø 阿会衣				

说明：

（1）以 u 开头的零声母字带有较重的唇齿摩擦色彩，以 i 开头的字亦带舌面摩擦色彩，但与零声母不构成对立，故本音系不设 v、w、j 声母。

（2）帮、端组少数字有内爆音 ɓ 、ɗ，但与 p、t 不构成音位对立。

（二）韵母（65 个）

	i 支师开	u 虎姑父	y 鱼朱猪
o 坐火罗各霍		uo 禾和窝郭	
ø 靴写踢			yø 夜野耶
ᴇ 八法握		uᴇ 刮挖	
a 爬茶牙	ia 也	ua 瓜夸蛙	
ɵ 女须岁	iɵ 锐		
ui 会外			
ai 大柴街		uai 怪坏	
ɐi 资地知[2]			
ɔi 鸡迷计		uɔi 桂贵规	
ɔu 普好老			
au 饱走酒	iau 友幼由		

① 包括 22 个详细调查点和 1 个简单调查点（东城温塘话），故为 23 个。

② 附录中，汉字下加单横线为其白读音，双横线则为其文读音。

iu 表桥廖			
ɐm 含深林	iɐm 阴音饮		
in 检前尖			
u^{ɔ}n 干官安			
ɵn 圈酸全			yɵn 县园院
ɐn 跟紧登	iɐn 恩欣引	uɐn 温魂云	
aŋ 咸监三	iaŋ 犯间生	uiaŋ 关湾横	
ɔŋ 旁江庄		uɔŋ 光王黄	
	iøŋ 常羊井		
əŋ 惊平星	iəŋ 英蝇营	uəŋ 顷永	
oŋ 龙红宫	ioŋ 翁融容		
ɐp 立十吸	iɐp 入		
it/ik 贴截节/结喝		uit 割活	
ɵt 夺绝血			yɵt 月穴粤
ak/aʔ 腊律物吉/合夹	iak 日一	uak 骨掘	
øk 石剧嚼			yøk 药弱跃
ɔk 落莫乐		uɔk 镬获	
ək 色惜职	iək 亿翼役		
ᴇk 逆白辣		uᴇk 域或滑	
ok 木鹿	iok 沃玉欲		
ŋ̍ 五午误			
m̩ 唔			

说明：

（1）in 中的 n 舌位稍后，我们在进行辨音记音时发音人听感上认可前鼻。

（2）i 之后的塞尾有时为 -t，有时为 -k，为音位变体，无对立意义，且读为 it 与 ik 时音色接近，我们这里处理为一个韵母。

（3）ak、aʔ 为音位变体，无区别意义的作用，我们暂时处理为一个韵母。

（4）韵母 iøŋ、øk、yøk 中的 ø 发音时舌位稍低。

（三）声调（7个）

阴平 132	高专安	阳平 21	穷龙神
阴上 35	古展体	阳上 24	五坐发
去声 332	盖共父甲		
阴入 5	急竹黑	阳入 3	月入局

说明：

（1）阴平调基本上为低升调，在末尾有微降，严格可记为 13^{2}。

（2）清入（与广州话对应的下阴入）部分舒化之后归入阳上调，部分归入去声。

二、万江粤语音系

（一）声母（15个，包括零声母）

p 巴病八	p^h 爬抱匹	m 棉微木	f 飞花开寒
t 多洞毒	t^h 甜讨铁	n 脑男纳	
ʧ 资主字	$ʧ^h$ 次全春		ʃ 丝船十
k 歌急共	k^h 溪奇权	ŋ 危岳老蓝鸭	h 轻好响
ø 阿会用			

说明：

（1）以u开头的零声母字带有较重的唇齿摩擦色彩，以i开头的字亦带舌面摩擦色彩，但与零声母不构成对立，故本音系不设v、w、j声母。

（2）l声母偶出现于来母读书音中，是ŋ的变体，不起区别音位的作用。

（二）韵母（61个）

	i 鱼朱支师	u 虎姑父	
ɔ 坐初觉各		uɔ 禾国郭	
a 爬牙鸭答	ia 也	ua 瓜蛙挂	
ᴇ 写茄刷削格	iᴇ 夜野爷	uᴇ 挖刮	
ɵ 才陪渠	iɵ 锐乳		
ui 改爱回			
ai 大柴街		uai 怪坏	
ɐi 资地知			
ɔi 世迷计		uɔi 桂贵围	
ɐu 普保老			
au 饱交走	iau 有幼由		
iu 表桥廖			
ɐm 含林金	iɐm 音阴饮		
in 尖线言			
un 干搬款			
ɵn 建算全			yɵn 园阮院
ɐn 品陈灯	iɐn 恩引隐	uɐn 滚云魂	
aŋ 贪胆咸	iaŋ 犯兰生	uiaŋ 关湾横	
ɔŋ 旁装江		uɔŋ 光广王	
	iœŋ 常羊井听		

ɤŋ	冰零琼	iɤŋ	蝇英营	uɤŋ	倾永泳		
oŋ	龙红风	ioŋ	容翁熊				
ak	杂纳栗北	iak	日一	uak	骨窟		
ᴇk	辣略白	iᴇk	弱药若	uᴇk	滑划或		
ik	节绝热业			uik	葛抹末		
øk	绝说雪					yøk	月阅
ɔk	立执莫	iɔk	入	uɔk	镬		
ɤk	色积击	iɤk	亿亦役				
ok	捉木鹿	iok	玉沃肉				
ŋ̍	五午误						
m̩	唔						

说明：

（1）ᴇ实际发音时略带圆唇色彩，近似于ᴇ到 ø 的过渡阶段。

（2）in 中的 i 实际舌位稍低。

（3）韵母中的 ɔ 实际舌位稍高，近于二号半元音。

（4）iœŋ 韵母前有声母时则 i 介音稍短。

（三）声调（7 个）

阴平 13	高开安	阳平 21	鹅龙神
阴上 35	古口粉	阳上 24	五抱格
去声 332	共用父甲		
阴入 5	急七黑	阳入 3	六白缺

说明：清入（与广州话对应的下阴入）部分舒化之后归入阳上调，部分归入去声。

三、厚街粤语音系

（一）声母（15 个，包括零声母）

p 巴病八	p^h 爬抱匹	m 棉微木	f 飞花开寒
t 多洞毒	t^h 讨甜铁	l 脑老蓝	
ʧ 资字主	$ʧ^h$ 次全春		ʃ 丝船十
k 高急共	k^h 区狂权	ŋ 熬危颜	h 轻好响
ø 阿用活			

说明：

（1）以 u 开头的零声母字带有较重的唇齿摩擦色彩，以 i 开头的字亦带舌面摩擦色彩，但与零声母不构成对立，故本音系不设 v、w、j 声母。

（2）擦音 ʃ 在个别韵前发音舌位很靠前，可记为 s，但两者无音位对立，

只设 ʃ 一组。

（二）韵母（54 个）

	i 书主意	u 古虎妇
o 多坐各		uo 和过廓
a 巴牙答	ia 也	ua 瓜华蛙
ᴇ 姐社责	iᴇ 爷野夜	uᴇ 挖刮
ai 带排街		uai 怪坏乖
ɐi 皮四气		uɐi 规位贵
ɔi 世计废		
ui 居改罪	iui 锐	
ou 补路早	iau 包交孝	
ɐu 走后手	iɐu 友又	
iu 小叫脚		
in 盐钱短		uin 换碗
ɐn 贫真层	iɐn 人因隐	uɐn 昆稳均
aŋ 贪三	iaŋ 凡兰生	uiaŋ 幻关横
ɔŋ 心糖江	iɔŋ 任音	uɔŋ 光黄王
	iœŋ 亮想央<u>赢</u>	
ɤŋ 冰证听	iɤŋ 英形荣	uɤŋ 永倾营
oŋ 东中共	ioŋ 融容用	
ik 接灭夺		uik 括割
ᴇk 乏辣逆		uᴇk 滑划
ak/aʔ 杂腊/夹合		
ɐk 质直席	iɐk 日一亿	uɐk 掘骨
ɔk 习落学	iɔk 入	uɔk 镬获
	iœk 略嚼若约	
ok 木竹足	iok 肉玉欲	
m̩五误唔		

说明：

（1）in、uin、ik、uik 中的 i 舌位稍低，也可记为 ɪ。

（2）ɤŋ 中的ɤ发音稍开，舌位稍低。

（3）ak/aʔ 无音位对立，处理为一个韵母。

（4）ɐk 中的 ɐ 舌位稍偏后。

（三）声调（6 个）

阴平 13　　高五抱亚　　　阳平 21　　穷人文

上声 35	古口好		
去声 332	正共百		
阴入 5	急出黑	阳入 3	约月服

说明：

（1）入声两分，清入（与广州话对应的下阴入）部分字舒化之后归入去声。

（2）次浊上、全浊上部分字归入阴平，清去也有个别字归入阴平，如：亚＝鸦、社＝赊。

四、长安粤语音系

（一）声母（15个，包括零声母）

p 巴病八	p^h 爬抱匹	m 满微木		f 飞开火寒
t 多东毒	t^h 讨天甜		l 脑老蓝	
ʧ 资字主	$ʧ^h$ 次全春			ʃ 丝船十
k 高九共	k^h 区狂权	ŋ 熬危颜		h 轻好响
ø 安活鸭				

说明：以u开头的零声母字带有较重的唇齿摩擦色彩，以i开头的字亦带舌面摩擦色彩，但与零声母不构成对立，故本音系不设v、w、j声母。

（二）韵母（56个）

	i 支意衣	u 古虎妇	y 猪主鱼
o 多坐歌		uo 和窝	
a 牙排带	ia 也	ua 瓜华怪	
ⁱE 社杀尺	iE 爷野夜	uE 挖	
œ 茄靴			
ɐi 世鸡米		uɐi 桂卫围	
Ei 皮四非			
oi 居改罪	ioi 乳蕊		
ou 补路早			
iu 表小叫			
	iæu 包交孝		
ɐu 走后手	iɐu 休友又		
in 盐钱言			
yn 全嫩远			
ɐn 含寻真灯	iɐn 音恩殷	uɐn 昆稳均	
aŋ 贪三咸			

	iæŋ 犯兰生井	uiæŋ 幻关横
ɔŋ 帮床江		uɔŋ 黄王
	iœŋ 张双养	
ɤŋ 冰证听	iɤŋ 英形营	uɤŋ 永泳倾
oŋ 东共汗	ioŋ 翁融容	uoŋ 干官换
ik 接灭叶热		
yk 雪月乙		
ⁱᴇk 乏达逆白		uᴇk 滑划或
ɐk/ɐʔ 腊栗/甲答	iɐk 入日一	uɐk 掘骨屈
ɔk/ɔʔ 落学/各觉		uɔk/uɔʔ 镬获/国
	iœk/iœʔ 若略/约脚	
ɤk 直席力	iɤk 亿翼役	
ok 木足末	iok 肉玉欲	uok 割活
ŋ̍ 五误午		
m̩ 唔		

说明：

（1）o、uo 韵母中的 o 发音时舌位稍低，但不到 ɔ。

（2）ou 韵母中的 o 发音时舌位稍低、稍前。

（3）ɐk/ɐʔ 为音位变体，不构成音位对立，归为一个韵母。ɔk/ɔʔ、uɔk/uɔʔ、iœk/iœʔ 亦如此。

（三）声调（8 个）

阴平 13/55	多五抱八/ 天高	阳平 21	穷龙神
上声 35	古口粉		
阴去 44	怕汉放	阳去 32	共用父
上阴入 5	急职七	阳入 3	月六服
下阴入13	接铁歇		

说明：

（1）入声三分，但清入（与广州话对应的下阴入）少部分字舒化之后归入阴平。

（2）清平字部分调值为 13，与次浊上、部分全浊上合流；部分受广州话影响调值变为 55。另有部分清平字发音人 55/13 两读不定，如：灰 fui^{13}/fui^{55}、中 ʧoŋ^{13}/ʧoŋ^{55}。我们暂将阴平处理为 13 和 55 一个调类两个调值，不设阳上。

五、虎门赤岗粤语音系

（一）声母（15个，包括零声母）

p 巴病八	p^h 爬抱匹	m 麦微木	f 飞副开火寒
t 多洞毒	t^h 讨甜铁	l 脑老蓝	
ʧ 主字质	ʧ^h 春全七		ʃ 丝船十
k 高急共	k^h 区狂权	ŋ 熬危颜	h 轻好响
Ø 安用活			

说明：以u开头的零声母字带有较重的唇齿摩擦色彩，以i开头的字亦带舌面摩擦色彩，但与零声母不构成对立，故本音系不设v、w、j声母。

（二）韵母（62个）

	i 支意衣	u 古虎妇	y 猪主鱼
o 多坐歌		uo 和窝禾	
ɔ 各觉壳国			
a 巴牙答	ia 也	ua 瓜华蛙	
^{i}ᴇ 姐社责尺	iᴇ 爷野夜	uᴇ 挖刮	
œ 茄靴	iœ 脚约		
ai 带街鸡世		uai 怪坏桂围	
ɐi 皮四气			
ui 居改罪			
au 走后手	iau 包交友又		
ou 补路早			
iu 表小叫			
ɐm 含心寻	iɐm 音阴		
^{i}ɪn 尖盐钱			
yn 全嫩远			
an 贫真灯	ian 人因隐	uan 昆稳均	
aŋ 贪三咸	iaŋ 犯兰生井镜	uiaŋ 幻关横	
ɔŋ 帮床江	iɔŋ 张双养	uɔŋ 黄王	
ɤŋ 冰证听	iɤŋ 英形荣	uɤŋ 永倾	
oŋ 东共官	ioŋ 融容用	uoŋ 换碗	
ɐp 立集急	iɐp 入		
ɐt 质吉得	iɐt 日一	uɐt 掘骨	
^{i}ᴇk 乏达逆白		uᴇk 滑划或	
^{e}ik 接灭夺	i^{e}ik 叶业热		

yk 雪月乙
aʔ 踏腊杂
ɔk 落莫学　　　　　　　　　　uɔk 镬获
iœk 着略若
ɤk 直席力　　　　i ɤk 亿翼役　　　　u ɤk 域
ok 木足渴　　　　iok 肉玉欲　　　　uok 割活
m̩ 五误唔

说明：

(1) o、uo 韵母中的 o 发音时舌位稍低，但不到 ɔ。

(2) ou 韵母中的 o 发音时舌位稍低、稍前。

(3) 入声舒化的韵母听感上有弱喉塞，但与阴声韵不构成音位对立，暂归入阴声韵。

(4) ɐt 韵母中的 ɐ 舌位稍前，接近前 a；aʔ 韵母中的 a 舌位稍后，偏央，亦可记为ᴀ。

(5) ᵉik 韵的塞尾，我们进行听辨音时，发音人有时 -t、-k 尾分不清，但多认 -k 尾不认 -t 尾，所以我们暂处理为 -k 尾，这是一个正在变化之中的现象。

(6) "官""官"等字韵母发音时带有合口色彩，但不与开口构成对立，即：公 = 官 = 官，故归为一个音位。

(三) 声调 (9 个)

阴平 13　　高开安　　　　阳平 21　　穷龙神
阴上 35　　古口粉　　　　阳上 24　　五社抱锡
阴去 44　　盖送放　　　　阳去 332　共用厚
上阴入 5　急七黑　　　　阳入 3　　月入服
下阴入24　接铁舌

说明：

(1) 阴平调基本为低升调，末尾略有下降。

(2) 入声三分，但清入（与广州话对应的下阴入）少部分字舒化之后归入阳上。

六、麻涌粤语音系

(一) 声母 (14 个，包括零声母)

p 巴病八　　p^h 爬抱匹　　m 满微木　　f 飞副开火户
t 多洞毒　　t^h 讨甜铁　　　　　　　　l 脑老蓝
ʧ 主字质　　$ʧ^h$ 春全七　　　　　　　　ʃ 丝船十

k 高急共　　k^h 区狂权　　　　　　h 轻好响

ø 安用活危颜

说明：

（1）以u开头的零声母字带有唇齿摩擦色彩，以i开头的字亦带舌面摩擦色彩，但与零声母不构成对立，故本音系不设w、j声母。

（2）ŋ声母偶尔出现在个别字中，但与零声母无对立，不另设一个音位。

（二）韵母（54个）

		i 支意妾铁	u 古虎妇活	y 猪主鱼雪阅
ɔ	多歌和博各国			yɔ 茄靴削约
a	巴牙答杀百	ia 也姐夜赤脊	ua 瓜华蛙挖刮	
ai	带街介		uai 怪坏拐	
ɐi	鸡世计		uɐi 卫闺龟	
ɛi	皮四词			
ui	杯改吹			
øy	虚句区			
au	包交孝			
ɐu	走后手	iɐu 幼友又		
ou	补路早			
iu	表小叫			
in	盐钱年			
un	干般门			
yn	端县孙			
aŋ	谈咸兰生	iaŋ 井镜青	uaŋ 幻关横	
ɐŋ	含亲肯	iɐŋ 音欣引	uɐŋ 昆稳均	
ɔŋ	安帮广王			
		iœŋ 张双仰		
eŋ	冰琼青	ieŋ 英形营	ueŋ 永泳咏	
oŋ	东共凶	ioŋ 熊容用		
aʔ/ak	腊白/逆呃	iak 石剧	uaʔ 滑	
ɐk/ɐʔ	立笔北/恰合	iɐk 入一日	uɐk 掘骨	
ik	灭列篾			
uʔ	末拨			
yʔ/yk	夺拙/恤			
ɔʔ	莫学获			yɔʔ 略弱
ek	息碧席	iek 忆亦役	uek 域	

ok　木足局　　iok 肉玉欲

ŋ̍　五误午

m̩　唔

说明：

(1) ɐi 中的 i 舌位稍低，近于 ɪ。

(2) ɔŋ 韵母有时 ɔ 前稍带合口色彩，但开合已无对立，如：讲 = 广。

(3) "五ŋ̍" 年轻人开始读为 "m̩"。

(4) iœŋ 韵母前带声母时介音相对较短。

(5) aʔ/ak 为音位变体，无音位对立，归为一韵；ɐk/ɐʔ、yʔ/yk 亦如此。

(三) 声调 (8 个)

阴平 53/55 开天三/猪窗　　阳平 21 穷龙神

阴上 35 古口粉　　阳上 24 五抱百

阴去 44 盖送放　　阳去 32 共用厚阅

阴入 5 急七黑　　阳入 3 六服白

说明：

(1) 阴平字有时读 53，有时读 55，大体以 53 为主。

(2) 入声两分，但清入（与广州话对应的下阴入）部分字舒化之后归入阳上；部分古浊入字亦舒化，多归入阳去。

七、中堂潢涌粤语音系

(一) 声母 (15 个，包括零声母)

p 巴病八	p^h 爬抱匹	m 麦微木	f 飞副开火寒
t 多东毒	t^h 讨天甜	n 脑男纳	
ʧ 主字质	$ʧ^h$ 全春七		ʃ 丝船十
k 高急共	k^h 区狂权	ŋ 危岳老蓝鸭	h 轻好响
Ø 安活挖			

说明：

(1) 以 u 开头的零声母字带有较重的唇齿摩擦色彩，以 i 开头的字亦带舌面摩擦色彩，但与零声母不构成对立，故本音系不设 v、w、j 声母。

(2) 来母字读书音有读为 l 声母的现象，与 ŋ 声母不起区别音位的作用，不另设一音位。

(二) 韵母 (61 个)

　　i 支师鱼朱　　u 虎姑父

o　坐罗初

ɔ　科裸觉各　　uɔ 过果国郭

a 爬茶牙鸭答	ia 也	ua 瓜蛙挂
ᴇ 写蛇茄杀百	iᴇ 夜野约	uᴇ 挖刮
ai 大柴街		uai 怪坏怀
ɐi 资地知		
ɔi 齐迷计		uɔi 桂贵鬼
ʊi 才陪渠	iʊi 锐乳	
ou 普保老		
au 饱交走	iau 有友幼	
iu 表桥廖		
ɐm 含金针	iɐm 音阴饮	
in 检前言		
un 官换门		
ʉn 算建村	iʉn 园阮院	
ɐn 真春灯	iɐn 恩殷孕	uɐn 温云魂
aŋ 贪胆咸		
	iæŋ 犯兰生	uiæŋ 关湾横
ɔŋ 旁江装		uɔŋ 光广王
	iœŋ 常羊井	
ɤŋ 冰零琼	iɤŋ 蝇营萤	uɤŋ 永泳
oŋ 龙红宫	ioŋ 翁容蓉	
ik 接热业		
uk 割喝活		
ʉk 脱雪说	iʉk 阅悦乙	
ak 纳腊栗笔北	iak 日一	uak 骨窟
ᴇk 辣略白	iᴇk 弱药若	uᴇk 滑划或
ɔk 立执落莫	iɔk 入	uɔk 镬
ɤk 色积击	iɤk 亿亦役	
ok 木鹿毒	iok 沃肉玉	
ŋ̍ 五午误		
m̩ 唔		

说明：

（1）韵母 ɔ 实际发音舌位稍高，近于二号半前元音。

（2）un、uk 中的 u 舌位非常靠前，近于 v。

（3）ak 韵母在h声母后 －k 尾较弱，近于喉塞尾。

（4）咸山摄三四等入声发音人在 －t 尾与 －k 尾之间摆动。听音分辨时，有时认it，有时又认ik，有时认为两者一样。这个韵尾正在处于变化之中，我们处理为-k尾，实际发音时，其舌位比-k尾稍前。

（三）声调（7个）

阴平213	高开安	阳平21	穷龙神
上声35	古口粉		
阴去24	盖抗五社甲	阳去32	共用父桌
阴入5	急七黑	阳入3	白六铁

说明：

（1）入声两分，清入（与广州话对应的下阴入）部分舒化之后多归入阴去，极少数归入阳去。

（2）次浊上、部分全浊上归入阴去，部分全浊上归入阳去。

八、中堂江南粤语音系

（一）声母（14个，包括零声母）

p 巴病八	p^{h} 爬抱匹	m 麦微木		f 飞副火湖
t 多洞毒	t^{h} 讨甜铁		l 脑男老蓝	
ʧ 字主质	ʧ^{h} 全春七			ʃ 丝船十
k 高急共	k^{h} 区狂权			h 开好响
ø 亚危安活				

说明：

（1）零声母字中，以i、u开头的字往往带较重的摩擦，但不与零声母构成音位对立，我们不另设声母j、w、v。

（2）h声母在ui韵母前发音位置靠前，近似ɸ，应该是h到f的过渡表现。

（二）韵母（63个）

	i 支师衣	u 虎姑父	y 猪朱鱼
ɔ 坐科初		uɔ 禾窝和	yɔ 茄靴
a 爬茶瓦	ia 写蛇也	ua 瓜蛙画	
e 资地机			
œ^{y} 渠雷追			
ʊi 才陪穗	iʊi 锐乳		
ai 大柴街		uai 怪坏怀	
ɐi 齐迷计		uɐi 桂贵鬼	
o^{u} 普保老			
au 考饱交			
ɐu 走九纠	iɐu 有友幼		

iu 表桥廖			
am 贪蓝咸			
ɐm 含金针	iɐm 音阴饮		
im 镰艳点			
in 面前言			
ɐn 真灯零	iɐn 恩殷蝇	uɐn 温云永	
øŋ 安酸建	iøŋ 园远院		
aŋ 凡兰生	iaŋ 镜 井 厅	uaŋ 关湾横	
ɔŋ 旁江装	iɔŋ 常双羊	uɔŋ 光广王	
uŋ 干官唤			
oŋ 龙红春	ioŋ 翁容蓉		
ɐ^{u}p 腊立执	iɐ^{u}p 入		
i^{u}p 接业贴			
ak 押八百	iak 尺剧石	uak 滑划或	
ik 节热业			
u^{e}k 割末活			
yk 脱雪阅喝			
ɛk 笔北侧	iɛk 日一逸	uɛk 骨窟橘	
ɔk 落莫国	iɔk 削若桌	uɔk 镬获	yɔk 略脚
ek 色积击	iek 亿亦役		
ok 木鹿毒出	iok 沃肉玉		
ŋ̩ 五午误			
m̩ 唔			

说明：

(1) 韵母 ɔ 实际发音舌位稍高，近二号半前元音。

(2) 韵母 iu 中 i 到 u 中间有短流音 o。

(3) 韵母 aŋ、øŋ、uŋ 中的 ŋ 实为非常靠前的后鼻。

(4) ak 中的 -k 尾有向喉塞尾发展的倾向。

（三）声调（7个）

阴平 55	高开安	阳平 21	穷龙神
上声 35	古口粉		
阴去 13	抗抱五稀	阳去 32	共用父
阴入 5	急七黑	阳入 3	六白铁百

说明：

(1) 入声两分，部分清入（与广州话对应的下阴入）归入阳入，如：

百＝白、约＝药。

(2) 次浊上、部分全浊上归入阴去，部分全浊上归入阳去。另有少数清平字也与阴去合流。

九、望牛墩粤语音系

(一) 声母 (15 个，包括零声母)

p 巴病八	p^h 爬抱匹	m 麦微木	f 飞副开火寒
t 多洞毒	t^h 讨甜铁	n 脑男纳	
ʧ 字主质	$ʧ^h$ 全春七		ʃ 丝船十
k 高共急	k^h 区狂权	ŋ 危岳老莲鸭	h 河轻好
ø 安用活			

说明：

(1) 以 u 开头的零声母字带有较重的唇齿摩擦色彩，以 i 开头的字亦带舌面摩擦色彩，但与零声母不构成对立，故本音系不设 v、w、j 声母。

(2) 有些人 l 声母偶出现于来母字读书音中，是 ŋ 的变体，不起区别音位的作用。本音系发音人黄文正读字时没有这种现象。

(二) 韵母 (64 个)

	i 支师鱼朱	u 虎姑父	y 雨
o 坐罗初错			
ɔ 火觉各		uɔ 禾国郭	
a 爬茶牙鸭答	ia 也	ua 瓜蛙挂	
ᴇ 写茄杀百脚	iᴇ 夜爷约	uᴇ 挖刮	
oi 才陪渠	ioi 锐乳		
ai 大柴街		uai 怀坏淮	
ɐi 资知开		uɐi 外	
ɔi 齐迷计		uɔi 卫贵鬼	
ou 普保老			
au 饱交走	iau 有幼		
iu 表桥廖想			
œu 常姜井 听	iœu 养		
ɐm 含林金	iɐm 音阴饮		
ⁱɪn 检前尖言炎			
un 干官门			
ɵn 算建村	iɵn 园原院		
ɐn 陈春灯	iɐn 恩殷引	uɐn 温云魂	

aŋ 贪胆咸		
	iɛŋ 犯兰生	uiɛŋ 关湾横
ɔŋ 旁江装		uɔŋ 光广王
ɤŋ 冰零琼	iɤŋ 蝇营萤	uɤŋ 倾永泳
oŋ 龙红宫	ioŋ 容溶勇	
ak 腊栗笔北	iak 日一逸	uak 骨屈掘
ᴇk 辣略白	iᴇk 弱药若	uᴇk 滑划或
ɪik 节绝接	iɪik 热业	
uik 割末活		
ɵik 脱雪血	iɵik 阅月乙	
ɔk 立落莫	iɔk 入	uɔk 镬获
ɤk 色积击	iɤk 亿亦役	
ok 木鹿竹	iok 沃玉肉	
m̩ 五午唔		

说明：

(1) 归入阴声韵的入声字在听感上还有非常弱的喉塞色彩，但与阴声韵没有音位对立，如：甲＝价，故音系处理为一类。

(2) 发音人黄文正遇摄三等个别字读为y。

(3) 宕摄三等阳声韵字发音人黄文正在œu于iu之间摆动，与效摄三四等iu部分合流，如他认为“伤 ʃœu^{13} ≠ 肖 ʃiu^{13}”“想＝小 ʃiu^{35}”，有时不是很确定。而发音人梁九根则均发为œŋ，不与效摄三四等混，此音系记载黄文正之发音。

(4) ak韵母在h声母后－k尾较弱，近于喉塞尾。总体来说，ak都有喉塞尾的倾向。

(5) ɪik、uik、ɵik等韵我们处理为－k尾，实际发音其舌位比－k尾稍前。

(三) 声调 (7个)

阴平13 高开安	阳平21 穷龙神
上声35 古口体粉	
阴去24 五社抗甲	阳去33 共用父汉
阴入5 急七黑	阳入3 六白铁

说明：

(1) 入声两分，部分清入（与广州话对应的下阴入部分）舒化后归入阴去。

(2) 次浊上、部分全浊上归入阴去，部分全浊上归入阳去。另有部分清去字归入阳去。

十、高埗粤语音系

（一）声母（15 个，包括零声母）

p 巴病八	p^h 爬抱匹	m 麦微木	f 飞副开火寒
t 多洞毒	t^h 讨甜铁	n 脑男纳	
ʧ 字主质	ʧ^h 全春七		ʃ 丝船十
k 高急共	k^h 区狂权	ŋ 危岳老蓝鸭	h 河轻好
ø 安用活			

说明：

（1）以 u 开头的零声母字带有较重的唇齿摩擦色彩，以 i 开头的字亦带舌面摩擦色彩，但与零声母不构成对立，故本音系不设 v、w、j 声母。

（2）l 声母出现于读书音中，是 ŋ 的变体，不起区别音位的作用。

（二）韵母（59 个）

	i 支师鱼朱	u 虎姑父	
o 坐罗初			
ɔ 觉各		uɔ 禾国郭	
a 爬茶牙鸭答	ia 也	ua 瓜蛙挂	
^{i}ᴇ 写茄刷削格	iᴇ 夜野约	uᴇ 挖刮	
ui 才陪渠	iui 锐乳		
ai 大柴街		uai 怪坏	
ɐi 资地知			
ɔi 齐迷计		uɔi 桂贵鬼	
ɐu 普保老			
au 饱走酒	iau 有幼由		
iu 表桥廖			
am 含林陈灯	iam 音阴恩	uam 温云魂	
in 检前尖言炎			
un 半搬款			
øn 算建村			yøn 阮院
aŋ 贪胆咸	iaŋ 犯兰生井听	uiaŋ 关湾横	
ɔŋ 旁江装		uɔŋ 光广王	
	iœŋ 常姜羊		
eɤŋ 冰零琼	ieɤŋ 蝇营萤	ueɤŋ 倾永泳	
oŋ 龙红汗酸	ioŋ 容园	uoŋ 安	
ak/ap 纳栗出/笔吉	iak 日一	uak 骨窟	

it/ik	业叠节/协别舌			uit	钵
yt	脱又音撮				
ⁱɛk	辣略白	iɛk	弱药若	uɛk	滑划或
ɔk	立执落莫	iɔk	入	uɔk	镬
ɤk	色积击	iɤk	亿亦役		
ok	末木鹿	iok	玉月	uok	活割
m̩	五午唔				

说明：

(1) 归入阴声韵的入声字在听感上还有喉塞的味道，但已经不具备区分音位的作用，如：甲＝价，故音系处理为一类。

(2) ɐm 韵母在读字时全部为闭口韵，但在实际口语中有的为－n 尾，我们进行了听音辨析，同一个字发－m 和－n 两种读音，发音人有时认可－n，有时认可－m，ɐm/ɐn 是自由变体，无音位对立，说明深、臻、曾一合流。后来核查时的另一位发音人则读为－n 尾，暂时依本音系发音人处理为 ɐm。

(3) ak 与 ap 无音位对立，臻摄少数字变读为－p 尾，有时口语中又为－k 尾，但"笔"等字本音系发音人认可－p 尾。

(4) 咸山摄三四等入声发音人在－t 尾与－k 尾之间摆动。听音分辨时，有时认 it，有时又认 ik，有时认为两者一样。这个韵尾正在处于变化之中，我们按实际语音记载，it 与 ik 无音位对立。

(三) 声调 (8 个)

阴平 13	高开安	阳平 21	穷龙神
上声 35	古口粉		
阴去 24	汉五社甲	阳去 332	共用父
上阴入 5	急七黑	阳入 3	六白铁
下阴入 $\underline{24}$	葛		

说明：

(1) 阴平调实际音质末尾稍降，亦可记为 13^2。

(2) 下阴入 $\underline{24}$ 管字很少，几近于消失，按客观现实，我们暂处理为一个调。其原来的下阴入字多舒化，而与阴去合流。

(3) 次浊上、部分全浊上归入阴去，部分全浊上归入阳去。

十一、东城温塘粤语音系

(一) 声母 (16 个，包括零声母)

p 巴病八	p^h 爬抱匹	m 麦微木		f 飞副开火寒
t 多洞毒	t^h 讨甜铁	n 脑男纳	l 老蓝力	

ʧ 字主质	ʧ^h 全春七			ʃ 丝船十	
k 高共急	k^h 区狂权	ŋ 危颜岳		h 河轻好	
ø 安亚活					

说明：以 u 开头的零声母字带有较重的唇齿摩擦色彩，以 i 开头的字亦带舌面摩擦色彩，但与零声母不构成对立，故本音系不设 v、w、j 声母。

（二）韵母（56 个）

		i	鱼朱支师	u	和虎姑父
o	坐初错				
a	爬牙鸭夹	ia	也	ua	瓜夸蛙挖
		iɛ^{ɐ}	写夜茄约		
aɨ	大柴街			uaɨ	怪坏
ɐi	资地知				
ui	才陪渠喝割	iui	锐乳		
ɔi	齐迷计			uɔi	桂贵鬼
ɐu	普保老				
au	饱炒交				
ɔu	走丑楼	iɔu	有幼		
iu	表桥廖				
aŋ	咸兰生	iaŋ	常羊井听	uaŋ	关湾横
ɪŋ	检前尖全	iɪŋ	言炎园院		
ɔŋ	含深林灯	iɔŋ	阴音		
oŋ	旁江装			uoŋ	光广王
ɐŋ	惊平星	iɐŋ	形营萤	uɐŋ	永泳
ɤŋ	龙红看半	iɤŋ	容	uɤŋ	官干安
ɔɪ̃	跟紧分	iɔɪ̃	恩	uɔɪ̃	温魂云
ak	白杂辣			uak	滑划
ɪk/ɪʔ	叠绝/接雪	iɪk	热业穴		
ɔk	立执集	iɔk	入		
uɔk	笔出北	iuɔk	日一	uɔk	骨
ok/o^{ʔ}	落莫岳/角各觉			uok/uo^{ʔ}	镬/国郭
		iɛ^{ɐ}k	略弱药石剧		
ɐk	色积击	iɐk	亦役		
ɤk	末木鹿	iɤk	玉	uɤk	活
ŋ̍	红五午				
m̩	唔				

说明：

（1）ui 中的 u 舌位稍低，可记为 ʊi。

（2）aŋ、uaŋ 中的 a 偏央，而 iaŋ 中的 a 偏前，舌位稍高。

（3）aŋ、ɪŋ、ɐŋ 中的后鼻尾实际上都不是很后，为稍微偏前的后鼻。

（4）归入阴声韵的入声字在听感上还有弱喉塞的味道，但已经不具备区分音位的作用，如：百＝霸，故音系处理为一类。

（5）入声韵 ak 与 aʔ 互为变体，不起区别音位的作用。发音人有时读得重，为 -k 尾；有时松，近喉塞。听音辨音时无论我们发 ak 还是 aʔ，发音人都认为可以，但认为 -k 尾更加好些。ɪk/ɪʔ、ok/oˀ、uok/uoˀ 亦无区别音位的作用，暂归于一个韵母。

（6）ɔk、uɔk 韵中的 -k 尾近喉塞。

（7）归入阴声韵 ui 中的“喝”“割”等字另一发音人认为应读为ɤʔ，暂且记本音系发音人的发音。

（三）声调（8 个）

阴平 32	高开安	阳平 21	穷龙神
上声 35	古口粉		
阴去 24	盖汉五抱百	阳去 44	共用父
上阴入 5	急七黑	阳入 3	腊六服
下阴入24	接铁雪		

说明：

（1）次浊上、部分全浊上归入阴去，部分全浊上归入阳去。

（2）入声虽三分，但一部分清入字已舒化，与阴去合流。如：约＝野、百＝霸。

十二、茶山粟边粤语音系

（一）声母（16 个，包括零声母）

p 巴八病	p^h 爬抱匹	m 麦微木		f 飞副开火寒
t 多洞毒	t^h 讨甜铁	n 脑南年	l 老蓝连	
ʧ 字主质	$ʧ^h$ 全春七			ʃ 丝船十
k 高共急	k^h 区狂权	ŋ 熬危颜		h 好河轻
ø 安亚活				

说明：以 u 开头的零声母字带有较重的唇齿摩擦色彩，以 i 开头的字亦带舌面摩擦色彩，但与零声母不构成对立，故本音系不设 v、w、j 声母。

（二）韵母（52 个）

	i 施持猪雨	u 禾姑库
a 巴瓜八	ia 也	ua 蛙话挖

o 多河助		
	iᴇ 写姐夜锡	
ai 带快怪		uai 坏怀淮
ɐi 碑资汽		
ɔi 闭西米		uɔi 鸡龟卫
ui 举再脆	iui 锐乳	
ou 菩遭母		
au 包闹交		
iu 表小晓		
ɔu 斗九纠	iɔu 优有幼	
in 尖乱严院		
^{u}ɔn 跟春温	i^{u}ɔn 寅忍殷	
aŋ 耽颜耕关		uaŋ 还横
œŋ 心锦等	iœŋ 任音饮	
əŋ 升星惩	iəŋ 英蝇营	uəŋ 永泳
oŋ 帮光撞		uoŋ 黄皇王
	iɛŋ 将姜饼钉	
ɤŋ 般东梦	iɤŋ 翁容用	uɤŋ 安案
ak 纳铡白		uak 滑猾划
ik 叠别热月		
œk 立汁北	iœk 入	
^{u}ɔk 笔出骨	i^{u}ɔk 日一	
ək 碧职绩	iək 亿翼役	
ok 薄落/各国		uok 镬
	iɛk 略石/约桌尺	
ɤk 末哭屋/渴	iɤk 沃肉玉	uɤk 活
ŋ 红雄/五午		
m̩ 唔		

说明：

（1）韵母 ou、oŋ 中的 o 实际发音时舌位稍低。

（2）韵母 in/ik 中的 i 发音时实际舌位稍低；韵母 in、uɔn 中的 n 实际发音稍后，近于 ɲ。

（3）韵母 œŋ 中的 œ 舌位稍后。

（4）韵母 iᴇ、iɛŋ、iɛk 所辖之字，若为零声母则 i 介音明显，若为零声母之外的其他声母则 i 介音稍弱。

（5）韵母 ok、iɛk、ɤk 斜线后的字为下阴入字，因声调调值稍长，－k 尾较弱。

（6）韵母 ŋ 中，“空”“红”等字 ŋ 作韵母与声母 h 直接拼合，即“hŋ”，斜线后“五”等（遇摄一等疑母）字则自成音节。

（三）声调（8 个）

阴平 32	高专天	阳平 21	穷龙寒
上声 35	古好短		
阴去 13	抗世五抱八	阳去 33	共岸父
上阴入 5	急曲黑	阳入 3	月局药
下阴入13	割缺捷		

说明：

（1）下阴入实际发音的时长比上阴入和阳入长，比其他舒声调稍短。其中，咸山梗摄入声洪音字（原为下阴入字）舒化归入阴去，如：甲＝价。

（2）次浊上、部分全浊上归入阴去，部分全浊上归入阳去。

十三、大岭山粤语音系

（一）声母（16 个，包括零声母）

p 八巴病	p^h 爬抱匹	m 麦微木		f 飞副开火寒
t 多洞毒	t^h 讨甜铁	n 脑南年	l 老蓝连	
ʧ 字主质	$ʧ^h$ 全春七			ʃ 丝船十
k 高共急	k^h 区狂权	ŋ 熬颜鸦		h 好轻河
ø 雨云活				

说明：以 u 开头的零声母字带有轻微的唇齿摩擦色彩，以 i 开头的字亦带舌面摩擦色彩，但与零声母不构成对立，故本音系不设 v、w、j 声母。

（二）韵母（54 个）

	i 施持猪雨	u 果姑富禾和
o 多波助		
a 巴茶下鸽	ia 也	ua 瓜蛙话
ᴇ 写姐茄只	iᴇ 夜野耶	
ai 带街快		uai 怪拐坏
ɐi 碑资汽		
ɔi 艺废毅		uɔi 鸡慧龟
ui 举再脆	iui 锐乳	
ɐu 菩租早		
au 考交走九	iau 优有幼	

iu 表小晓		
ɐm 金琴沈	iɐm 音阴饮	
in/yn 尖前全员/船远		
ɐn 跟春升	iɐn 寅忍仍	uɐn 温均永
aŋ 耽颜生		uaŋ 还横
ɔŋ 林狼庄		uɔŋ 黄皇王
øŋ 将姜双	iøŋ 养样赢	
	iɛŋ 良病厅	
ɤŋ 般东梦	iɤŋ 翁容用	uɤŋ 安案换
ak/aʔ 纳铡白/夹甲杀		uak/uaʔ 滑或划/挖
ɐk 笔出力	iɐk 日一役	uɐk 骨屈窟
ek 猎灭杰	iek 热月穴	
eiʔ 接雪决		
ɔk/ɔʔ 立落得/各郭国	iɔk 入	uɔk 获
øʔ 爵脚削	iøk 弱若药	
ᴇk/ᴇʔ 觅剧笛/啄琢		
ɤk/ɤʔ 末哭屋/渴喝泼	iɤk 沃肉玉	uɤk/uɤʔ 活/割括
ŋ 五午误		
m̩ 唔		

说明：

（1）“禾”“和”等字时而读为 uo，时而读为 u，处于演变之中，无音位对立，暂处理为 u。

（2）ɔi 韵母中韵尾 i 实际发音舌位未到达 i 的位置，稍低，严格可记为 ɔɪ。

（3）ɐi 韵母中的 ɐ 实际发音舌位稍高。

（4）“船”“远”等字时而变读为 yn，但 in 与 yn 无音位对立，暂合而为一。

（5）ak/aʔ、uak/uaʔ、ɔk/ɔʔ、ᴇk/ᴇʔ、ɤk/ɤʔ、uɤk/uɤʔ 两两之间塞尾无音位对立，-k 尾配阳入调或上阴入调，-ʔ 尾配下阴入调，我们暂将塞尾处理为一个音位，而以声调作为区别特征。

（三）声调（8 个）

阴平 31/55	高专天/猪	阳平 21	穷龙寒
上声 35	古好短		
阴去 13	抗世五抱鸽	阳去 42	共岸父
上阴入 5	急曲黑	阳入 3	月局药

下阴入13　　割缺铁

说明：

（1）清平字有少数读为55调，应该是名词变调发展而来，如：猪 $ʧi^{55}$。

（2）下阴入实际发音的时长比上阴入和阳入长，比其他舒声调稍短。咸梗摄极少数清入（原下阴入）舒化，归入阴去，如：鸽＝价、（一）只＝借。

（3）次浊上、部分全浊上归入阴去，部分全浊上归入阳去。

十四、大朗粤语音系

（一）声母（16个，包括零声母）

p 巴八病	p^h 爬抱匹	m 麦微木	f 飞副开火寒
t 多洞毒	t^h 讨甜铁	n 脑南年	l 老蓝连
ʧ 字主质	$ʧ^h$ 全春七		ʃ/ɬ 丝船十/萨撒
k 高共急	k^h 区狂权	ŋ 熬危颜	h 好轻河
ø 安亚活			

说明：

（1）ʃ在部分字里读音近如ɬ，但与ʃ已无音位对立，归为一个声母。

（2）以u开头的零声母字带有轻微的唇齿摩擦色彩，以i开头的字亦带舌面摩擦色彩，但与零声母不构成对立，故本音系不设v、w、j声母。

（二）韵母（55个）

	i 施持猪雨	u 果姑库窝
o 多锁助		
a 巴茶下百	ia 也	ua 瓜蛙话
œ 茄		
ɛ 靴	iɛ 姐社夜	
ɔ 某斗九	iɔ 优有幼	
ai 带街快		uai 乖拐坏
ɐi 碑资汽		
		ᵘɔi/uɔi 闭西米/鸡龟卫
ui 举再脆	iui 锐	
ou 菩遭母		
au 包闹交		
iu 表小晓		
in 尖欠染院		
ɐn 跟春升零	iɐn 寅忍英	uɐn 温均永
aŋ 耽颜耕		uaŋ 还横

ʌŋ 林心锦	iʌŋ 任音饮	
ɔŋ 帮光撞		uɔŋ 黄皇王
	iœŋ 将姜样	
	iɛŋ 岭饼钉	
ɤŋ 般东梦	iɤŋ 翁容用	uɤŋ 安案干
ak 纳铡白		uak 滑猾或
ɐk 笔出力	iɐk 日一忆	uɐk 骨屈
ek 灭叠别接劫薛	iek 热月粤	
ʌk 立汁吸	iʌk 入	
ɔk/ɔʔ 薄落鹤/各郭国		uɔk 镬获
	iœk/iœʔ 略药着/削约琢	
	iɛk/iɛʔ 石屐剧/尺劈踢	
ɤk 末哭屋渴泼阔	iɤk 沃肉玉	uɤk 活割括
a^{ʔ}答杀格		ua^{ʔ}挖刮
ŋ 空五午		
m̩ 唔		

说明：

（1）韵母 i 摩擦较东莞其他粤语更重。

（2）韵母 ou 中的 o 发音时舌位稍开。

（3）韵母 ɔŋ 中的 ɔ 发音时舌位稍高。

（4）a^{ʔ}、ua^{ʔ}韵母中的喉塞尾较弱，但与阴声韵构成对立，如：格 ka$^{ʔ\underline{13}}$≠价 ka^{13}。

（5）韵母 iɛ、iœŋ、iɛŋ、iœk、iɛk、iœʔ、iɛʔ 所辖之字，若为零声母则 i 介音明显，若为零声母之外的其他声母则 i 介音稍弱。

（6）ɔk/ɔʔ、iœk/iœʔ、iɛk/iɛʔ 两两之间塞尾无音位对立，－k 尾配阳入调，－ʔ 尾配下阴入调，我们暂将塞尾处理为一个音位，而以声调作为区别特征。

（7）韵母 ŋ 中，“五”等遇摄合口一等疑母字，ŋ 自成音节；而“空”“红”等字，则 ŋ 作韵母与声母 h 直接拼合，即“hŋ”。

（三）声调（8 个）

阴平 43	高专天	阳平 21	穷才龙
上声 55	古好短		
阴去 13	抗世五抱甲	阳去 33	共岸父
上阴入 5	急曲黑	阳入 3	月局药
下阴入$\underline{13}$	割缺截		

说明：

（1）下阴入实际发音的时长比上阴入和阳入长，比其他舒声调稍短。其咸山梗摄极少数清入（原下阴入）舒化，归入阴去，如：甲 = 假、八 = 百 = 霸。

（2）次浊上、部分全浊上归入阴去，部分全浊上归入阳去。

十五、东坑粤语音系

（一）声母（16 个，包括零声母）

p 巴八病	p^h 爬抱匹	m 麦微木		f 飞副开火寒
t 多洞毒	t^h 讨甜铁	n 脑南年	l 老蓝连	
ʧ 字主质	$ʧ^h$ 全春七			ʃ 丝船十
k 高共急	k^h 区狂权	ŋ 熬危颜		h 好轻河
ø 安亚活				

说明：

（1）声母 f 在部分韵母前实际发音近于双唇擦音 ɸ。

（2）ʃ 在个别字里的读音近似 ɬ，但两者已无音位对立。

（3）以 u 开头的零声母字带有轻微的唇齿摩擦色彩，以 i 开头的字亦带舌面摩擦色彩，但与零声母不构成对立，故本音系不设 v、w、j 声母。

（二）韵母（52 个）

	i 施持猪雨	u 哥姑库
o 多波助		
	iɛ 姐社夜	
a 巴茶下	ia 也	ua 瓜蛙话
ɔ 某斗九	iɔ 优有幼	
ai 带街快		uai 乖拐坏
ɐi 碑资汽		uɐi 闭鸡龟
ɐu 包闹交		
iu 表小晓		
ou 菩租遭		
ui 举再脆	iui 锐蕊	
en 尖欠乱	ien 染严院	
aŋ 耽颜耕		uaŋ 还横
ɐŋ 跟春升零	iɐŋ 寅忍仍	uɐŋ 温均永
	iœŋ 将姜样	
	iɛŋ 岭 颈 钉	
ʌŋ 林心锦	iʌŋ 任音饮	
ɔŋ 帮光撞		uɔŋ 黄皇王

ɤŋ 般东梦	iɤŋ 翁容用	uɤŋ 安干官
ak/aʔ 纳铡白/插甲擦		uak/uaʔ 滑或获/挖刮
ɐk 笔出力	iɐk 日一忆	uɐk 骨掘虢
	iœk/iœʔ 略勺若/削桌约	
	iɛk/iɛʔ 石屐剧/隻劈踢	
ek/eʔ 接劫薛/捷协杰	iek 热月粤	
ʌk 立汁吸	iʌk 入揖	
ɔk/ɔʔ 薄落鹤/博各霍		uɔk 镬
ɤk/ɤʔ 末哭屋/渴喝阔	iɤk 沃肉玉	uɤk/uɤʔ 活/割括
ŋ 五雄红		
m̩ 唔		

说明：

(1) 单元音韵母 i 带有较重的摩擦色彩。uɐi 韵母中 ɐ 实际发音稍后稍高。

(2) 韵母 iɛ、iœŋ、iɛŋ、iœk、iɛk、iœʔ、iɛʔ 所辖之字，若为零声母则 i 介音明显，若为零声母之外的其他声母则 i 介音稍弱。

(3) 韵母 ɔk、ɔʔ 中 ɔ 的实际音值稍高。

(4) ak/aʔ、uak/uaʔ、iœk/iœʔ、iɛk/iɛʔ、ek/eʔ、ɔk/ɔʔ、ɤk/ɤʔ、iœk/iœʔ、uɤk/uɤʔ 两两之间塞尾无音位对立，－k 尾配阳入调或上阴入调，－ʔ 尾配下阴入调，我们暂将塞尾处理为一个音位，而以声调作为区别特征。

(5) 韵母 ŋ 中，"五"等遇摄合口一等疑母字，ŋ 自成音节；而"雄""红"等字，则 ŋ 作韵母与声母 h 直接拼合，即"hŋ"。

(6) －ŋ 尾在 a、ɐ、ɤ作主要元音的韵母中实际发音都较前，不如普通话－ŋ 尾后。塞尾－ʔ 在部分字中很弱，与舒声调只有细微差别。

(三) 声调 (8 个)

阴平 32	高专天	阳平 21	穷才龙
上声 45	古好短		
阴去 13	抗世五抱	阳去 33	共害父
上阴入 5	急曲黑	阳入 3	月局药
下阴入<u>23</u>	割缺约		

说明：

(1) 上声 45，略升，有时近于 55。

(2) 下阴入实际发音的时长比上阴入和阳入长，比其他舒声调稍短。下阴入字只有个别字舒化，如：郝 = 扣，其他基本无舒化。

(3) 次浊上、部分全浊上归入阴去，部分全浊上归入阳去。

十六、常平白石岗粤语音系

（一）声母（17个，包括零声母）

p 波步八	p^h 皮病匹	m 麻舞袜		f 飞开犯欢寒
t 多代滴	t^h 讨袋铁	n 脑泥诺	l 老连力	
ʧ 资战习	$ʧ^h$ 字坐出		ɬ 写酸雪	ʃ 沙善剩叔
k 高光脚	k^h 启近曲	ŋ 鹅眼岳		h 河轻协
ø 由热王活				

说明：

(1) 以u开头的零声母字带有轻微的唇齿摩擦色彩，以i开头的字亦带舌面摩擦色彩，但与零声母不构成对立，故本音系不设v、w、j声母。

(2) 帮、端组部分字有内爆音ɓ、ɗ，但与p、t不构成音位对立，如：霸 $ɓɑ^{24}$ – $pɑ^{24}$、多 $ɗo^{32}$ – to^{32}，因此处理为一个音位。

（二）韵母（55个）

	i 屎试猪雨	u 姑苦父付
o 多破课		uo 和禾窝
	iɛ 蛇茄野	
ɑ 家爬瓜化	iɑ 斜也	uɑ 华蛙画话
ɔ 楼九后	iɔ 油幼柔	
ui 才妹翠趣	iui 锐乳	
ai 拜鞋怪鸡		uai 怀槐坏
ɐi 皮字味		
		uɛ 世桂规胃
ɐu 早号祖布	iɐu 包抄孝	
iu 表钓叫		
ɐm 堪心枕	iɐm 音阴饮	
an 紧问平	ian 恩润影荣	uan 温云魂
ɪn 尖点善寸	iɪn 炎宴院渊	
ɑŋ 南咸难关		uɑŋ 幻环患
	iɐŋ 硬病听	uiɐŋ 横
ɔŋ 帮广讲	iɔŋ 张双央	uɔŋ 黄王枉
oŋ 干官共	ioŋ 容拥用	uoŋ 安碗换
ʌp 立急吸	iʌp 入	
ɑʔ/ɑˀ 搭插辣/答鸽法		uɑʔ 滑挖
aʔ 质骨得力	iaʔ 一亿翼	uaʔ 屈

ɪk 接贴烈协　　iɪk 叶阅热月
iek/ieʔ 麦劈客/革嚇　　uiek 或划
ɔk/ɔʔ 莫骆学/确索　　iɔk/iɔʔ 掠略若/卓雀　　uɔk 获托霍
ok 末括服渴　　iok 沃肉玉　　uok 活
ŋ 吴五误
m̩ 唔

说明：

（1）ai 韵母中的 a 实际发音舌位偏央。

（2）韵母 uɛ 的实际音值为 $uɛ^{i}$。

（3）韵母 ɑ 实际发音为偏前的后 ɑ。ɑŋ 中 ŋ 尾开始弱化，实际为 $\tilde{ɑ}^{ŋ}$。

（4）韵母 iɐŋ、uiɐŋ 中 ɐ 的音值很短，所以实际发音为 $i^{ɐ}ŋ$、$ui^{ɐ}ŋ$。

（5）“状”“广”“讲”等字韵母发音人发音时呈 ɔŋ、uɔŋ 两读状态，但“讲＝广”，无音位对立，我们暂且归为 ɔŋ。入声字“确”“索”“骆”等情况与阳声韵一致，暂处理为 ɔk/ɔʔ。

（6）ʌp、iʌp 读字为 －p 尾，但实际口语中已经开始读为 －k 尾，即 ʌk、iʌk。

（7）aʔ 韵母在 ʧ、$ʧ^{h}$、ʃ 声母前其实际发音稍带短 i 增生音，似 $^{i}aʔ$，但与 a 无音位对立，所以归入 a。

（三）声调（8 个）

阴平 32　高开安　　阳平 21　穷龙神
上声 55　古口粉
阴去 24　怕五社　　阳去 43　共用父
上阴入 5　急七黑　　阳入 3　六入服
下阴入 <u>24</u>　舌革甲

说明：

（1）次浊上、部分全浊上归入阴去，部分全浊上归入阳去。

（2）下阴入实际发音的时长比上阴入和阳入长，比其他舒声调稍短。

十七、石龙粤语音系

（一）声母（16 个，包括零声母）

p 巴病八　p^{h} 爬抱匹　m 麦微木　f 飞副开火寒
t 多洞毒　t^{h} 讨甜铁　n 脑男纳　l 老蓝力
ʧ 字主质　$ʧ^{h}$ 全春七　ʃ 丝船十
k 高共急　k^{h} 区狂权　ŋ 危颜鸭　h 轻好河
ø 安用活

说明：以u开头的零声母字带有轻微的唇齿摩擦色彩，以i开头的字亦带舌面摩擦色彩，但与零声母不构成对立，故本音系不设v、w、j声母。

（二）韵母（61个）

	i 支师池	u 虎姑父	y 鱼朱厨
o 坐罗初		uo 过和窝	
œ 靴茄			
a 爬茶牙	ia 也	ua 瓜夸蛙	
ᴇ 写蛇借	iᴇ 夜野		
ou 普保老			
ui 才梅虚	iui 锐乳		
ai 大柴街		uai 怪坏怀	
ɐi 资地知			
ɔi 齐迷计		uɔi 桂贵围	
au 饱走九	iau 有右幼		
iu 表桥廖			
ɐm 含深林	iɐm 阴音		
in 检前言			
yn 圈酸全园院			
ɐn 跟紧登	iɐn 恩润孕	uɐn 温魂云	
aŋ 咸兰生		uaŋ 关湾横	
ɔŋ 旁江航	iɔŋ 常姜羊	uɔŋ 光广王	
eŋ 惊灵平	ieŋ 营萤	ueŋ 永泳	
	iᴇŋ 领醒定		
oŋ 龙红看	ioŋ 容	uoŋ 官干安	
ɐp 立执集	iɐp 入		
ɐt 笔出北	iɐt 日一	uɐt 骨	
ak/aʔ 纳辣白/八法		uak/uaʔ 滑划/挖刮	
ik 节贴热			
yk 绝雪夺月穴			
ɔk/ɔʔ 落莫/幕角	iɔk/iɔʔ 略若/削脚	uɔk 镬	
ek 色积击	iek 亦役		
	iᴇk/iᴇʔ 石剧笛/劈踢尺		
ok 末木鹿喝	iok 玉	uok 葛割	
n̩ 五午			
m̩ 唔			

说明：

(1) ɐi 中的 ɐ 舌位稍高。

(2) in、ik 中的 i 实际发音舌位稍低。

(3) ek、eŋ 中的 e 发音时长短，且舌位稍后。

(4) in 和 yn 中的鼻尾实际发音不前不后，在我们的调查中不论是发前鼻还是后鼻，发音人都可接受，但认为前鼻更好些。因此，在这里，我们处理为前鼻音。这说明前鼻到后鼻的变化正在进行中。

（三）声调（8 个）

阴平 32	高开安	阳平 21	穷龙唐
上声 35	古口粉		
阴去 24	怕汉五抱	阳去 43	共用厚
上阴入 5	急七黑	阳入 3	月局服
下阴入24	桌革舌		

说明：

(1) 阴去与下阴入的调型一致，但时长上，下阴入明显要短，并未合流。

(2) 次浊上、部分全浊上归入阴去，部分全浊上归入阳去。

十八、石碣粤语音系

（一）声母（16 个，包括零声母）

p 巴病八	p^h 爬抱匹	m 麦微木		f 飞副开火寒
t 多洞毒	t^h 讨甜铁	n 脑男纳	l 老蓝力	
ʧ 字主质	$ʧ^h$ 全春七			ʃ 丝船十
k 高共急	k^h 区狂权	ŋ 危颜鸭		h 好轻河
ø 安用活				

说明：以 u 开头的零声母字带有轻微的唇齿摩擦色彩，以 i 开头的字亦带舌面摩擦色彩，但与零声母不构成对立，故本音系不设 v、w、j 声母。

（二）韵母（65 个）

	i 支师池	u 虎父果和	y 鱼朱厨
o 坐罗初			
ɔ 索各角		uɔ 郭国	
œ 螺靴茄	iœ 削脚		
a 爬牙答百	ia 也	ua 瓜夸挖	
ⁱᴇ 写借尺劈	iᴇ 夜野爷		
ɔu 普保老			
ui 才梅虚	iui 乳锐		

ai 大柴街		uai 怪坏怀	
ɐi 资地知			
ɔe 齐迷计		uɔe 桂贵围	
au 饱走九	iau 有右幼		
iu 表桥廖			
ɐm 含深林	iɐm 阴音饮		
in 检前言			
øn 圈酸全			yøn 园院
ɐn 跟紧登	iɐn 恩润孕	uɐn 温魂云	
aŋ 咸兰生		uaŋ 关湾横	
ɔŋ 旁江航		uɔŋ 光广王	
	iœŋ 常羊窗		
ɤŋ 惊灵平	iɤŋ 营萤	uɤŋ 永泳	
	iɛŋ 岭领腥		
oŋ 龙红看	ioy 容翁	uoy 官干安	
ɐp 立执集	iɐp 入		
ɐt 笔出北	iɐt 日一	uɐt 骨	
ak 纳辣白		uak 滑划	
it（ik）节贴热（协）			
øt 绝雪夺			yøt 月穴
ɔk 落莫乐		uɔk 镬	
	iœk 略若约		
ɤk 色积击	iɤk 亦役		
^{i}ᴇk 石剧笛			
ok 末木鹿	iok 玉欲肉	uok 葛括	
ŋ 五午误			
m̩ 唔			

说明：

（1）ɐi 中的 ɐ 舌位稍高。

（2）ak 中的 -k 尾较弱，有喉塞化倾向。

（3）ik 只是极个别字，不与 it 构成对立，石碣咸山摄入声细音字 it 部分有向 ik 演变的趋势。在辨音时，发音人有时认可 -t 尾，有时不管我们发 -t 还是 -k，他都分不清，如“揭”我们发“kit”和“kik”，发音人都认可，觉得没有区别。

（4）ɐt 中的 -t 尾与 it 的情况有相同之处，部分字也开始 -t/-k 不分，如“笔”，无论我们发为“pɐt”还是“pɐk”，发音人都认可，认为没有区别，暂处理为ɐt。

（三）声调（8个）

阴平 31	高开安	阳平 21	穷才龙
上声 35	古口粉		
阴去 24	抗世五社	阳去 43	共岸汉父
上阴入 5	急七黑	阳入 3	六入服
下阴入 <u>24</u>	铁切血		

说明：

（1）阴平调值结尾略升，严格可记为31^{2}。

（2）次浊上、部分全浊上归入阴去，部分全浊上归入阳去。清去中有部分字归入阳去，无明显规律。

十九、石排粤语音系

（一）声母（16个，包括零声母）

p 巴八病	p^h 派爬抱	m 麦微木		f 飞副开火寒
t 多洞毒	t^h 讨甜铁	n 脑南年	l 老蓝连	
ʧ 字主质	$ʧ^h$ 全春七			ʃ 丝船十
k 高共急	k^h 区狂权	ŋ 熬危颜		h 轻好河
ø 安亚活				

说明：

（1）以u开头的零声母字带有轻微的唇齿摩擦色彩，以i开头的字亦带舌面摩擦色彩，但与零声母不构成对立，故本音系不设v、w、j声母。

（2）帮组个别字有内爆音ɓ，但与p、t不构成音位对立，如：帮$ɓɔŋ^{32}$－$pɔŋ^{32}$。

（二）韵母（50个）

	i 施持猪雨	u 姑库果禾
o 多坐助		
ᴇ 茄姐社锡	iᴇ 夜爷野	
a 巴茶瓜八	ia 也	ua 蛙话华挖
ɔ 走九纠	iɔ 优有幼	
ai 带怪快		uai 坏怀淮
ɐi 碑资汽		
ui 举再脆	iui 锐乳蕊	
ɔe 闭鸡龟		uɔe 卫位围

ou 菩早母		
au 包闹交		
iu 表小晓		
^{i}ɪn 尖欠乱染严院		
ɐn 春灯升	iɐn 寅忍英	uɐn 温均永
aŋ 耽颜耕		uaŋ 还湾横
ʌŋ 林心锦	iʌŋ 任音饮	
ɔŋ 帮光撞		uɔŋ 黄皇王
	iœŋ 将样饼	
ɤŋ 般东梦	iɤŋ 翁容用	uɤŋ 安案
aʔ 纳辣白		uaʔ 滑猾划
eik 灭接别	ieik 热月粤	
ɐk 笔骨力	iɐk 日忆疫	uɐk 屈
ɔk/ɔˀ立汁落/各郭国	iɔk 入	uɔk 镬获
	iœk/iœˀ略药着/削约琢	
	iɛk 石屐剧	
ɤk 末哭屋渴	iɤk 沃肉玉	uɤk 活
m̩ 五空红		

说明：

（1）韵母 i 摩擦特别重。

（2）韵母 uo 时有出现，不稳定，但不与 u 构成对立，uo 基本上已经演变为 u。

（3）韵母 ou 中的 o 发音时舌位稍开。

（4）韵母 ui 中的 u 发音时舌位稍低。

（5）eik 进行听音辨音时，发音人分不清 -t、-k 尾。

（6）深摄口头语与书面语有别，发音人口语为 ʌŋ，但读字时为 ɐm。入声 ɔk，虽然从嘴形上看为闭口，但实际上在听音辨音中，发音人认可的是 -k 尾，且与宕一合流，如：立 = 落，我们暂处理为 -ŋ、-k 尾。

（7）ɐk 进行听音辨音时，发音人分不清 -k 尾还是 -t 尾，但发音人的实际发音为 ɐ^{i}k，这是塞尾开始松化的表现。

（8）ɔk/ɔˀ、iœk/iœˀ两两之间塞尾无音位对立，-k 尾配阳入调或上阴入调，-ʔ 尾配下阴入调，我们暂将其记为一个韵母音位，而以声调作为区别特征。

（三）声调（8个）

阴平 332	高专天	阳平 21	穷才龙
上声 35	古好短		
阴去 24	抗世五抱	阳去 44	共岸父

上阴入5	急曲黑	阳入3	局药约
下阴入24	接缺协		

说明：

（1）下阴入实际发音的时长比上阴入和阳入长，比其他舒声调稍短。

（2）次浊上、部分全浊上归入阴去，部分全浊上归入阳去。

二十、横沥粤语音系

（一）声母（16个，包括零声母）

p 巴步八	p^h 皮抱匹	m 麻舞袜		f 飞开犯欢寒
t 多代滴	t^h 讨田铁	n 脑南泥	l 老连力	
ʧ 资战习	$ʧ^h$ 草坐出			ʃ 写沙剩叔
k 高光脚	k^h 启近局	ŋ 鹅眼岳		h 河喜轻协
ø 由热王活				

说明：

（1）本音系不设声母v、w、j，而设i、u介音；i、u起首时带有较重的摩擦色彩。

（2）ʧ组声母发音时舌位接近于ts组，但无音位对立。

（二）韵母（48个）

	i 迟试猪雨	u 姑父禾歌
o 多左坐		
	iɛ 蛇茄野约锡	
a 家瓜八百		ua 华话挖
ɔ 楼九觉国	iɔ 油有幼	
ui 才妹趣	iui 锐乳	
ai 拜鞋怪		uai 怀淮坏
ɐi 皮字味		
ɔe 米批世		uɔe 桂卫胃
ɐu 毛早祖		
au 包交抄		
iu 表桥叫		
en 尖点孙	ien 炎宴院	
ɐn 根春星	iɐn 恩影荣	uɐn 温云永
aŋ 南关生		uaŋ 幻湾横
ɔŋ 含心帮广	iɔŋ 音阴饮	uɔŋ 黄王枉
	iœŋ 张羊病听	

ɤŋ 干官动共	iɤŋ 翁容用	uɤŋ 安案碗
aʔ 腊辣罚		uaʔ 滑域划
eik 接烈血协	ieik 热月阅	
ɐk 出骨得力	iɐk 一日亿翼	uɐk 屈
ɔk 立莫学	iɔk 入	uɔk 获
	iɛk 着药剧笛	
ɤk/ɤʔ 末目服/喝渴割	iɤk 沃肉玉	uɤk 活阔
ŋ 吴五误		
m̩ 唔		

说明：

(1) iɛk 中的ɛ舌位稍低，有流音 ɐ，亦可记为 $i\text{ɛ}^{ɐ}k$。

(2) ɤk/ɤʔ 塞尾无音位对立，-k 尾配阳入调或上阴入调，-ʔ 尾配下阴入调，我们暂将塞尾处理为一个音位，而以声调作为区别特征。

(三) 声调 (8个)

阴平 32	高开安	阳平 21	穷龙神
上声 35	古口粉		
阴去 24	怕汉五抱八	阳去 443	共用父
上阴入 5	急七黑	阳入 3	六入服
下阴入<u>24</u>	接缺捷		

说明：

(1) 下阴入实际发音的时长比上阴入和阳入长，比其他舒声调稍短。咸山梗宕摄部分清入字（原下阴入字）舒化，而与阴去合流，如：八＝霸、社＝锡。

(2) 次浊上、部分全浊上归入阴去，部分全浊上归入阳去。

二十一、桥头田新粤语音系

(一) 声母 (17个，包括零声母)

p 波兵八	p^h 派皮白	m 麻舞袜		f 飞开犯火寒
t 多胆滴	t^h 讨田突	n 脑南泥	l 老蓝力	
ʧ 资战积	$ʧ^h$ 草抄习		ɬ 写心缩	ʃ 沙蛇善
k 高光脚	k^h 启奇近	ŋ 鹅眼岳		h 河喜协
Ø 由热压				

说明：

(1) 本音系不设声母 v、w、j，而设 i、u 介音；i、u 起首时带有较重的摩擦色彩。

(2) ʧ 组声母发音时舌位接近于 ts 组，但无音位对立。

（二）韵母（59个）

	i 支屎试	u 姑父富	y 猪朱雨
o 多坐初		uo 和禾窝	
œ 茄	iᴇ 写社野		
a 家瓜瓦	ia 也	ua 华蛙画	
ui 徐岁外	iui 锐乳		
ai 拜怪计		uai 怀淮坏	
ᴇi 皮死鬼		uᴇi 围胃	
ɐu 补老酒	iɐu 油有幼		
	iau 饱交孝		
iu 表桥叫			
ɐm 含心林	iɐm 音阴饮		
an 南难关		uan 幻湾环	
ɐn 根紧问	iɐn 恩人隐	uɐn 温云魂	
in 尖善炎			
un 安案换			
yn 酸院存			
ɐŋ 灯升城	iɐŋ 应影荣	uɐŋ 永泳	
	iɛŋ 橙硬病 井赢	uiɛŋ 横	
oŋ 帮广东共	ioŋ 翁容用	uoŋ 黄王枉	
	iɔŋ 张双央		
ɐp 立汁吸	iɐp 入		
at 纳插辣		uat 滑挖	
ɐt 质骨物	iɐt 一日	uɐt 屈	
it 接热雪			
ut 割末活			
yt 夺越血			
ɐk 得力直	iɐk 亿益疫	uɐk 倔	
ok 莫学屋局	iok 沃肉玉	uok 镬获	
	iɔk 脚弱约		
	iɛk 剧石笛	uiɛk 或域	
m̩ 五误唔			

说明：

（1）i、u 作起头的主元音或作韵头均带有摩擦成分。

（2）iɔŋ、iɔk 中的 ɔ 实际发音舌位稍前。

（三）声调（7个）

阴平 32	高开安	阳平 21	穷龙神
上声 55	古口老		
阴去 13/35	社唱笑/醉变	阳去 443	共用父怕
阴入 5	急七百	阳入 3	入局缺

说明：

（1）次浊上“老”“五”等字归上声，其他次浊上、部分全浊上归入阴去，部分全浊上归入阳去。

（2）阴去部分字变读35调值，与13调值无音位对立，暂处理为阴去调的两个调值。清去中有部分字与阳去合流，无明显规律。

二十二、塘厦粤语音系

（一）声母（16个，包括零声母）

p 八兵病	p^h 派抱爬	m 麦微木		f 飞副开火寒
t 多洞毒	t^h 讨甜铁	n 脑南年	l 老蓝连	
ʧ 字主质	ʧ^h 全春七		ɬ/ʃ 心深顺/先船闪	
k 高共急	k^h 区狂近	ŋ 熬危颜		h 轻好河
Ø 安亚鸦				

说明：

（1）以u开头的零声母字带有轻微的唇齿摩擦色彩，以i开头的字亦带舌面摩擦色彩，但与零声母不构成对立，故本音系不设v、w、j声母。

（2）声母ʃ、ɬ不构成音位对立，ʃ多与细音相配，ɬ多与洪音相配。

（二）韵母（51个）

	i 施持猪雨	u 姑库富
		uɔ 多助和窝
a 巴茶下	ia 也	ua 瓜蛙话
	iɔ 茄姐夜	
ai 带快鸡		uai 乖坏龟
ɐi 碑资汽		
ui 举再脆	iui 锐乳	
ou 路做母		
au 宝厚九	iau 饱交有幼	
ɐu 包闹交		
iu 表小晓		
ɐm 心锦深	iɐm 音阴饮	

in 尖欠全染严院		
un 搬管门		
ɐn 跟春肯	iɐn 寅忍殷	uɐn 温均军
aŋ 南蓝林	iaŋ 犯颜耕	uiaŋ 关还横
	iɔŋ 将姜样	uɔŋ 帮撞黄王
əŋ 增正成	iəŋ 形镜赢	uəŋ 永泳
oŋ 东梦中	ioŋ 翁容用	
ɐp 立汁吸	iɐp 入揖	
ɐt 笔七出	iɐt 日一逸	uɐt 骨掘屈
ut 割末活		
ik 捷协杰热月粤		
ak/aʔ 纳腊笠/插甲鸭		
	iæ^{a}k/iæ^{a}ʔ 辣罚白/法杀格	uiæ^{a}k 滑或挖
	io^{u}k 酌药桌	
		uɔk/uɔʔ 博学镬/各国索
ək 北力碧	iək 忆役尺石	
ok 哭屋俗	iok 沃肉玉	
m̩ 五吴唔		

说明：

（1）韵母 iə、iɔŋ 所辖之字，若为零声母则 i 介音明显，若为零声母之外的其他声母则 i 介音稍弱。

（2）in/ik 中的主元音发音舌位稍低，近于 ɪ。

（3）韵母 uɔŋ 中 ɔ 的实际音值舌位稍低。

（4）əŋ、ək 中的主元音 ə 舌位稍偏后，介于 ə 与ɤ之间。

（5）ut、ɐt 中的塞尾 -t 实际发音时舌位比舌尖中稍后，有向 -k 尾发展的迹象。

（6）ak/aʔ、iæ^{a}k/iæ^{a}ʔ、uɔk/uɔʔ 两两之间塞尾无音位对立，-k 尾配阳入调，-ʔ 尾配下阴入调，我们暂将塞尾处理为一个音位，而以声调作为区别特征。

（三）声调（8 个）

阴平 32	高专天	阳平 21	穷才寒
上声 55	古好短		
阴去 13	抗世五抱	阳去 33	共岸父
上阴入 5	急曲百	阳入 3	月局药
下阴入 $\underline{13}$	接缺发		

说明：

（1）下阴入实际发音的时长比上阴入和阳入长，比其他舒声调稍短，但无舒化现象。

（2）次浊上、部分全浊上归入阴去，部分全浊上归入阳去。

二十三、谢岗粤语音系

（一）声母（17个，包括零声母）

p 波兵八	p^{h}派皮步	m 麻舞慢袜		f 飞开犯火寒
t 多胆滴	t^{h}田袋铁	n 脑南泥	l 老蓝力	
ʧ 资战积	$ʧ^{h}$草抄习		ɬ 写心事	ʃ 沙蛇善
k 高光脚	k^{h}启奇近	ŋ 鹅眼岳		h 河喜协
ø 由热压				

说明：

（1）以 u 开头的零声母字带有轻微的唇齿摩擦色彩，以 i 开头的字亦带舌面摩擦色彩，但与零声母不构成对立，故本音系不设 v、w、j 声母。

（2）ɬ 与 ʃ 构成音位对立，如：心 ɬɐm^{32} ≠ 深 ʃɐm^{32}。

（二）韵母（66个）

	i 支屎试	u 姑父富	y 猪朱雨
ɔ 多靴初		uɔ 和禾窝	
a 家瓜瓦	ia 也	ua 华蛙画	
ᴇ 写姐社茄	iᴇ 野夜爷		
ou 补武酒	iou 油有幼		
ui 徐妹岁外会	iui 锐乳		
ai 拜怪快		uai 怀淮坏	
ɐi 皮死鬼		uɐi 卫位胃	
ᴇi 计世米			
au 保交狗			
iu 表桥叫			
am 南三咸			
ɐm 含心林	iɐm 音阴饮		
an 谭难关		uan 幻湾环	
ɐn 根紧问	iɐn 恩人隐	uɐn 温云魂	
in 尖善炎			
un 安案换			
yn 酸院存			
ɔŋ 帮广讲		uɔŋ 黄王枉	

œŋ 张想双	iœŋ 央羊样	
ɤŋ 灯升星	iɤŋ 应影荣	uɤŋ 永泳宏
ɛŋ 病井听	iɛŋ 赢	
aŋ 橙朋硬		uaŋ 横
oŋ 东动共	ioŋ 翁容用	
ɐp 合立汁	iɐp 入	
ut 割末活		
yt 夺雪越		
ik 接烈热		
ak 纳插辣		uak 滑挖或
ɐk 质骨物	iɐk 一日	uɐk 屈
øk 削脚桌	iøk 若弱药	
ɛk 剧石笛		
ɔk 莫博学		uɔk 镬获
ɤk 得力直	iɤk 亿益疫	
ok 屋目局	iok 沃肉玉	
ŋ̍ 吴五误		
m̩ 唔		

说明：

(1) i、u 作韵头或作主元音（前无韵头）时均带有摩擦成分。

(2) 谢岗话咸山摄一二等阳声韵的合流有个体差异，本音系发音人谢美娇处于部分相混、部分可分的状态，如：南 nam^{21} ≠ 难 nan^{21}、贪 = 滩 t^{h}an^{32}、谭 = 坛 t^{h}an^{21}、腊 = 辣 lak^{3}、插 = 察 = 策 ʧ^{h}ak^{3}；其女儿罗女士则全部相混，即亦有：南 = 难。

(三) 声调 (8 个)

阴平 32	高开安	阳平 21	穷龙神
阴上 55	古口粉	阳上 13	五暖抱
阴去 35	正送放	阳去 33	共用父怕
阴入 5	急七百	阳入 3	六入缺

说明：

(1) 次浊上、部分全浊上独立为阳上，部分全浊上归入阳去。

(2) 清去中有部分字与阳去合流，送气音与不送气音均有，无明显规律。

参考文献

1. 北京大学中文系语言学教研室编：《汉语方音字汇（第二版）》，北京：语文出版社，2003 年。

2. 曹志耘：《南部吴语语音研究》，北京：商务印书馆，2002 年。

3. 曹志耘主编：《汉语方言地图集》，北京：商务印书馆，2008 年。

4. 曹志耘：《汉语方言的地理分布类型》，《语言教学与研究》2011 年第 5 期。

5. 陈伯陶编：《东莞县志》（据 1927 年铅印本影印），台北：成文出版社，1967 年。

6. 陈晖：《湘方言语音研究》，长沙：湖南师范大学出版社，2006 年

7. 陈立中：《湘语与吴语音韵比较研究》，北京：中国社会科学出版社，2004 年。

8. 陈滔：《廉州话的阳声韵尾和入声韵尾》，《第九届国际粤方言研讨会论文集》，澳门：澳门中国语文学会，2005 年。

9. 陈卫强：《广州地区粤方言语音研究》，暨南大学博士学位论文，2008 年。

10. 陈晓锦：《广东莞城话"变入"初析》，《中国语文》1987 年第 1 期。

11. 陈晓锦：《莞宝片粤语语音特点》，《第二届国际粤方言研讨会论文集》，广州：暨南大学出版社，1990 年。

12. 陈晓锦：《东莞市三十一个粤方言点语音特点概述》，《广东青年语言学论丛》，1991 年。

13. 陈晓锦：《广东东莞莞城话的"起"》，《学术研究》1992 年第 4 期。

14. 陈晓锦：《东莞方言说略》，广州：广东人民出版社，1993 年。

15. 陈晓锦：《宝安沙井话入声舒化现象——对粤方言入声现状的再探讨》，《中国语文》1993 年第 4 期。

16. 陈晓锦：《东莞话和广州话词汇比较研究》，暨南大学博士学位论文，1995 年。

17. 陈晓锦：《广西玉林白话语音特点》，《第七届国际粤方言研讨会论文集》，北京：商务印书馆，2000 年。

18. 陈晓锦：《广东粤语的鼻音韵尾和入声韵尾》，《方言》2001 年第 2 期。

19. 陈晓锦：《马来西亚的三个汉语方言》，北京：中国社会科学出版社，2003 年。

20. 陈晓锦：《广西玉林七个粤方言点语音特点概述》，《第九届国际粤方言研讨会论文集》，澳门：澳门中国语文学会，2005 年。

21. 陈晓锦、陈滔：《广西北海市粤方言调查研究》，北京：中国社会科学出版社线装书局，2005 年。

22. 陈晓锦、张双庆：《首届海外汉语方言国际研讨会论文集》，广州：暨南大学出版社，2009 年。

23. 东莞市地方志编纂委员会编：《东莞市志》，广州：广东人民出版社，1995 年。

24. 董同龢：《汉语音韵学》，北京：中华书局，2001 年。

25. 高本汉著，赵元任、罗常培、李方桂译：《中国音韵学研究》，北京：商务印书馆，1995 年。

26. 高华年：《广州方言研究》，香港：商务印书馆香港分馆，1980 年。

27. 甘于恩、邵慧君：《广东四邑方言语音特点》，《方言》1999 年第 2 期。

28. 甘于恩：《香山片粤语的分布、特点及其内部差异》，《现代汉语教学研究与探索》2002 年第 3 期。

29. 甘于恩：《粤语与文化研究参考书目》，广州：广东科技出版社，2007 年。

30. 何科根：《吴化片粤语的语音特点》，《语文研究》1997 年第 3 期。

31. 侯兴泉：《关于广州话 - k 塞尾入声变化的调查实验》，《暨南学报》2005 年第 2 期。

32. 黄富荣：《粤语元音［œ］、［ɵ］音位分合研究综论》，《第七届国际粤方言研讨会论文集》，北京：商务印书馆，2000 年。

33. 黄家教：《广州话无介音说》，《学术研究》1964 年第 2 期。

34. 黄家教：《从“等”来看广州方言入声消失的迹象》，《汉语方言论集》，北京：北京语言大学出版社，1997 年。

35. 黄群：《广西昭平方言音系》，《方言》2006 年第 2 期。

36. 黄锡凌：《粤音韵汇》，香港：中华书局香港分局，1991 年。

37. 蒋祖缘、方志钦主编：《简明广东史》，广州：广东人民出版社，1993 年。

38. 李方桂：《上古音研究》，北京：商务印书馆，1980 年。

39. 李吉劭：《东莞音字典》，广州：广东人民出版社，2012 年。

40. 李敬忠：《珠江三角洲粤语疑母及辅音韵尾的演变趋向》，《广东民族学院学报》（社会科学版）1990 年第 1 期。

41. 李荣：《切韵音系》，北京：科学出版社，1956 年。

42. 李荣：《我国东南各省方言梗摄字的元音》，《方言》1996 年第 1 期。

43. 李如龙：《自闽方言证四等韵无i说》，《音韵学研究》（第一辑），北京：中华书局，1984 年。

44. 李新魁：《汉语音韵学》，北京：北京出版社，1986 年。

45. 李新魁：《广东的方言》，广州：广东人民出版社，1994 年。

46. 李新魁：《广州方言研究》，广州：广东人民出版社，1995 年。

47. 李新魁：《上古音“晓匣”归“见溪群”说》，《学术研究》1963 年第 3 期。

48. 李新魁：《粤音与古音》，《学术研究》1996 年第 8 期。

49. 练铭志：《试论广东汉族的形成及其与瑶、壮、畲等族的融合关系》，《民族研究》2000 年第 5 期。

50. 梁振仕：《桂南粤语说略》，《中国语文》1984 年第 3 期。

51. 刘叔新、刘艺：《介音是广州话的语言事实》，《方言》2000 年第 1 期。

52. 刘叔新：《广州话元音音位的两个问题》，《第八届国际粤方言研讨会论文集》，北京：中国社会科学出版社，2003 年。

53. 刘叔新：《东江中上游土语群研究：粤语惠河系探考》，北京：中国社会出版社，2007 年。

54. 刘镇发：《现代粤语源于宋代移民说》，《第七届国际方言研讨会论文集》，北京：商务印书馆，2000 年。

55. 刘镇发：《粤语与客语文白异读的比较》，《第六届国际粤方言研讨会论文集》，澳门：澳门中国语文学会，2003 年。

56. 刘镇发、张群显：《清初的粤语音系——〈分韵撮要〉的声韵系统》，《第八届国际粤方言研讨会论文集》，北京：中国社会科学出版社，2003 年。

57. 刘镇发：《从广州话与元明韵书比较看广州话的发展》，《第九届国际粤方言研讨会论文集》，澳门：澳门中国语文学会，2005 年。

58. 刘镇发：《温州方言在过去一世纪的元音推移》，《语言研究》2006 年第 2 期。

59. 刘镇发、刘曦临：《东莞洪梅方言概述》，第十三届国际粤方言研讨会会议论文，2008 年。

60. 陆志韦：《古音说略》，《陆志韦语言学著作集（一）》，北京：中华书局，1985 年。

61. 罗伟豪：《〈广韵〉咸深二摄广州话今读［n］、［t］韵尾字音分析》，《第七届国际粤方言研讨会论文集》，北京：商务印书馆，2000 年。

62. 罗伟豪：《论广州话的圆唇舌根音声母》，《第六届国际粤方言研讨会论文集》，澳门：澳门中国语文学会，2003 年。

63. 麦耘：《广州话介音问题商榷》，《中山大学学报》1999 年第 4 期。

64. 麦耘：《广西贺州八步区八都话入声的语音分析》，《桂林师范高等专科学校学报》2007 年第 1 期。

65. 麦耘、谭步云：《实用广州话分类词典》，广州：广东人民出版社，1997 年。

66. 潘悟云：《汉语历史音韵学》，上海：上海教育出版社，2000 年。

67. 彭建国：《吴语、湘语主元音链变类型比较》，《中国语文》2009 年第 5 期。

68. 彭小川：《南海沙头话语音研究》，暨南大学硕士学位论文，1987 年。

69. 彭小川：《南海沙头话古云、以母字今读初析》，《中国语文》1995 年第 6 期。

70. 彭小川：《粤语论稿》，广州：暨南大学出版社，2004 年。

71. 覃远雄：《桂南平话古见组声母和日母的今读》，《方言》2006 年第 3 期。

72. 饶秉才：《广州音字典》，广州：广东人民出版社，1983 年。

73. 任民：《鹤山县古劳话的特点》，《佛山大学学报》1990 年第 1 期。

74. 邵慧君、甘于恩：《广东西江流域粤语语音特点概述》，《华南师范大学学报》（社会科学版）2001 年第 5 期。

75. 邵慧君：《粤方言阳声韵尾及入声韵尾的分化模式及成因初探》，《第八届国际粤方言研讨会论文集》，北京：中国社会科学出版社，2003 年。

76. 邵慧君：《粤西茂名地区粤方言语音特点综论》，《华南师范大学学报》2007 年第 1 期。

77. 邵慧君、甘于恩：《广东方言与文化探论》，广州：中山大学出版社，2007 年。

78. 邵慧君、秦绿叶：《论粤方言语音数据库的建设》，《学术研究》2008 年第 4 期。

79. 邵宜、冼伟国：《吉隆坡现代粤语阳上变阴去现象解因》，《首届海外汉语方言国际研讨会论文集》，广州：暨南大学出版社，2009 年。

80. 施其生：《广州话元音音位再探讨》，《第二届国际粤方言研讨会论文集》，广州：暨南大学出版社，1990 年。

81. 施其生：《广州方言的介音》，《方言》1991 年第 2 期。

82. 侍建国：《从广东境内i介音分布看近代粤语音变》，《语言研究》2002 年第 3 期。

83. 孙玉卿：《珠江三角洲粤方言入声韵尾舒化过程中的几种类型及与阳声韵尾的关系》，《第八届国际粤方言研讨会论文集》，北京：中国社会科学出版社，2003 年。

84. 王福堂：《汉语方言语音的演变和层次》，北京：语言出版社，1999 年。

85. 王力、钱淞生：《东莞方音》，《岭南学报》1949 年第 10 卷第 1 期。

86. 王力：《汉语语音史》，北京：商务印书馆，2008 年。

87. 王琴：《安徽阜阳方言来自古照组的 f 声母》，《方言》2009 年第 4 期。

88. 王许乐：《莞城音系辨析》，《第 11 届国际粤方言研讨会论文集》，南宁：广西人民出版社，2007 年。

89. 韦树关：《古帮、端、心母在广西汉语方言中的特殊音读》，《广西民族学院学报》2002 年第 1 期。

90. 翁泽文：《广西贵港市五个粤方言点语音研究》，暨南大学硕士学位论文，2006 年。

91. 吴叠彬：《粤语韵母œ、œŋ、œk的演化》，《第五届国际粤方言研讨会论文集》，广州：暨南大学出版社，1997 年。

92. 伍巍：《广州话溪母字读音研究》，《语文研究》1999 年第 4 期。

93. 伍巍：《广州音系舌根声母kw、k‘w讨论》，《暨南学报》2006 年第 4 期。

94. 伍巍：《粤语》，《方言》2007 年第 2 期。

95. 伍巍、詹伯慧：《广东省的汉语方言》，《方言》2008 年第 2 期。

96. 谢建猷：《广西粤语刍论》，《第 11 届国际粤方言研讨会论文集》，南宁：广西人民出版社，2007 年。

97. 谢建猷：《广西汉语方言研究》，南宁：广西人民出版社，2007 年。

98. 辛世彪：《东南方言声调比较研究》，上海：上海教育出版社，2004 年。

99. 岩田礼编：《汉语方言解释地图》，东京：白帝社，2009 年。

100. 杨焕典：《广西通志 · 汉语方言志》，南宁：广西人民出版社，1998 年。

101. 杨蔚：《粤语古入声分化情况的当代考察》，《学术研究》2002 年第 6 期。

102. 殷柱华：《东莞粤语常平方音说略》，《第十届国际粤方言研讨会论文集》，北京：中国社会科学出版社，2007年。

103. 游汝杰：《汉语方言学教程》，上海：上海教育出版社，2004年。

104. 余霭芹：《粤语方言入声韵尾的发展》，《南北是非：汉语方言的差异与变化》，台北："中央研究院"语言学研究所筹备处，2002年。

105. 余伟文：《罗定、云浮、德庆的粤语语音特点》，《第五届国际方言研讨会论文集》，广州：暨南大学出版社，1997年。

106. 袁家骅：《汉语方言概要》，北京：文字改革出版社，1960年。

107. 詹伯慧：《粤西十县市粤方言语音与广州语音比较》，《第五届国际方言研讨会论文集》，广州：暨南大学出版社，1997年。

108. 詹伯慧、张日升：《珠江三角洲方言字音对照》，广州：广东人民出版社，1987年。

109. 詹伯慧、张日升：《粤北十县市粤方言调查报告》，广州：暨南大学出版社，1994年。

110. 詹伯慧、张日升：《粤西十县市粤方言调查报告》，广州：暨南大学出版社，1998年。

111. 詹伯慧、陈晓锦：《东莞方言词典》，南京：江苏教育出版社，1997年。

112. 詹伯慧：《广州话正音字典》，广州：广东人民出版社，2002年。

113. 詹伯慧主编：《广东粤方言概要》，广州：暨南大学出版社，2002年。

114. 张光宇：《东南方言关系综论》，《方言》1999年第1期。

115. 张双庆、万波：《知章庄组声母在闽语及周边方言里的今读类型考察》，《闽语研究及其与周边方言的关系》，香港：中文大学出版社，2002年。

116. 张晓山：《广宁话的h声母》，《第五届国际粤方言研讨会论文集》，广州：暨南大学出版社，1997年。

117. 张振兴：《广州话音系的分析和处理》，《第五届国际粤方言研讨会论文集》，广州：暨南大学出版社，1997年。

118. 赵彤：《分韵撮要》的声母问题，《语文研究》2007年第1期。

119. 郑张尚芳：《温州方言歌韵读音的分化和历史层次》，《语言研究》1983年第2期。

120. 钟奇：《广州话长短音在其他方言中的对应》，《第五届国际粤方言研讨会论文集》，广州：暨南大学出版社，1997年。

121. 钟奇：《中古、广州－m/p、－n/t、－ŋ/k互变特字成因试析》，《第八届国际粤方言研讨会论文集》，北京：中国社会科学出版社，2003年。

122. 朱晓农：《元音大转移和元音高化链移》，《民族语文》2005 年第 1 期。

123. 朱晓农：《内爆音》，《方言》2006 年第 1 期。

124. 朱晓农等：《入声演化三途》，《中国语文》2008 年第 4 期。

125. 朱晓农：《自发新生的内爆音》，《方言》2009 年第 1 期。

126. 庄初升：《粤北土话音韵研究》，北京：中国社会科学出版社，2004 年。

127. ［美］拉波夫：《语言变化原理：内部因素》，北京：北京大学出版社，影印本，2007 年。

128. J. Dyer Ball，The Tung-kwun Dialect，1889 – 1890，*The China Review*，Vol. 18，pp. 284 – 299.

129. C. J. Saunders，The Tungkwun Dialect of Cantonese，1896 – 1897，*The China Review*，Vol. 22，pp. 465 – 476.

后　记

在本书完稿之际，往下竟然不知如何下笔，也许是有太多的回忆、太多的忧思、太多的感慨。博士生三年，工作五年，坎坷、曲折，不断地倒下去、站起来，又倒下去、又站起来，但无论是在做人还是在做学问上我都渐渐变得清晰与成熟。

本书是在博士学位论文的基础上修改而成的。博士学位论文的选题费了几番周折，其中的苦楚不想再说，只是想对导师伍巍先生说声对不起。我以前一些幼稚的想法和行为令他头疼过、失望过，但他还是一如既往地关心我、教导我，这令我既愧疚又感动。从论文开题到成文成书，数易其稿，导师伍巍先生不厌其烦地修改、指正，并亲自下乡指导我进行田野调查，每次看到那些五颜六色的修改稿，我一方面心里忐忑不安，另一方面又很佩服导师的敬业精神和对学生论文指导的精辟。导师对于学术的严谨、求实，无形中深深地感染着我。

在博士学位论文的开题、写作与答辩过程中，湖南师范大学的鲍厚星教授，华南师范大学的邵慧君教授，暨南大学汉语方言研究中心的陈晓锦教授、邵宜教授、甘于恩教授、范俊军教授、刘新中教授均提出了宝贵意见，在此表示诚挚的感谢。在暨南大学五年的求学生涯中，以詹伯慧教授为首的每位方言学老师都以他们独特的方式影响着我，各位前辈的学识及对于方言的执着激励着我前行。博士课程学习期间，邵敬敏教授、彭小川教授、郭熙教授精彩的授课内容与方式，常能激发我的学思和灵感，他们做学问的方法与态度让我终身受用。华文学院的王茂林副教授耐心指导我进行语图的分析，让我受益匪浅。特别要感谢中山大学的庄初升教授，他很爽直地将东莞方言19世纪的语料发给我，使我在文献材料的收集上省了很多功夫，不仅如此，对于我每次的请教，他都及时回复，很庆幸自己能遇到这样的好老师。此外，厦门大学的刘镇发教授对于我一个外地人做粤语研究给予了很大的鼓励，每次研讨会上见到他都会增加几分做东莞方言的勇气与力量。特此致谢！

心中一直难忘的是我本科时母校湖南师范大学的老师们，他们对我的关心，回想起来总能让我感动。鲍厚星教授、陈晖教授、罗昕如教授等前辈对于我今天走上方言研究的道路，可以说是引导者和开路人，很感谢诸位先生一直以来对我的关心与教导，你们的恩情我记在心里。

方言论文的写作，田野调查是一个重头戏，这也是我花费时间最长的地方。已经不记得往来东莞有多少次了，大大小小的镇区跑了个遍，现在想起来，好像我自己的故乡都没有去过那么多的镇、村。田野调查虽苦虽累，但每次都会有收获和惊喜，当然这些收获离不开每位发音人的辛勤劳作和每位联系人的热情帮助。在这里，我怀着真诚的心，感谢每一位为我不厌其烦地发音的前辈、朋友，长时间地发音是件很辛苦的事情，对此我表示深深的歉意，希望我没有辜负你们的劳动成果。在东莞找发音人不是一个好差事，本书调查得以顺利进行要感谢柱华、鲍师姐、坚哥、容姐、阿蝉姐、阿茜、夏瑜等前辈和朋友的帮助，他们热心地帮我寻找发音人，并将调查安排得很周到，非常感谢他们的付出；还要特别感谢东莞石排镇政府、高埗镇政府、石碣镇政府、望牛墩镇政府、东坑镇政府、茶山粟边村委会、中堂江南村委会、中堂潢涌村委会相关部门领导和朋友的接待与帮助。

博士生三年我的同学、同门、朋友给了我莫大的支持与关心，同门的媛媛师姐、梅香师姐、吴芳师姐、卫强师兄、建生师兄、尊国师兄、小黄、雪丽、李智、洁琼、翁砺峰、刘磊、克清、卜颖、筱颖、陈凌等，经常欢聚在老师家，那些开心的画面历历在目，让我真正感受到了“我们这拨子儿”这个大家庭的温暖。这也是我人生中一笔重要的财富，兄弟姐妹之间的情谊永记在心。

人生总有诸多挫折与不如意的时候，而在这时候每次都能开导我、关心我、帮助我的人就是我们的师母王燕菊女士。师母如同亲母，待我也如同女儿般疼爱，有什么好吃的不忘和我们分享，有什么好事总会想到我们这些学生。在我最失落、最无助的时候，是师母和导师默默地支持我，关照我，在精神上给我鼓励，在情感上给我以慰藉，在生活上给我以关怀。“不管遇到多大的困难与灾难，我们都是你坚强的后盾”，导师和师母的心意让我感动一生。

同样默默支持我的，是我质朴的双亲，亲爱的姐姐、妹妹、弟弟们，没有太多的言语，但能感受到那份关爱，那份对我学业的支持与鼓励，那份血浓于水的亲情。特别感谢我的先生李常亮的支持与鼓励，感谢亮爸亮妈对我的关心与支持，儿子小吉祥的到来是我人生新的起点。

还有很多亲朋好友对我的学业和事业一直关心、支持，在此一并致谢。

本书是我博士生三年乃至以往学识的一次检验与总结，很希望自己能做好，也尽自己的能力去完成它，但还是有这样那样的不足之处，在此恳请各位专家、前辈、朋友批评指正！

李立林

2015 年 11 月于南沙